KB210266

사띠빳타나 수행

【 일러두기 】

1) 본문의 모든 경전은 PTS본 기준입니다. 그러나 삼장(Tipiṭaka), 주석서(Aṭṭhakathā), 복주서(Ṭīka)는 모두 미얀마 6차 결집본입니다. 두 본이 다른 이유는 편집의 용이성 때문입니다.
예) Miii, p.123은 맛지마 니까야 제3권 123쪽의 내용임을 나타냅니다.

2) 본문의 모든 술어는 정착된 불교용어를 우선하였습니다. 해당 술어의 이해를 돕기 위해 처음 나오는 곳에는 빨리어를 병기하고 만약 통용화된 한문술어가 있는 경우에는 이를 병기하였습니다. 경우에 따라 영어표현도 병기하였습니다.

3) 빨리어 발음은 스리랑카의 원발음 그대로 표기하였습니다. 예를 들어 'vitakka'에서 자음이 겹치는 'kk'의 경우, 앞의 'k'는 앞글자의 받침으로 뒷 'k'는 뒷글자의 첫음으로 표기하였습니다. 그래서 'vitakka'는 '위딱까'로, 'vipassāna'는 '위빳사나' 등으로 표기하였습니다.

4) 미주는 경전 본문의 위치와 본문 내용의 이해를 돕기 위하여 보충 해설이 필요한 경우 표시하였습니다. 주로 빨리어 술어의 어원과 의미, 견해의 대립을 서술하였습니다.

5) 책 내용에 대한 의문은 'www.metta.kr'으로 해 주시기 바랍니다.

사띠빳타나 수행

Satipaṭṭhāna Bhāvana

존재를 있는 그대로 알고 보기

우 냐나로까 사야도 법문

비구 감비라냐나 정리

민족사

우 냐나로까 사야도(U Ñāṇaloka Sayadaw) 행장

◉

냐나로까 스님께서는 1949년 출생하셨으며, 테라와다 불교와 위빳사나 수행의 전파, 테라와다 상가 수호, 자애를 실천하기 위한 활동, 한국불교의 새로운 지표를 위해 온 몸으로 실천하며 수행을 지도하신 이 시대의 참된 수행자이셨습니다.

1989년 거해 스님으로부터 위빳사나 수행법을 배우셨습니다.

1993년 2월 미얀마 빤디따라마 예익타에서 비구계를 수지한 뒤 10여 년간 미얀마, 태국 등지에서 수행하셨습니다.

미얀마의 우 쿤달라 비왐사(U Kundala Bhivamsa)로부터 가르침을 받으셨습니다.

2002년 경주시 내남면 박달리에 마하보디선원을 창건. 수행 지도하시고, 마하보디 자비실천회를 설립, 미얀마 교육 후원 활동을 하셨습니다.

2009년 10월 사단법인 한국테라와다불교를 창립하여 초대 운영위원장을 역임하셨습니다.

2014년 1월 20일 입적하셨습니다.

—

우 냐나로까 사야도의 공적을 기리며

—

불교는 인간에게 "언제나 앞을 향해 나아가세요!"라고 말합니다.

냐나로까 스님도 살아 있을 때는 무섭게 긍정적이셨습니다. 뭔가 새로운 것을 만들지 않으면 직성이 안 풀린다는 식으로 멋지고 밝게 살았습니다.

우리는 지금 꽤 많은 젊은이들, 지식인들, 여러 전문가와 함께 테라와다 불교에서 가르치고 있는 빨리어 경전, 위빳사나 명상, 사띠의 실천 등을 공부하거나 실천하고 있습니다. 테라와다 불교와 관련된 책 등도 제법 많이 있어서 이젠 낯설지 않게 되었습니다.

냐나로까 스님은 우리나라에 「한국테라와다불교」 종단을 설립해서 최초의 운영위원장으로 활동하셨습니다. 어쩌면 이 세상에 계속 살아계셨다면 "이제 다음 일을 합시다!"라고 하면서 「한국테라와다불교」 종단의 이사장 역할을 적극적으로 수행하면서 우리들을 이끌고 나아갔을 것입니다.

하지만 그러기 위해선 여러 가지 조건이 있는데, 그것이 채 무르익기 전에 스님의 건강이 너무 빨리 악화되었으니, 애석함을 금할 수 없습니다.

우리는 매우 친밀하게 지냈습니다. 오로지 테라와다 불교가 수행이나 지식으로서만이 아니라, 교단으로서 뿌리를 내리게 하자는 데 의견이 같았습니다. 도반처럼 서로 탁마하면서 모든 일은 법과 율을 바탕으로 진행하였습니다. 우리 둘은 친하면서도 의견이 부딪히는 부분도 많았습니다. 그때마다 언제나 냐나로까 스님께서 양보를 해 주셨습니다.

그렇지만 한국에 테라와다 불교의 가르침을 전하는 데 내가 협력해 주지 않으면 아무 일 없다는 듯이 "합시다!"라는 한마디를 던지고는 언제나 앞을 향해 나아가셨습니다. 그 덕분에 지금은 「한국테라와다불교」라는 이름으로 올바르게 나아갈 수 있게 되었습니다. 그래서 법을 전하기 위해 앞으로 나아가는 냐나로까 스님의 모습이 더욱 그립습니다.

그런데 우리 모두는 버리고 떠나지 않으면 안 됩니다. 태어난 것은 누구라도 이 세상을 떠납니다. 누구도 이 세상을 떠나지 않고는 안 됩니다. 부처님께서는 그것을 계속 관찰하라고 하셨습니다.

삽방 빠하-야 간땁방
"sabbaṁ pahāya gantabbaṁ
모두 버리고 떠나지 않으면 안 된다."

우리는 이 게송을 꼭 염두에 두고 잘 살아가야 합니다. 어떤 일을 했다고 해도 그것을 끌어안고 그것에 매달려서 나의 것, 우리 사원, 내 재산이라 한다면 그런 것은 전혀 불교적이지 않습니다.

냐나로까 스님은 우리들보다 먼저 이 세상을 떠났지만 무엇
삽방 빠하-야
하나 얽매이지 않고 버리고 떠나가셨습니다. "sabbaṁ pahāya
간땁방
gantabbaṁ"이란 그런 것입니다.

까땅 부-땃사 메-랏띤디와- 위띠빠딴띠-띠
그래서 우리는 오늘 "kathaṁ bhūtassa merattindivā vītipatantīti
나의 낮과 밤은 어떠했는지 매일 관찰하자"라고 분명히 알아차려야 합니다.

냐나로까 스님이 주석하셨던 경주 마하보디 선원에 가면 도량 곳곳에 「지금 알아차리고 있는가?」라고 묻는 글이 눈에 띕니다.

오늘 하루는 어땠나요?

우리는 오늘 어떻게 살아왔는지 관찰하지 않으면 안 됩니다.

우리는 살아 있는 동안 바르게 살아가지 않으면 안 됩니다.

지금 여기서 알아차리고 있나요?

이 책은 지금 알아차리기 위한, 보다 나은 내일을 위한, 살아가면서 행복하기 위한, 번민과 괴로움의 소멸을 위한 소중한 사띠빳타나 수행의 실제를 담은 책입니다. 냐나로까 스님의 성품을 따라 빈틈없고, 덧붙일 것 없고, 뺄 것도 없는 수행자들의 지침서입니다. 삶의 문제를 적극적으로 맞이하여 진정한 행복에 대한 해답을 찾아내는 책입니다. 그래서 마침내 자유롭고 평온 속에서 살아가도록 인도하는 책입니다.

냐나로까 스님이 입멸하기 전 법회에서 남긴 말이 귓가를 스칩니다.

"테라와다 불교를 만난 것은 행운이었습니다.
위빳사나를 만난 것 또한 행복이었습니다.
무상·고·무아를 체험한 것은 더 없는 축복이었습니다.
인과는 분명한 것이어서 본인이 지은 것은 본인이 받는 것입니다.
여러분! 열심히 노력하여 도와 과에 이르기를 바랍니다."

부처님이 열반에 든 순간, 제석천이 독송하며, 부처님을 예배한 게송이 있습니다. 우리들도 열반에 이른 냐나로까 스님을 기억하면서 스님께 예배를 드립니다.

아닛짜- 와따 상카-라- 웁빠-다와야담미노-
Aniccā vata saṅkhārā, uppādavayadhammino;
웁빳지뜨와- 니룻잔띠 떼-상 우-빠사모- 수코-
Uppajjitvā nirujjhanti, tesaṁ vūpasamo sukho.
생기고 멸하는 성질을 가진 제행은 무상하다.
생겨서는 멸하나니, 그것들의 멈춤이야말로 진정한 행복이다.

모든 이들에게 축복이 있기를! 행복하기를!

2018. 1. 10.
아짠 진용 빤냐와로 스님

우 냐나로까 사야도의 법문을 정리하면서

이 책은 우 냐나로까 사야도(U Ñāṇaloka Sayadaw)의 법문을 엮은 유고집입니다. 스님의 법문을 정리하면서 수행 경험들이 정리되었고, 경전들을 통해 피상적으로 알고 있던 지식들이 실제 수행과 접목되어 '스승님께서 또 다른 가르침을 주시는 구나'라고 생각했습니다. 특히 스님의 권유로 스리랑카 뻬라데니야 대학원에서 빨리어를 공부한 것은 교학적 기반을 다지는 초석이 되었습니다.

이 책을 정리하면서 주의했던 점은 다음과 같습니다.

첫째, 되도록이면 스님의 표현을 그대로 쓰되, 단정적인 표현은 순화시켰습니다.

둘째, 흩어진 스님의 법문의 내용을 『맛지마 니까야』의 「사띠 확립경satipaṭṭhānasutta(MN10)」의 서술 순서를 참고하여 정리했습니다.

셋째, 인용된 경전은 용어 등을 재해석해서 정확한 번역이 되도록 노력했습니다.

넷째, 유고집의 내용적 완결성을 위하여 여러 부분들이 첨가되거나 수정되었습니다. 특히

2장 사띠빳타나 수행의 이론적 기초에서 1. 있는 그대로 바라보기 1) 대상을 앎, 6. 사띠빳타나[satipaṭṭhāna, 四念處] 수행 1) 정신[nāma, 名]과 물질[rūpa, 色]

6장 사띠빳타나 수행의 실제 Ⅳ, 2. 선정[jhāna]의 내용은 새로 추가된 부분입니다.

처음에 스님의 법문을 정리해 보자는 단순한 생각이 이렇게 책으로 나오기까지 마하보디 자비실천회 회원들의 도움이 있어서 가능했습니다. 이 책의 내용에 대한 책임은 전적으로 제자인 본인에게 있습니다. 책의 내용에 대한 의문은 www.metta.kr의 까페 게시판을 이용해 주시기 바랍니다.

2018. 1. 20.
금성대에서
비구 감비라냐나(U Gambhīrañāṇa) 씀

차 례

【 약어 】

A	Aṅguttara Nikāya
Dhp	Dhammapāda
D	Digha Nikāya
M	Majjhima Nikāya
MA	Majjhima Nikāya Aṭṭhakathā
MT	Majjhima Nikāya Ṭīka
S	Samyutta Nikāya
Sn	Sutta Nipāta
Tha	Theragātha
Mil	Milindapañho
Pm	Paṭisambhidāmagga
Vbh	Vibhaṅga
Patt	Paṭṭāna
VM	Visuddhimagga
Vin	Vinaya Piṭaka
Par	Pārājīka
Mv	Mahāvagga (Vinaya Piṭaka)
CV	Culavagga (Vinaya Piṭaka)
BPS	Buddhist Publication Society of Kandy, SriLanka
PED	Pali-English Dictionary (Pali Text Society)
PTS	Pali Text Society
EB	Encyclopedia of Buddhism(The Department of Buddhist Affairs Ministry of Buddhasasana, Sri Lanka)

1장_

수행의 유익함

현대는 참으로 바쁘게 살고 있는 시대인 것 같습니다. 바쁘게 사는 것은 행복하게 살기 위함인데, 행복이란 결국 마음의 문제입니다. 그러므로 마음에 대한 이해 없이 외부로부터 행복을 얻기는 어렵습니다. 마음의 구조와 역할에 대한 이해 없이는 불가능하다는 의미입니다. 이 마음의 구조와 역할을 이해하는 실천적 행위가 곧 수행입니다. 따라서 행복을 얻기 위한 것이 인생의 목적이라면 우리는 반드시 수행을 통해서만 행복의 본질을 이해할 수 있을 것이며, 행복의 본질을 이해해야만 행복할 수 있을 것입니다. 이런 이유로 우리는 어떤 수단보다 우선적으로 수행을 삶 안에 끌어안아야 합니다.

수행을 통하여 얻는 삶의 유익함에는 여러 가지가 있습니다. 물론 이 수행의 유익함을 초기 단계에서 일부 수행자들은 분명하게 느끼지 못할지도 모릅니다. 그러나 어느 정도 사띠와 삼매가 깊어져 지혜의 맛을 조금씩 보게 되었을 때 수행자는 다음과 같은 유익함을 얻게 될 것입니다.

마음이 분명하고 안정되어 평안해지다

우리는 대부분의 시간을 불분명한 마음의 상태 속에서 생활하고 있습니다. 무엇 때문인지 몰라도 마음이 선명하지 못하고, 확실하지는 않으나 항상 무엇인가를 찾고 있으며 들떠 있습니다. 또한 온갖 생각이 자기도 모르게 일어났다가 사라졌다가 하는 것이 반복됩니다. 그래서 불분명하며 불안한 마음속에서 생활하는 것 같습니다. 이렇게 생활하고 있는 것이 대부분의 사람들이 사는 모습입니다. 그러면 그러한 상태는 어디에서 오는 것일까요? 그것은

탐욕이라고 하는 열렬한 바람이 있기 때문에
격렬하거나 미세한 성냄이 있기 때문에
미혹이라는 이해의 부족, 무지가 있기 때문입니다.

불만스러운 마음이 일어날 때, 마음이 무엇인가를 찾고 있을 때, 마음이 안정되지 못하고 들떠 있을 때, 또한 온갖 생각이 일어날 때, 불안한 마음이 일어날 때, 그 마음의 상태와 작용을 알아차리고 그것에 집중하여 바로 그 마음을 관찰해야 합니다. 마음은 여러 가지

작용을 하지만 한 순간에 한 번만 일어났다 사라집니다. 동시에 여러 마음 작용이 일어나는 것처럼 보이는 것은 마음이 작용하는 속도가 너무나 빠르기 때문입니다.

이러한 부정적인 마음 작용이 일어났을 때 그것을 '알아차려서 밀착하여 관찰하면', 그러한 부정적인 마음의 작용은 멈추게 됩니다. 나아가서 그 부정적인 마음의 원인인 열렬한 바람 혹은 격렬하거나 미세한 화가 사라집니다.

더욱 '알아차려서 밀착하여 관찰'로 나아가면 수행자의 마음은 안정과 평안 그리고 평온과 평화로움으로 나아가게 됩니다. 더욱 수행이 진보되면 탐욕과 성냄 그리고 미혹의 원인인 무지의 뿌리가 점점 잘려나가 마침내는 매우 자유롭게 될 것입니다.

업(業)을 점점 제거시켜
도덕적인 생활을 하게 되다

업(業)은 빨리어로 깜마kamma인데, 산스크리트어 까르마karma라는 용어로 우리에게 더 친숙해져 있습니다. 업에 대한 자세한 정보를 기술하자면 매우 많은 것들을 풀어 놓아야 합니다. 여기서는 요점만 전달하도록 하겠습니다.

사람들 사이에 불평등이 존재합니다. 이러한 불평등의 원인을 어떻게 설명할 수 있을까요? 과학자들은 인류가 불평등한 원인을 물리적 원인·유전인자·환경의 조건 등의 탓으로 돌리고 있습니다. 그렇다면 왜 한 가정의 구성원은 서로 환경이 비슷하고, 특히 쌍둥이는 같은 유전자를 보유하고 똑같은 환경에서 성장하는데 기질적·지능적·감성적으로 다른가? 위에서 말한 이유들로는 이러한 것들을 명쾌하게 설명할 수 없습니다.

우리가 일반적으로 '나' 혹은 '자아'라고 할 때, 5온pañcakkhandhā, 五蘊, 즉 물질의 무더기rūpakhandha, 色蘊, 느낌의 무더기vedanākhandha, 受蘊, 산냐의 무더기saññākhandha, 想蘊, 상카라의 무더기saṇkhārākhandha, 行蘊, 윈냐나의 무더기viññāṇakhandha, 識蘊의 무더기인 존재를 실재적 존재 '나' 혹은 '자아'로 상정을 한 것입니다.[1] 여기서 5온 중의 행, 즉 우리의 의도 그리고 행위가 업이며, 또한 업을 형성합니다. 다시 말하면 신身·구口·의意로 지은 의도적 행위가 업이며, 업을 형성한다는 말입니다. 비자발적·무의식적·비의도적으로 행하여진 행위는 과보는 있으나 업은 형성되지 않습니다. 왜냐하면 업을 결정하는 가장 중요한 요소인 의도가 없었기 때문입니다. 의도는 마음의 작용입니다.

그러므로 업의 작용에서 가장 중요한 것은 마음의 작용입니다. 바로 이 부분이 마음 통찰의 위빳사나 수행의 몫입니다. 이 면에 대해서는 나중에 더 자세하게 설명할 기회가 있을 것입니다.

스트레스에서 자유로워지다

현대사회는 우리들에게 참으로 갖가지 힘, 즉 스트레스를 가해오고 있습니다. 그 압력을 우리들로서는 감당해낼 수 없을 때가 종종 있습니다. 그렇기 때문에 스트레스를 '문명병'이라고 부르기도 합니다. 필립 짐 바르도라는 심리학자는 그의 저서 『심리학과 삶』에서 사람이 주변 환경에서 받는 여러 가지 스트레스에 대해 반응하는 네 가지 단계를 설명하고 있습니다.

① 감정적인 단계: 슬픔, 의기소침, 성냄, 짜증, 좌절감
② 행동의 단계: 생산성과 집중력이 떨어지고, 건망증이 있으며, 대인관계가 원만하지 못하다.
③ 생리적인 단계: 주로 신체적인 긴장을 말하는데 이것이 발전하면 통증, 위궤양, 고혈압 등 갖가지 질병이 된다.
④ 인지의 단계: 자신을 지나치게 소중하게 생각하거나 스스로에 대한 신뢰감을 상실한 경우, 그 결과 자기 자신이 아무 쓸모없고 희망도 없다는 감정에 빠져들어 최악의 경우 자살까지 하게 된다.

사람들이 이와 같은 스트레스와 고통을 맛보게 되는 것은 강한 자아의식으로 인하여 자아에 집착하여 마음이 불분명해져서 균형

잡히지 않고 불안정한 상태에 놓여 있기 때문입니다. 자아의식이 강하게 작용하는 이유는 마음이 탐욕에 지나치게 집착하기 때문입니다. 그것은 때로는 격렬하게 화를 내게 이끕니다. 또한 이해의 부족, 무지 때문에 탐욕이 일어납니다. 탐욕은 무지에 의존되어 있습니다.

마음을 사띠하여 관찰하는 순간에는, 수행자는 어떤 것에 대한 기대를 멈출 수 있습니다. 그러므로 열렬한 집착은 일어나지 않습니다. 마음 통찰을 하는 동안은 절대로 성냄의 현상은 일어나지 않습니다. 또한 마음 통찰을 하는 순간에는 수행자가 게을러지거나 혼침에 빠지지 않습니다. 그와 같이 정진하는 수행자의 마음이 탐욕·성냄·무지로부터 어느 정도 벗어나 있기 때문에 마음이 분명해져 있으며 따라서 마음이 균형되고 안정되어 있습니다. 그러므로 스트레스를 받지 않게 되는 것입니다.

육체적 고통과 질병이 치유되다

우리 몸은 스트레스를 받으면 아드레날린을 분출시키고, 맥박과 혈압이 올라가고, 근육에 혈액이 증가됩니다. 이와 같은 반응은 어떤 신체적인 위협에 대처하거나 위험으로부터 도망가게 하는 데 도움을 줍니다. 그러나 만일 우리가 계속 이와 같은 스트레스를 받는다면 이와 상관되는 질병의 고통을 받을 수밖에 없을 것입니다.

위빳사나 수행은 신체의 맥박을 줄이고, 긴장을 누그러뜨립니다.

많은 의학학술 보고들이 명상 수행의 건강효과를 입증하고 있습니다. 명상 수행은 특별히 고혈압·과민성 대장 증후군·불면증·우울증 같은 스트레스와 연결되는 질병과 통증 그리고 불안증이 곁들여 있는 질병을 치료하는 데 도움이 된다고 보고하고 있습니다.

최근에 의학자들은 고혈압 환자들이 명상 수행요법을 통해서 혈압과 맥박을 낮췄을 뿐만 아니라 좁아졌던 심장동맥이 정상으로 되돌아왔다고 보고했습니다. 똑같은 시간을 명상 대신 휴식요법을 시행했던 환자들은 혈압은 낮아졌으나 관상동맥에는 변화가 없었다는 보고도 아울러 참고할 만합니다. 건선 환자 중 자외선 치료만을 받은 환자보다 명상 수행요법을 함께 받은 환자의 피부가 더 빨리 깨끗해졌다는 연구결과도 있습니다.

또한 어떤 연구는 명상치료를 받은 사람들이 여러 원인으로 인한 통증(특히 근육에서 오는 통증)과 불안을 적게 느꼈고 약물도 적게 사용하였다고 보고하고 있습니다. 신경내분비계에 대한 약물치료 영향을 조사해 온 연구자들은 명상 수행이 혈액 속에 멜라토닌과 노화방지제로 간주되는 호르몬 함량을 증가시킨다는 것을 발견하기도 했습니다.

실제로 수행자의 정진이 향상되어 위빳사나의 지혜vipassanāñāṇa [2]가 일어나 그 중에서 '일어남 사라짐을 관찰하는 지혜udayabbayānupassanāñāṇa'라는 단계에 도달하면 그때 여러분들의 사띠의 힘은 매우 강하게 되어서 약을 복용하지 않아도 육체적 통증이 극복되며 나아가서 갖가지 질병이 치료되기도 합니다. 온갖 약과 전문 의사도 치료하지 못했던 불치병이나 오랫동안 고통 받아 왔던 심각한 병들이 수행자가 더욱 열심히 정진하여 선정의 힘이 매우 깊은 '상카라에 대한 평온의 지혜saṅkhārupekkhāñāṇa'에 도달하면 그 병이 말끔히 치유되는 사례도 있습니다.

죽음에 대한 두려움에서 벗어나게 되다

죽음이란 우리의 삶에서 가장 큰 고통 중의 고통이라고 할 수 있습니다. 그 순간을 생각하면 정말 두려움이 몰려옵니다. 누구나 죽는다는 자연의 법칙은 인정하면서도 자신이 언젠가 죽는다는 것을 현실적으로 지금 여기서 받아들이기는 주저하고 있습니다. 그래서 죽음에 대한 얘기만 나오면 슬그머니 도피해 버리고 마는 것이 대부분의 사람들의 태도입니다.

그러나 일어난 것은 반드시 사라지고, 태어난 것은 반드시 죽는다는 것, 조건 지어진 존재들은 누구도 그것을 거스를 수는 없습니다. 아무리 신에게 기도를 하여도 불안으로부터 완전히 벗어남은 회의적이며 또한 편안한 죽음에 대한 보증을 기대하기란 거의 불가능한 것처럼 보입니다.

죽음에 임박해서 감각기관들이 하나씩 생명력을 잃어감에 따라 외부의 자극을 느끼지 못하게 되면 자기 억제력 역시 힘을 잃게 됩니다. 그러면 모든 가면들은 벗겨져서 완전히 발가벗은 자기와 마주하게 됩니다. 그때 증오·질투·시기·미련·질시·분함·아쉬움·집착·공포 등의 부정적 감정들과 마주치며, 죄의식·회한·비탄·슬픔 등에 빠져 괴로워하게 될 것입니다.

비록 죽음이 말할 수 없이 두렵기는 하지만 그것을 피할 도리가 없는 이상 그 불가피성을 받아들일 마음의 준비가 필요합니다. 그리고 죽음은 삶의 본질과 자기 자신의 내면의 본질을 이해할 수 있는 마지막 깨달음의 통로이기도 합니다. 또한 죽음을 공부하고 이해하면 보다 바람직한 삶을 살 수 있습니다. 그래서 죽음에 대한 사띠 maraṇassati 3)를 익히는 것이 필요합니다.

죽음에 임박하여 위에서 말한 여러 가지 불안한 현상이 일어났을 때 그것들을 객관적으로 통찰하면 불안함은 없어지고 나아가서 계속하여 '일어남 사라짐'의 주 대상을 관찰하면서 평화 속에서 그대로 죽음의 과정으로 들어갈 것입니다. 위빳사나 수행은 자기 자신과 평화롭게 지낼 수 있도록 만들어 주며, 죽음의 두려움으로부터 해방되며 마침내는 평온 속에서 죽음의 위대한 경험을 치러낼 수 있을 것입니다.

누구나 자신이 평소에 살아왔던 방식과 마음을 안고 죽음을 맞이하게 됩니다. 어제의 나의 삶의 양상이 오늘로 이어지고, 오늘의 나의 삶의 양상이 그대로 내일 나의 죽음의 양상으로 이어질 것입니다. 그러므로 내일 나의 죽음은 오늘 나의 삶의 양상과 하등 다를 바가 없습니다. 그래서 오늘 내가 수행으로 잘 준비되어 있으면, 죽음 또한 아무 두려움·회한·미련·집착 등에 끄달리지 않고 평온과 평화 속에서 성스럽게 진행시킬 수 있을 것입니다.

보다 상위의 지혜가 계발되다

열심히 정진한 수행자는 자기도 모르는 사이에 어느새 높은 수준의 지혜가 계발되어 있음을 발견하게 될 것입니다. 위빳사나 수행을 하기 전에 높은 수준의 담마dhamma, 法를 이해할 수 없었던 사람들도 수행을 통하여 청정의 과정과 지혜의 단계들을 경험하게 되므로, 다시 동일한 진리의 가르침을 대했을 때, 어렵지 않게 그 가르침을 이해할 수 있게 됨에 경이로움을 느낄 것입니다. 진리, 즉 존재의 본질과 실상을 깨닫는 지혜의 계발에는 세 가지 단계의 방법이 있습니다.

첫째는 개념적 이해: 언어를 통하여 개념적으로 이해하는 단계입니다.

둘째는 추론적 이해: 언어를 통하여 개념적으로 알게 된 내용을 이성적으로 계속 주시하여 논리적인 방법으로 추리와 유추를 통하여 모순을 점검하며 이해하는 단계입니다.

셋째는 몸과 마음을 통한 실천적인 경험을 통한 이해입니다. 이것이 존재의 실상을 깨닫는 가장 확연한 방법입니다. 왜냐하면 일반 사람들의 인식의 과정은 그 이전의 오염된 인식에 의해서 대상을 알 수밖에 없는 구조를 가지고 있기 때문입니다. 그러므로 오류에서 해방된 인식을 하기 위해서는 평등심, 즉 다섯 감각기관이 대상에 부딪혔을 때 그 대상에 애착하지도, 혐오하지도 않는 무지가 제거된 마음의 중립 상태가 되어야 합니다. 이때 대상을 '있는 그대로' 알 수 있습니다. 이러한 이해를 지혜라 합니다. 위빳사나 수행이란 바로 이러한 지혜를 증득하기 위한 수행이기 때문에 계발된 지혜를 얻게 됨은 당연한 일입니다.

열반을 성취하게 되다

위빳사나 수행의 최대의 유익함은 존재의 본질과 실상을 확연하게 깨달아 모든 번뇌를 제거한 대자유인이 되는 열반의 성취입니다.

열반nibbāna, 涅槃은 일반적으로 '완전한 자유'를 의미합니다. 그러나 환경이나 상황으로부터의 탈출보다는 그것에 얽매여 있는 '나'로부터 벗어난 '완전한 자유'를 의미합니다. 열반이란 번뇌의 타오름이 꺼지듯이 아무것도 조건 지어져 생성됨이 없는 평화와 자유의 상태라고 볼 수 있습니다. 『청정도론』에서는 다음과 같이 서술하고 있습니다.

> 궁극적인 뜻에서 괴로움의 소멸의 성스러운 진리滅聖諦란 열반을 말한다. 그것으로 인해 갈애가 시들고 소멸하기 때문에 '시들어 소멸'이라 한다. 그것으로 인해 '버림' 등이 있고, 감각적 욕망의 집착들 중 단 하나의 집착도 없기 때문에, '버림·포기·자유·집착 없음'이라 한다. 그것은 고요함이 특성이고, 영원함이 역할이며, 편안함을 만드는 역할이며, 표상

없음으로 나타나고, 생각의 전개 없음으로 나타난다.[4]

이와 같은 열반을 성취한 이들을 네 쌍cattāri purisayugāni · 여덟 분의 성자들aṭṭha purisapuggalā, 四雙八輩이라 하며, 구체적으로 '수다원sotāpanno · 수다원과를 실현하여 증득한 이sotāpattiphalasacchikiriyāya paṭipanno, 사다함sakkhadagami · 사다함과를 실현하여 증득한 이sakadāgāmiphalasacchikiriyāya paṭipanno, 아나함anagami · 아나함과를 실현하여 증득한 이anāgāmiphalasacchikiriyāya paṭipanno, 아라한araham · 아라한과를 실현하여 증득한 이arahattaphalasacchikiriyāya paṭipanno' 입니다.

이러한 성자들 중, 아라한 이전의 성자들을 아직 더 닦을 것이 남아 있다는 의미에서 유학sekha, 有學이라 하며, 아라한은 더 이상 닦을 것이 없으므로 '무학'이라고 합니다. 이와 비슷한 개념으로 유여열반有餘涅槃과 무여열반無餘涅槃이 있는데, 유학이 성취한 열반을 유여열반, 무학 즉 아라한이 성취한 열반을 무여열반이라고 합니다. 열반을 실현하여 증득한 이들에 대해서는 이 책의 뒷부분, 네 가지 고귀한 진리의 '멸성제'를 설명하면서 더 자세히 알아보겠습니다. 이러한 성자들로 이루어진 상가에 대하여 경전에서는 다음과 같이 찬탄하고 있습니다.

세존의 제자들의 상가saṃgha는 잘 증득하고suppaṭipanno,
세존의 제자들의 상가는 즉시 증득하고ujuppaṭipanno,
세존의 제자들의 상가는 바른 방법으로 증득하고ñāyappaṭipanno,

세존의 제자들의 상가는 가르친 대로 증득하니[sāmīcippaṭipanno],

곧 네 쌍·여덟 분의 성자들[cattāri purisayugāni, aṭṭha purisapuggalā]이시다.

이러한 세존의 제자들의 상가는 공양 받아 마땅하고[āhuneyyo],

칭찬 받아 마땅하고[pāhuneyyo],

보시 받아 마땅하고[dakkhiṇeyyo],

공경 받아 마땅하며[añjalikaraṇīyo],

세상의 위없는 복밭이시다[puññakkhetta, 福田].[5]

우리는 항상 이러한 상가의 덕을 계속 생각해야겠습니다. 이상과 같이 수행의 유익함에 대한 대강을 살펴보았습니다.

2장_

사띠빳타나 수행의 이론적 기초

1. 있는 그대로 바라보기

1) 대상을 앎

아는 것의 '대상'은 다섯 가지의 감각기관을 통해 지각되는 모든 것들과 이를 받아들이는 마음[mano, 意根]의 대상이 되는 담마[dhamma, 法]들, 그리고 이들이 마음에서 작용함으로써 생기는 여섯 가지 마음[viññāṇa, 識]을 말합니다. 이들은 보통 '일체[sabba]'라고 하며 온[khandha, 蘊]·처[ayatana, 處]·계[dhātu, 界]·근[indriya, 根]·제[sacca, 諦]·연[paṭiccasamuppāda, 緣] 즉 5온·12처·18계·22근·4성제·12연기로 분석되고 있습니다. 이것은 결국 대상을 '누가', '어떻게 아는가'의 문제로 귀결되는데 여기서 '누가'의 문제는 5온[pañca khandhā, 五蘊]으로 설명하며, '어떻게 아는가'의 문제는 수행의 발전과 관련하여 대상을 '알고 보며, 계속 관찰하고, 통찰하고, 완전히 통달하여 위없는 바른 깨달음을 얻음'의 문제입니다.

'알다jānāti'는 대상을 아는 것의 가장 일반적인 단어입니다. 이 단어는 경전에서 '보다passati'와 같이 쓰여 '이와 같이 알고 이와 같이 본다evaṃ jānāti evaṃ passati'와 같이 쓰이는 경우가 많습니다. 또 '아누빠사띠anupassati'는 '보다passati'에 동작의 지속되는 상태를 의미하는 접두사 'anu'가 붙어 '계속 관찰하다'의 뜻으로서 사띠빳타나 수행에서 일어나고 사라지는 현상을 알아차리면서 보고 있는 것을 의미합니다. '알고 본다'와 비슷하지만 보다 구체적인 마음mano의 작용을 의미하는 동사로 '주의를 기울이다manasikaroti, 作意'가 있습니다. 이것은 특히 '적절하게yoniso'와 같이 쓰여 '적절히 마음을 기울이다yoniso manasikāroti'의 의미로 쓰이는데 수행 중 감각기관을 통해 대상이 나타날 때 그 대상에 마음을 보낸다는 의미입니다. 이들은 '생각하다takketi', '반조하다paccavekkhati', '분석하다vīmaṃsati' 등의 생각을 이어가는 동사들과 구별해야 합니다.[6)] 특히 '생각하다'는 색계초선의 구성요소로 알려져 있는 '위딱까vitakka'와 관련지어 생각해 보아야 할 단어입니다.

'위딱까'는 'vi'와 'takka'로 나누어 볼 수 있는데, 'vi'는 '나누다' 또는 '벗어난'의 의미이며, 'takka'는 동사 'takketi(생각하다)'의 명사형으로 '생각' 또는 '사유'의 의미입니다. 그러므로 '위딱까'는 '생각을 벗어남'을 뜻합니다.[7)] 따라서 색계초선에서 '위딱까'는 '생각을 벗어남'으로 '위짜라vicara'는 '계속 사유하는 것을 벗어남'으로 보아야 합니다. '위딱까'는 이 책의 선정을 설명한 부분에서 더 부연 설명할 것입니다.

산냐saññā의 이해하다sañjānāti[8]는 '대상을 앎'의 의미이고, 식viññāṇa의 분별하다vijānātī[9]는 '특성을 잘 앎'의 의미이며, 반야pañña의 통찰하다pajānāti[10]는 '도magga의 나타남을 일으킨다'는 의미입니다.

『청정도론』에서는 위의 세 단어를 금화를 아는 세 종류의 사람, 즉 어린아이, 시골농부, 금화전문가에 비유하였습니다. 어린아이가 금화를 아는 것은 '이해하다sañjānāti' 즉 단지 장식이 아름다운 동전 정도로 아는 것에, 시골농부가 아는 것은 '분별하다vijānātī' 즉 '매우 아름답고 소중한 금화로 세상의 귀중품을 구할 수 있음을 아는 것'에, 금화전문가가 아는 것은 '통찰하다pajānāti' 즉 '금화의 맛을 보거나 두드려 소리를 듣거나 손으로 무게를 어림잡는 것만으로 어디서 만들어졌는지, 어느 정도의 가치가 있는지 아는 것'에 비유하였습니다.[11]

위의 세 단어는 '대상을 아는 것'과 관련된 가장 기본적인 경전의 술어입니다.

이것 외에 분명한 통찰sampajānno의 '분명히 통찰하다sampajānāti'가 있는데 이 단어는 '통찰하다pajānāti'에 접두어 'sam'이 붙어 '통찰하다'의 뜻을 더욱 강조하는 의미로 사용되며, 주로 사띠와 함께 쓰여 '사띠하고 분명히 통찰하며satima sampajānno, 正念正知'로 사띠빳타나 수행과 관련하여 항상 염두에 두어야 할 단어입니다. 이외에 '완전히 알다abhijānāti'와 '두루 통달하다parijānāti'가 있습니다. 『앙굿따라 니까야』의 「졸음경pacalāyamānasutta(AN7.61)」을 보겠습니다.

"세존이시여, 간략하게 말씀하신다면, 비구는 어떻게 갈애가 다한 해탈을 성취하고 구경究竟의 완성을 이루고 구경의 평화를 얻은 이yogakkhemī, 瑜伽安隱者 12)가 되며 구경의 범행을 닦고 구경의 목적을 이루고 신과 인간들 사이에서 최고가 됩니까?"

"목갈라나여, 여기 비구는 '모든 담마들은 전혀 집착할 것이 아니다13)'라고 배운다. 목갈라나여, 이와 같이 비구는 '모든 담마들은 전혀 집착할 것이 아니다'라고 배운다.

그는 모든 담마들을 완전히 안다abhijānāti.

모든 담마들을 완전히 안 뒤 모든 담마들을 두루 통달한다parijānāti.

모든 담마들을 완전히 안 뒤 어떤 느낌을 느끼더라도, 그것이 즐거운 느낌이든 괴로운 느낌이든 괴롭지도 즐겁지도 않은 느낌이든, 그는 그 느낌들에 대해서 무상을 계속 관찰하면서aniccānupassī 머문다.

탐욕이 사라짐을 계속 관찰하면서virāgānupassī 머문다.

소멸을 계속 관찰하면서nirodhānupassī 머문다.

놓아버림을 계속 관찰하면서paṭinissaggānupassī 머문다."

'완전히 알다abhijānāti'는 지금 현재 일어나고 사라지는 대상의 고유한 특성을 완전히 아는 것입니다. 그러나 이것의 명사형인 '초월지abhiññā'는 경전에서 특히 삼매와 관련되어 주로 쓰이며 '신통'의 의미로 쓰입니다.14) '두루 통달하다parijānāti'는 모든 담마를 두루 완전히 다 아는 것을 의미하며, 이러한 통달의 지혜인 '통달지pariññā'에는 '앎의 통달지ñātapariññā', '판단의 통달지tīraṇapariññā', '버림의 통달지pahānapariññā'가 있습니다.

'앎의 통달지'는 초월지의 반야이며 안다는 의미의 지혜[15]입니다. 대상과 접촉하는 경우를 예를 들자면 다음과 같이 모든 접촉을 안다는 뜻입니다. 즉 "이것은 눈의 접촉이며, 귀의 접촉이며, 코의 접촉이며, 혀의 접촉이며, 몸의 접촉이며, 마음의 접촉이며, 언어의 접촉이며, 성냄의 접촉이며, 즐겁게 느껴지는 것의 접촉이며, 괴롭게 느껴지는 것의 접촉이며, 괴롭지도 즐겁지도 않게 느껴지는 것의 접촉이며, 선의 접촉이며, 불선의 접촉이며, 선도 아니고 불선도 아닌 것의 접촉이며, 욕계세상의 접촉이며, 색계세상의 접촉이며, 무색계세상의 접촉이며, 공의 접촉이며, 표상없음의 접촉이며, 탐욕으로부터 벗어남의 접촉이며, 세간의 접촉이며, 출세간의 접촉이며, 과거의 접촉이며, 미래의 접촉이며, 현재의 접촉이다"라고 알고 봅니다. 이것이 '앎의 통달지'입니다.[16]

'결정의 통달지'는 통달지의 반야로 결정한다는 의미의 지혜[17]이며 위의 앎의 통달지로 알게 된 접촉을 다음과 같은 일반적 특성 등으로 결정한다는 의미입니다. 즉 무상으로, 고로, 괴롭힘으로, 부풀어 오름으로, 화살로, 불행으로, 질병으로, 다른 존재로, 부서짐으로, 재난으로, 위험으로, 공포로, 침략으로, 전율로, 쪼개짐으로… 생겨남으로, 사라짐으로, 즐거움으로, 위험으로, 안식처로 결정한다는 의미입니다.[18] 이것을 『청정도론』에서는 깔라빠 명상으로부터 kalāpasammasanato '무상·고·무아'로 통찰하는 '수순anulomā의 지혜'까지로 보고 있습니다.

'버림의 통달지'는 버림의 반야로 포기한다는 의미의 지혜[19]이며 이와 같이 이전의 '반야의 통달지'로 결정하고 그 산냐로 탐욕의 집착을 포기하고 없애며 완전히 보내버립니다.[20] 이것을 『청정도론』에서는 '무너짐을 계속 관찰함'에서부터 시작하여 '도의 지혜'에 이르기까지로 보고 있습니다.[21]

2) 삼매와 위빳사나

『청정도론』에서는 삼매samādhi, 三昧를 '유익한 마음의 하나됨kusalacittekaggatā'으로 간결하게 정의하고 있으며, 삼매는 산란함 없음avikkhepa의 특성과, 산란함을 없애는viddhaṃsana 역할과, 흔들림 없음avikampana으로 나타나며 '행복한 사람의sukhino 마음은 삼매에 들어 있다'라는 말씀으로 행복sukha이 가까운 원인padaṭṭhāna임을 말하고 있습니다.[22]

위빳사나vipassanā, 內觀는, 'vi(나누다, 벗어난) + passanā(봄)'로 나누어지는데, '빠싸나(봄)'는 동사 '빠싸띠passati(보다)'의 명사형입니다. 즉 위빳사나는 대상을 '나누어 봄'의 의미로 국내에서는 '내관內觀', '내적통찰內的 洞察', 또는 '꿰뚫어 봄'으로 번역하고, 영어권에서는 'insight, intuition, introspection' 등으로 번역합니다.

테라와다 불교는 19세기 후반 서구 제국주의 식민시대 이후 본격적으로 서구에 소개되었으며, 1차 세계대전 이후 위빳사나라는 수행 방법이 본격적으로 서구 유럽에 소개되었습니다. 국내의 경우 1990

년대 본격적으로 태국, 미얀마 등의 위빳사나 수행법이 소개되면서 테라와다 불교의 대표적인 수행법으로 인식되고 있습니다.

위빳사나는 지혜ñāṇa, 知慧, 명지vijjā, 明知[23], 반야paññā, 般若[24], 초월지abhiññā, 超越智 등의 계발과 밀접히 관련되어 있습니다. 『맛지마 니까야』의 「여섯 감각기관에 관한 큰경mahāsaḷāyatanikasutta(MN149)」을 보겠습니다.

> 그러므로 여기에 두 가지 담마들, 즉 삼매와 위빳사나를 조화롭게 해야 한다. 그는 초월지로 완전히 알아야 할 담마들은 완전히 안다parijānāti. 그는 초월지로 버려야 할 담마들은 버린다pajahati. 그는 초월지로 닦아야 할 담마들은 닦는다bhāveti. 그는 초월지로 실현해야 할 담마들은 실현한다sacchikaroti.
>
> 비구들이여, 초월지로 완전히 알아야 할 담마들이란 어떠한 것인가? 다섯 가지 취착하는 무더기pañcupādānakkhandhā, 五取蘊들을 말한다. 곧 물질의 취착의 무더기rūpupādānakkhandho, 느낌의 취착의 무더기vedanupādānakkhandho, 산냐의 취착의 무더기saññupādānakkhandho, 상카라의 취착의 무더기saṅkhārupādānakkhandho, 윈냐나의 취착의 무더기viññāṇupādānakkhandho가 있는데, 이 담마들을 초월지로 완전히 알아야 한다.
>
> 비구들이여, 초월지로 버려야 할 담마들이란 어떠한 것인가? 무명과 존재에 대한 갈애가 있는데, 이 담마들을 초월지로 버려야 한다.
>
> 비구들이여, 초월지로 닦아야 할 담마들이란 어떠한 것인가? 삼매와 위빳사나가 있는데, 이 담마들을 초월지로 닦아야 한다.

> 비구들이여, 초월지로 실현해야 할 담마들이란 어떠한 것인가? 명지와 해탈이 있는데, 이 담마들을 초월지로 실현해야 한다.[25)]

『앙굿따라 니까야』의 힘 품bālavaggo 「명지이음경Vijjābhāgiya sutta(AN2.22)」에서는,

> 비구들이여, 두 가지 담마들은 명지와 이어진다. 무엇이 둘인가? 삼매와 위빳사나이다. 비구들이여, 사마타를 닦으면 어떤 이로움이 있는가? 마음citta, 心을 닦게 된다. 마음을 닦으면 어떤 이로움이 있는가? 탐욕rāgo이 버려진다.
>
> 비구들이여, 위빳사나를 닦으면 어떤 이로움이 있는가? 반야paññā를 닦게 된다. 반야를 닦으면 어떤 이로움이 있는가? 무명avijjā이 버려진다.
>
> 탐욕에 오염된 마음은 해탈하지 못하고 무명에 오염된 반야는 닦지 못한다. 그러므로, 비구들이여, 탐욕이 제거되어 마음의 해탈cetovimutti, 心解脫이, 무명이 제거되어 반야의 해탈paññāvimuttī, 慧解脫이 있다.[26)]

『맛지마 니까야』의 「유학경Sekha sutta(MN53)」에는, 반야란 '생멸의 지혜로 인도하고, 고귀한 통찰의 몸이며, 바른 고의 소멸로 인도한다.[27)]'라고 정의하며, 『청정도론』에서는 '선한 마음과 연결된 위빳사나의 지혜[28)]'라고 정의하였습니다. 이와 같은 지혜 또는 반야 등의 의미를 이해하기 위하여 '대상을 아는 것'과 관련된 빨리어의 술어를 이해하는 것이 필수적입니다.

3) 위빳사나와 사띠빳타나

한편 또 다른 테라와다의 수행 방법을 일컫는 말로 사띠빳타나satipaṭṭhāna, 念處가 있습니다. '사띠빳타나'는 'sati'와 'upaṭṭhāna'의 합성어로, '사띠를 강하게 함', 또는 '사띠를 확립함'의 의미입니다. 두 단어가 결합할 때 뒤의 '우빳타나upaṭṭhāna'의 'U'는 산디Sandhi, 連音로 탈락하게 됩니다. '우빳타나'에 대해서는 다른 견해가 있는데, 이를 '빳타나paṭṭhāna'로 보아 '토대'의 의미로 해석하는 경우가 있습니다. 그러나 경전의 본문에서 사띠가 포함된 문장의 용례를 살펴보면 예외 없이 사띠와 '우빳타나'를 같이 쓰이고 있습니다.

그러므로 사띠빳타나에서 '빳타나'는 '우빳타나'로 보는 것이 옳습니다. 다시 말하면 주석서에서 단어의 의미를 명확하게 하기 위하여 '빳타나'의 의미로 설명하는 것과 본문에서 사띠와 함께 쓰는 단어의 용례는 구별하여야 합니다. 그러므로 '빳타나'의 의미를 '토대'로 번역하고 있는 입장은 재고되어야 하며, 사띠빳타나는 '사띠를 강하게 함, 또는 사띠를 확립함'의 의미로 써야 합니다.[29) 『맛지마 니까야』의 「사띠빳타나 숫따Satipaṭṭhāna sutta」는 '사띠를 강하게 하는 경' 또는 '사띠 확립경'으로 번역하는 것이 바람직합니다.

사띠sati, 念는 √smṛti가 어원이며, 동사 'sarati'의 명사형입니다. 사띠의 대표적인 뜻은 '기억'과 '알아차림'입니다. 사띠는 '마음챙김', '새김' 등으로 번역되고 있으나[30) 이 책에서는 원어의 느낌을 충실히 살리고 무리한 한글 번역이 주는 오류를 피하기 위해 '사띠'를 그대로 쓰겠습니다. 사띠는 경전에서 수없이 반복되어 사용되고 있으며 열반에 이르기 위한 수행과정에서 사띠의 여러 측면이 다양하게 강조됩니다. 사띠는 크게 다섯 가지 관점에서 강조되고 있습니다. 첫째 기억, 둘째 수행 방법, 구체적으로 사띠빳타나 수행, 셋째 감각기관의 단속, 넷째 8정도의 한 요소, 다섯째 깨달음의 요소입니다. 이들 각각의 내용들은 본 책에서 관련 부분들에서 상세하게 논의될 것입니다.

위빳사나는 '지혜 또는 반야의 계발'과 관련이 있으며, 사띠는 지혜 또는 반야의 계발에 필수불가결하며 매우 유익한 요소입니다. '사띠빳타나'는 이러한 '지혜 또는 반야의 계발'을 위한 구체적이고 실질적인 계발 방법을 제시해 주며 우리가 열반으로 향해 가는 여정에 확실한 도움을 주는 수행 방법입니다. 그래서 이 책에서는 '위빳사나 수행'이라는 용어보다 더욱 구체적이고 실용적인 표현인 '사띠빳타나 수행'이라는 표현을 쓰겠습니다.

4) 사띠

사띠sati, 念의 세 가지 주요한 요소

① 사띠의 첫 번째 요소: 일어난 현상을 주시·주목하여 알아차림.

사띠는 현상이 일어나는 바로 그 순간에 주시하여 그 현상이 일어났음을 아는 것입니다. 주시·주목을 하려면 당연히 주목할 대상에 집중하여야 합니다. 그것도 그냥 집중하는 것이 아니라 깨어 있는 집중이어야 합니다.

깨어 있는 집중이란 무엇인가? 육식동물이 사냥을 하기 위해서 집중하여 주목합니다. 그들이 사냥하려고 하는 표적을 향하여 집중하여 날카롭게 주시합니다. 그러한 주시가 깨어 있는 집중입니다. 그러나 그것은 사띠가 아닙니다. 왜냐하면 그러한 집중의 주시는 그 대상을 잡아야 하겠다는 탐욕을 지닌 주시로 순수성이 없기 때문입니다. 사띠는 순수한 주시·주목이어야 합니다. 사띠는 육식동물이 사냥할 때처럼 날카로운, 그러면서도 순수한 마음 상태의 주시입니다.

② 사띠의 두 번째 요소: 일어난 현상을 단지 있는 그대로 봄

우리가 어떤 존재를 오감의 작용을 통하여 인식할 때, 일반적으로 순수한 인식이란 없습니다. 대개의 경우는 자신의 경험으로 축적된 '관점' 혹은 '선입견'이라는 오염된 안경을 통하여 인식합니다. 그러나 사띠는 일어나고 사라지는 현상을 어떤 선입견 혹은 개념과 관점을 통하여 보는 것이 아니라 있는 그대로 분명하게 아는 것입니다.

③ 사띠의 세 번째 요소: 기억

사띠빳타나 수행의 입문자는 사띠가 '기억'이라는 말에 다소 의아할 것입니다. 어떤 '현상이 일어났다'는 것은, 사실은 어떤 '현상이 일어났다'는 것을 '인식하였다'는 의미입니다. 사띠는 그 '어떤 현상이 일어났음'의 인식을 다시 '아는 행위'입니다. 어떻게 해서 다시 아는 것일까요? 찰나이기는 하나 조금 전에 인식한 것을 순간적으로 기억

을 통하여 다시 아는 것입니다. 그러므로 사띠는 순간적으로 성립합니다. 따라서 사띠는 전광석화와 같은 빠름을 요구합니다.

이상과 같은 세 가지 요인이 성립되어야 진정한 사띠이며, 그러한 사띠를 통하여 진리로 향하게 됩니다.

사띠의 특성

헤네포라 구나라타나Henepola Gunaratana 비구는 그의 책 『Mindfullness in plain English』에서 사띠의 특성에 대하여 잘 설명하고 있습니다. 그것을 토대로 하여 수행의 실제적인 면에서 사띠에 대해 살펴보도록 하겠습니다. 사띠에는 다음과 같은 특징들이 있습니다.

① 사띠는 거울처럼 있는 그대로의 반영이다

사띠는 일차적으로 현재 일어나고 있는 현상의 일어나는 양상 그대로를 반영합니다. 왜곡은 용납되지 않습니다. 그래서 사물이 깨끗하게 닦여져 있는 거울에 그대로 비친 것과 같습니다. 사물에 대한 빛의 반사 작용은 그 사물의 실상을 거울 면 위에 비춥니다. 다만 거울 표면의 오염된 때로 실상이 비치지 못하고 있을 뿐입니다. 만일 오염된 때를 닦아내기만 한다면 그 사물의 실상은 거울에 비칠 것입니다. 사띠는 오염된 때가 제거된 거울에 비친 실상을 보는 것입니다.

② 사띠는 판단하지 않는 주시이다

사띠는 판단하지 않으면서 현상을 단지 그냥 바라보며 주시하는 것입니다. 사띠는 보면서 경이로워하거나, 좋아하거나, 싫어서 혐오스러워하거나 혹은 호기심을 발동시키지 않습니다. 단순히 현상을 있는 그대로 균형 잡힌 평등심으로 주시하여 알아차리는 것입니다. 결정하지도 않고, 판단하지도 않으면서 단지 주시하기만 합니다.

마음에 부정적인 성향이 일어났을 때는 더욱 그렇습니다. '초조·불안·두려움·성냄·미워함' 등이 일어났을 때, 그것들을 인위적으로 없애려 하거나, 반응하여 휘말리거나, 조종하려고 하지 말고, 그러한 부정적인 성향이 일어났음을 그대로 받아들이고 그것들을 그대로 놓아둔 채 단지 그것에 주시합니다.

우리가 어떤 체험을 하든 사띠는 단지 그것을 받아들입니다. 그것은 그냥 삶의 또 하나의 사건, 자각해야 할 또 하나의 대상일 뿐입니다. 그것은 자랑스러워할 것도, 부끄러워할 것도 아닙니다. 기뻐할 것도, 슬퍼할 것도 아닙니다. 나에게 중요한 것도, 불필요한 것도 아닙니다. 그것은 지금 여기에 그냥 이렇게 있는 것일 뿐입니다. 사띠는 그렇게 받아들이는 주시입니다.

③ 사띠는 치우침 없이 지켜보는 것이다

사띠는 편들지 않고, 인식된 내용에 구애받지 않고, 단지 그냥 알아차리는 행위입니다. 사띠는 편파적이지 않습니다. 사띠는 기분이 좋다고 그 속에 들어가 놀거나 휘말리어 들뜨지 않고, 기분 나쁘다고 해서 도망가거나 피하려 하지 않습니다. 유쾌한 느낌이라고 붙잡아 놓으려 하지 않고, 불쾌한 느낌이라고 해서 피하거나 없애려 하지 않습니다. 사띠는 모든 느낌, 모든 마음의 작용, 모든 경험을 치우침 없이 똑같이 대합니다. 아무것도 억제하지 않고, 더 키우려고 하지 않고, 없애 버리려고 하지 않고, 부끄러워 외면하지 않고, 합리화하지 않고, 도망가려고 하지도 않고, 치우침 없는 중도에서 단지 그냥 지켜보는 것입니다.

④ 사띠는 개념화되지 않은 자각이다

사띠는 생각하는 것이 아닙니다. 생각은 대상을 알아 일어난 산냐와 그외 마음의 작용으로 일어나는 것이므로 개념이 내재되어 있습니다. 그러나 사띠는 관념으로 인식하는 것이 아닌 '자각'입니다. 사띠는 지금·여기에서 현상의 실제 양상에 대해 자각하는 것입니다. 다른 것과 관계하거나 만들거나 분류하지도 않습니다. 대상을 항상 처음 새롭게 경험합니다.

그러므로 사띠는 일어나는 사건에 대하여 생각의 과정을 뛰어넘어 직접적이고, 즉물적이고, 직관적으로 체험하는 것입니다. 사물을 인식할 때 생각하는 과정, 그 이전의 순간적인 앎의 과정이 사띠입니다. 사띠는 지적인 자각이 아닙니다. 순수한 자각이며, 직관적 자각입니다. 사띠는 삶에 대한 진정한 체험이자 진행되어 가는 생명 과정에 대한 깨어 있는 경험이며, 참여입니다. 왜 '참여'라고 표현하느냐 하면, 새로운 경험을 하였으므로 새로운 삶으로 나아가게 되므로 참여라고 하는 것입니다. 우리는 사띠함으로써 진실로 실존하고 있습니다.

⑤ 사띠는 현재 이 순간의 자각이다

사띠는 바로 지금, 여기서 순간적으로 일어나는 일을 주시하는 것입니다. 사띠는 현재, 계속 지나가고 있는 과정의 연속선에 머물러 있습니다. 그래서 그 과정의 내용을 순간순간 자각합니다. 어렸을 때 친구와 놀던 사건이 생각나서 회상에 젖어 있다면 그것은 그 당시의 사건을 지금의 관념으로 생각하는 것입니다. 그러나 어린 시절 친구와 놀던 사건이 기억으로 떠오르자마자 그 옛일이 떠올랐다는 것을 즉시 알아차렸다면 그것은 사띠입니다.

⑥ 사띠는 변화에 대한 자각이다

사띠는 대상이 변해 가는 과정·내용·구조의 현상을 지켜봅니다. 사띠는 모든 현상이 일어났다가 사라지는 것을 연속하여 봅니다. 사띠는 현상이 변화하는 것을 주시하면서 새롭게 자각합니다. 몸과 마음속에서 현재 일어나고 있는 모든 육체적·감정적·정신적 현상들을 알아차리며 주시하여 그것들이 일어나서 사라지는 변화에 대한 새로운 경험을 합니다.

수행자는 안락의자에 깊숙이 앉아 지금 여기서 지나가는 파노라마를 보는 것입니다. 사띠하고 있는 수행자가 할 일은 끊임없이 스쳐가는 내면세계의 전개 현상을 계속 따라가기만 하는 것입니다. 수행자의 탐험 영역은 자신의 몸과 느낌, 마음, 그리고 구체적인 담마dhamma, 法들입니다. 여기서 담마란 고유한 특성을 지닌 더 이상 나눌 수 없는 현상을 말합니다. 내면세계는 단순히 외부 세계를 반영하고 있는 것이 아니라 자기 자신은 물론이요, 존재 일반에 대한 엄청난 정보의 보고입니다. 이 자료와 정보를 알아차려서 자각하는 것은 완전한 자유를 얻는 길로 들어서는 관문입니다.

⑦ 사띠는 자기중심적인 것이 아닌 깨어 있음이다

사띠는 '나'와 무관하게 일어납니다. 사띠하고 있는 사람은 '나', '나의 것'이라는 개념과 무관하게 모든 현상을 봅니다. 예를 들어 수행자의 왼쪽 다리에 통증이 있다고 가정해 봅시다. 보통의 의식 상태에서는 "나는 아프다"라고 말할 것입니다. 그러나 사띠를 확립하고 있는 사람은 그 느낌을 '단지 그러한' 느낌이라고 주시할 것입니다. '나'라는 개념을 추가로 덧붙이지 않습니다. 사띠는 인식한 것에 '나'를 개입하지 않는 것입니다. 일어난 현상에 대해 '나'와 '나의 것'이라는 허망한 전제 없이 그대로의 '깨어 있음'입니다.

⑧ 사띠는 참여하면서 주시하는 것이다

수행자는 참여하면서, 동시에 인식하여 관람합니다. 수행자가 자신의 육체의 움직임이나 감각 그리고 감정을 지켜본다면, 그 느낌과 감정은 그의 내부에서 일어난 것이므로 그가 참여하고 있는 동시에, 바로 그 순간 그는 그것을 인식하여 주시하고 있는 것입니다.

이상과 같이 사띠를 살펴보면 사띠를 말로 정의하기는 무척 어렵다는 것을 알 수 있습니다. 그것은 복잡해서가 아니라 오히려 너무

단순하고 열려 있기 때문입니다. 사실 가장 기본적인 개념일수록 그것은 완전히 정의내리기가 어렵습니다.

그런데 어떤 사물을 처음 인식할 때, 그 사물을 개념화하고 식별해 내기 전에, 그 사물에 대한 순수한 자각이 먼저 순간적으로 일어납니다. 이런 상태는 아주 짧은 순간입니다. 그것은 수행자의 눈길이 그 사물 혹은 현상에 모이고 마음이 막 집중되는 바로 그때, 수행자의 마음이 그것을 대상화하고 눈여겨봐서 주변에 있는 것들로부터 떼어내기 직전의, 반짝하는 그 한순간입니다. 그 순간은, 그것에 대해 생각하기 전에 즉, '아, ~이구나'라고 언어화하기 이전에 일어납니다.

사띠는, 그 사물에 인위적 또는 의식적으로 초점을 맞추어 보는 것이 아니라, 그 사물을 흘낏 볼 때와 상당히 비슷합니다. 의식적으로 초점을 정확히 맞추지 않고 흘낏 보는 이 순간의 자각에는 매우 심오한 앎이 들어 있습니다. 이 순간적인 앎은 그 대상에 대하여 객관적으로 인식되자 사라집니다. 일상생활의 통상적인 인식 과정에서 이와 같은 순간적인 앎의 단계, 즉 사띠의 단계는 너무나 빨리 스쳐 지나가기 때문에 관찰이 불가능합니다. 우리는 인식의 다음 단계들 즉 대상에 초점을 맞추고, 대상을 인지하고, 언어화시키고, 그래서 가치를 판단하는 것으로 나아갑니다. 그리고 무엇보다도 인식과 관련되어 연이어서 떠오르는 망상의 긴 연쇄(희론) 안에 들어가는 데 습관 되어 있습니다. 최초의 사띠의 순간은 순식간에 지나가고 맙니다.

사띠빳타나 수행의 목표는 이러한 사띠의 순간이 찰나적으로 성립하는 것에서 끝나지 않고 연속하여 사띠의 기능이 지속 가능하도록 훈련하는 것이라고 말할 수 있습니다. 적절한 기법을 써서 이 사띠가 오랫동안 연속적으로 가능해졌을 때, 그것이 너무나 심원하여 수행자의 존재관, 가치관 전체를 바꾸는 체험이라는 것을 알게 될 것입니다. 그러나 이런 재인식 상태는 규칙적이고, 집중적이고, 일상화된 수행을 통해서 숙달시켜야 얻어지는 것입니다. 일단 이 방법에 숙달되고 나면 사띠가 경이로운 삶의 방식이라는 것을 깨닫게 될 것입니다.

수행을 하면서, 6근이 6경에 접촉할 때마다, 안·이·비·설·신·의라는 6문에 사띠라는 문지기를 세워서 현상이 일어나고 사라지는, 그리고 있는 그대로의 현상을 보도록 노력해야 합니다. 다시 말하면, 대상에 마음을 기울여서 어떤 고정관념으로 대상을 보지 말고, 있는 그대로 보라는 것입니다.

우리는 부정적인 성향으로 여러 가지 마음에 들지 않는 일(不善業)을 합니다. 하고 싶지 않지만 같은 실수를 되풀이하고 괴로워합니다. 그런 반복되는 행위에 너무 좌절하지 마십시오. 우리가 할 일은 그것을 사띠하여 그것에 대하여 분명하고, 올바르게 이해하는 길밖에 없습니다. 그러나 이 사띠의 공덕은 위대합니다. 이 사띠의 위대한 공덕으로 우리는 조금씩 조금씩 자유로워지게 될 것입니다.

2. 수행에 대한 마음가짐

1) 수행에 대한 흥미와 믿음

사띠빳타나 수행에 흥미를 갖기 위해서는 먼저 여러 담마에 대한 개념적인 이해가 필요합니다. 삶, 인간, 육체, 정신, 원인과 결과, 업에 대한 담마의 지식을 어느 정도 갖추게 되면, 자연적으로 사띠빳타나 수행에 대하여 흥미를 가지게 되며 수행을 하는 것에서 어떤 만족감을 느낄 수 있을 것입니다. 실제로, 어느 정도 자신의 몸과 마음을 들여다보는 힘을 갖추면, 여러 가지 현상을 들여다보는 것, 특히 마음을 들여다보는 것이 흥미로울 수밖에 없고, 더 나아가서 수행을 하는 것이 행복할 수밖에 없는 그런 시기가 옵니다. 어떤 것에 지루하게 될 때는 그것에 대한 부정적인 태도가 있습니다. 그 부정적인 태도 때문에 피곤하게 되고, 지루하고, 짜증나게 될 것입니다.

믿음saddha, 信은 수행과 삶의 필수적인 요소입니다. 담마에 대한 믿음이 수행을 향상시키고, 그 토대 위에 정진이 자연스럽게 이루어지면서 수행을 통해 자신과 삶에 대한 지혜, 통찰에 눈을 뜨게 될 것입니다. 사람이 자기가 걷고 있는 길을 의심 없이 확신 속에서 가는 모습은 그것 자체로 얼마나 위대합니까?

이렇게 하여 사띠빳타나 수행의 준비가 갖추어지면 수행의 실천으로 나아갑니다. 수행은 몸의 현상들과 마음의 심리적인 현상들을 대상으로 직접 체험하는 것이 무엇보다도 중요합니다.

2) 자신에 관한 모든 것을 대상으로 해야 한다

우리들 정신적·육체적인 삶의 모든 부분을 사띠의 대상으로 삼아야 합니다. 수행은 언제 어디서나 행해져야 하는 것으로, 정적이면서 동적이고, 한계가 없이 생활 속에서 자연스럽게 해야 합니다. 수행자에게 사띠빳타나 수행은 특별한 어떤 행위가 아닌 삶, 그 자체입니다. 사띠빳타나 수행은 거창한 어떤 경지, 초월적인 경계를 만들어내는 행위가 아니라, 「지금, 여기」 몸과 마음에서 일어나고 사라지는 모든 것들을 놓치지 않고 분명하게 마음을 챙겨서 그것들이 순간순간 변화하는 양상을 그냥 들여다보는 것입니다. 그래서 자신의 문제, 삶의 문제를 깊이 알고, 이해하는 것입니다. 다시 말하면 이 사띠빳타나 수행은 완전히 내부에 숨겨진 자신의 모든 것을 드러내는 행위입니다.

3) 지계 청정

우리가 자신을 정확하게 이해하기 위해서는, 자신에 대해서 정직하고 진실해야 합니다. 사실, 스스로에게 정직하기란 매우 어렵습니다. 우리는 종종 자신에게 거짓말을 하고 있습니다. 그것을 바라보고 있는 것은 고통스럽습니다. 그러나 우리는 자신과 자신이 하고 있는 것에 항상 진실해야 합니다.

수행할 때 자신을 현재 자기의 위치에 진솔하게 놓아두고 수행에 임하는 자세는 무엇보다 중요합니다. 수행을 이루는 가장 토대가 되는 것은 계를 잘 지켜 청정을 유지하는 것입니다. 지계 청정을 가능하게 하는 것은 단속입니다. 단속은 감각기능, 즉 6근의 단속과 의식주의 단속을 의미합니다. 이러한 단속에는 계율을 통한 단속, 사띠를 통한 단속, 지혜를 통한 단속, 인욕을 통한 단속, 정진을 통한 단속이 있습니다. 세존의 마지막 설법 중에는 지계에 대한 다음과 같은 가르침이 있습니다.

"내가 열반에 든 뒤에는 계율을 존중하되, 어둠 속에서 빛을 만난 듯이, 가난하게 살다가 보물을 얻은 듯이 소중하게 여겨야 한다. 계율은 큰 스승이니, 내가 세상에 더 살아 있다 하여도 이와 다름없기 때문이다. 청정한 계율을 지닌 비구는,

• 장사를 하지 말라.
• 하인을 부리지 말라.
• 짐승을 기르지 말라.
• 불구덩이를 피하듯이 재물을 멀리 하라.
• 사람의 길흉을 점치지 말라.
• 주술을 부리거나 약품을 만들지 말라.
• 권세를 가진 사람과 사귀어 서민을 괴롭히지 말라.
• 바른 생각으로 남을 구제하라.
• 자기의 허물을 숨기지 말라.

• 이상한 행동과 말로 사람들을 현혹하지 말라.
• 음식과 의복 등을 보시 받을 때는 알맞게 받고 축적하지 말라.

계는 해탈의 근본이다. 이 계를 의지하면, 모든 선정이 이로부터 나오고 괴로움을 없애는 지혜가 나온다. 그러므로 너희들은 청정한 계를 범하지 말라. 계를 가지면 좋은 법을 얻을 수 있지만, 계를 지키지 못하면 온갖 좋은 공덕이 생길 수 없다.

계는 가장 안온한 공덕이 머무는 곳임을 알라. 너희가 이미 계에 머물게 되었을 때는 다섯 가지 감각기관을 잘 거두어 5욕[31]에 젖지 않도록 해야 한다. 다섯 가지 감각기관은 마치 사나운 말과 같아서 재갈을 단단히 물리지 않으면 수레를 사납게 끌어 사람을 구렁텅이에 내동댕이칠 것이다. 사나운 말이 끼친 해害는 한 때에 그치지만 다섯 가지 감각기관이 가져온 해는 후세에 길이 미친다.

음식을 받았을 때는 마치 약을 먹듯이 하고, 좋고 나쁜 것을 가리지 말라. 주리고 목마른 것을 채울 정도면 족하다. 낮에는 부지런히 착한 법을 닦아 익히고, 밤에는 경전을 읽으라."

붓다께서는 이와 같이 지계 청정이 수행뿐만 아니라 삶의 토대임을 강조하셨습니다.

3. 다섯 가지 기능Indriya, 根 [32)]

어떤 수행자들은 좋은 씨앗은 뿌리지 않고 좋은 수확만을, 즉 인내를 가지고 부단히 노력하지는 않고, 수행의 공덕만을 기대하고 있습니다. 그리고 수행자들 중에도 수행을 단순한 지적 호기심으로 접근하는 사람들도 있습니다. 이러한 수행자에게는 수행을 통한 지혜의 성숙이 매우 늦거나 오지 않습니다.

인내심을 가지고 용맹스럽게 노력하지 않고, 금방 지루해 하면서 안절부절못하며, 건성으로 관념적인 사띠를 하며, 빛이나 색깔 같은 것에 집착하고, 고요함에 안주하려 하고, 쉽게 법을 의심하고, 통증 등 불쾌한 감각을 싫어하여 마침내는 두려워합니다. 그리고 막상 담마가 드러나려는 순간이 올 때는 마음을 풀어 안도하며 해이해지고, 때로는 두려워하며 관찰을 포기해 버립니다. 그러면서도 자신은 '수행자'라고 생각하며 자신을 항상 실제의 자신보다 과대평가하며, 어느 날 자동적으로 수행이 향상되어 있는 것으로 착각하거나 심지어는 더 나아가 '자만'에 사로잡혀 있습니다. 수행할 때 현재 자기의 위치를 진솔하게 파악하고 수행에 임하는 자세는 무엇보다 중요합니다. 사띠빳타나 수행에는 필수적인 다섯 가지의 기능이 있습니다.

1) 신심 인드리야saddhindriya, 信根

이 다섯 인드리야들 중에서 신심saddha, 信心은 가장 근본이 되며 두 가지 의미를 지니고 있습니다.

첫째, 신심信心, 즉 믿는 마음입니다. 그런데 여기서 '믿는다'는 말은 ① 붓다Buddha, 佛, ② 담마dhamma, 法, ③ 상가saṃgha, 僧, ④ 업kamma, 業의 존재, 원인과 결과의 법, ⑤ 업의 결과, 과보에 대한 믿음을 의미합니다. 이들 다섯 가지의 담마(법)를 믿는 것이 신심의 첫 부분입니다.

둘째, '분명하고 평온한 마음상태'입니다. 수행자는 위의 다섯 담마를 믿기 때문에 평온해집니다. 인간으로서 모든 번뇌에서 벗어나 대자유인이 된 세존의 인격을 믿고 예경함으로써 수행자의 마음은 분명하고 평온해집니다. 우리가 존경하는 세존께서는 아라한의 도magga, 道와 과phala, 果의 지혜를 지니신, 완전한 깨달음을 증득하신 분입니다. 그러한 정각을 이루신 세존의 가르침의 내용들인 담마를 우리는 믿습니다. 이것이 신심 인드리야입니다.

이러한 세존의 뒤를 이어 열반을 성취하려는 상가의 덕을 믿으며, 그들에게 귀의할 때 수행자의 마음은 분명하고 평온해집니다. 모든 존재는 어떤 원인이 조건 지어져 결과를 낳고 존재합니다. 이것을 세존께서는 연기라고 하셨습니다. 그 믿음을 신심 인드리야라고 합니다. 다섯 인드리야를 근간으로 사띠빳타나 수행을 할 때 신심 인드리야가 든든한 토대가 됩니다. 이 신심은 불교철학의 공부와 바라밀의 닦음 그리고 수행이 진행됨에 따라 더욱 향상되어 갈 것입니다.

2) 정진 인드리야

정진이란 수행을 행하는 기능이며, 수행을 밀고 나아가는 힘입니다. 신심 인드리야가 바탕이 되어 정진 인드리야가 강하게 일어납니다. 『디가 니까야』의 「마하빠리닛바나경mahāparinibbānasutta(DN16)」에는 세존의 정진에 대한 마지막 당부의 말씀이 있습니다.

> 그때에 세존께서 비구들에게 말씀하시기를, "비구들이여, 자 이제 내가 너희들에게 당부하니, 형성된 것들은 사라지기 마련이다. 방일하지 말고 노력하라sampādethā[33]. 이것이 여래tathāgata의 마지막 당부이다."[34]

위의 '방일하지 말고 노력하라'라는 구절 중 '방일하지 말고'는 '아빠마다appamāda'이며 'a' + 'pamāda'의 합성어입니다. 접두어 'a'는 부정의 의미이고 'pamāda'는 '나태, 방일, 부주의함'의 의미입니다. 이 '불방일appamāda'은 경전의 곳곳에서 수없이 반복됩니다. 이와 비슷한 의미를 가지는 단어로 '열렬한ātāpī'이 있습니다. '열렬한'은 주로 '불방일' 또는 '분명히 통찰하며sampajāno 사띠하는satimā'과 나란히 쓰여 '방일하지 않고 열렬한' 또는 '열렬히 분명히 통찰하며 사띠하는'의 의미로 쓰입니다.

'노력하라'의 '삼빠데타sampādethā'는 열반이라는 목표를 성취하기 위해 힘써 노력한다는 뜻입니다. 이와 관련하여 경전에는 네 가지 바른 노력sammappadhānāni, 四正勤이 있습니다. 네 가지란 단속의 노력

saṃvarappadhāna, 버림의 노력pahānappadhāna, 수행의 노력bhāvanāppadhāna, 보호의 노력anurakkhaṇāppadhāna을 말합니다. 『앙굿따라 니까야』의 「단속경 saṃvarasutta(AN4.14)」을 보면서 설명하겠습니다.

① 단속의 노력

비구들이여, 단속의 노력이란 무엇인가? 여기 어떤 비구가 아직 생기지 않은 악하고 불선의 담마들이 생겨나지 않도록 의욕을 일으키고 노력하고vāyamati 정진vīriya을 시작하고 마음을 다잡아 매진한다.

따라서, 눈으로 형상을 봄에 그 표상nimitta을 취하지 않으며, 또 그 부차적인 특징anubyañjana을 취하지도 않는다. 귀로 소리를 들음에 ~, 코로 냄새를 맡음에 ~, 혀로 맛을 봄에 ~, 몸으로 촉감을 느낌에, 마음으로 담마를 이해할 때viññāya, 그 표상nimitta을 취하지 않으며, 또 그 부차적인 특징anubyañjana을 취하지도 않는다. 만약 의근manindriya을 단속하지 않고 지내면 탐욕과 정신적 괴로움과 같은 악하고 불선의 담마들이 물밀듯이 공격할 것이다. 그러므로 그는 단속함으로 길을 따라가고, 의근을 보호하며, 의근에서 단속을 유지한다. 비구들이여, 이것을 일러 '단속의 노력'이라고 한다.[35)]

단속의 노력은 일어나지 않은 불선不善의 담마들이 생기지 않도록 감각기관을 단속하는 노력입니다. 눈으로 아름다운 모습을 보거나 맛있는 음식을 먹을 때 등의 일상생활을 할 때 모든 감각기관을 미리 단속하여 수행자의 마음이 그 아름다운 대상 혹은 맛있는 대상을 얻어 정진하는 마음을 잃어버리는 것을 막는 감각기관에 대한 단속의 노력을 말합니다.

② 버림의 노력

비구들이여, 버림의 노력이란 무엇인가? 여기 비구는 일어난 감각적 욕망에 대한 위딱까kāmavitakka를 지속시키지 않고, 포기하며, 없애며, 부수어 사라지게 하며, 소멸시킨다. 일어난 악의에 대한 위딱까byāpādavitakka를 ~, 일어난 해치려는 위딱까vihiṃsāvitakka를 ~, 일어나고 생긴 악하고 불선의 담마들을 지속시키지 않고, 포기하며, 없애며, 부수어 사라지게 하며, 소멸시킨다. 비구들이여, 이것을 일러 '버림의 노력'이라고 한다.[36]

버림의 노력이란 이미 일어난 불선의 담마들에 대한 위딱까 즉 감각적 욕망, 악의 등을 즐기는 마음을 지속시키지 않으며 부수어 소멸시키는 노력을 말합니다. 수행자는 미리 감각기관을 잘 단속하여 불선의 마음작용이 일어나지 않도록 하는 것이 중요하지만 만약 불선의 마음이 일어났을 때 바로 알아차려서 그 대상을 위딱까하여야 합니다. 이렇게 알아차려서 위딱까하며 통찰하는 방법을 이 책을 통하여 구체적으로 이해하고, 습득할 수 있습니다.

③ 수행의 노력

비구들이여, 수행의 노력이란 무엇인가? 비구들이여, 여기 비구가 홀로 있음과 탐욕 없음과 소멸에 의지하여 버림으로 향하는 사띠의 깨달음의 요소[satisambojjhaṅga]를 수행하며, ~ 담마를 조사하는 깨달음의 요소[dhammavicayasambojjhaṅga]를, ~ 정진의 깨달음의 요소[vīriyasambojjhaṅga]를 수행하며, ~ 희열의 깨달음의 요소[pītisambojjhaṅga]를 수행하며, ~ 고요함의 깨달음의 요소[passaddhisambojjhaṅga]를, ~ 삼매의 깨달음의 요소[samādhisambojjhaṅga]를 수행하며, 홀로 있음과 탐욕 없음과 소멸에 의지하여 버림으로 향하는 평온의 깨달음의 요소[upekkhāsambojjhaṅga]를 수행한다. 비구들이여, 이것을 일러 수행의 노력이라고 한다.[37]

수행의 노력이란 깨달음의 일곱 요인을 계발하는 것을 말합니다. 깨달음의 일곱 요인에 대해서는 이 책의 후반부에서 설명하겠습니다.

④ 보호의 노력

비구들이여, 보호의 노력이란 무엇인가? 비구들이여, 여기 비구가 일어난 유익한[bhaddaka] 삼매의 표상[samādhinimitta], 즉 송장의 뼈만 남은 모습에 대한 산냐[aṭṭhikasañña], 시신에 벌레들이 우글거리는 산냐[puḷavakasañña], 시신의 부패한 색깔에 대한 산냐[vinīlakasañña], 시체에 구멍이 뚫린 모습에 대한 산냐[vicchiddakasañña], 부풀어 오른 시신에 대한 산냐[uddhumātakasañña]들을 보호한다. 이를 일러, 비구들이여, 보호의 노력이라 한다.[38]

우리는 일어남·사라짐을 사띠하여 그것의 궁극적 진리를 통찰함으로써 들끓는 마음이 평온으로 가라앉는다는 믿음을 가지며, 나아가서 어떠한 대상을 만나더라도 항상 평안과 평온의 상태에 있을 수 있다는 기대를 가지고 있습니다. 마침내 언젠가는 아라한의 도와 과를 증득할 것이라는 확신과 서원으로 정진 인드리야는 더욱 강화됩니다.

3) 사띠 인드리야satindriya, 念根

사띠빳타나 수행에서 사띠는 가장 중요한 핵심입니다. 수행을 설명하는 많은 서적에서 공통적으로 삼매의 중요성을 피력하고 있습니다. 그래서 수행자는 삼매를 키우려는 의도와 바람으로 수행을 몰아가려 합니다. 그러나 그런 수행자는 수행의 큰 진전을 얻지 못할 것입니다.

사띠빳타나 수행에서 삼매를 성장시키는 것이 물론 매우 중요한 사항임에 틀림없습니다. 그러나 우선은, 삼매samādhi, 三昧보다 사띠sati, 念에 힘을 기울여야 합니다. 사띠가 면밀히 진행되면 순간 삼매가 얻어지고, 그 순간 삼매가 끊이지 않고 이어지면 자연적으로 깊은 삼매로 성숙되어 갈 것이며, 삼매가 깊어지면 법의 성품은 자연적으로 보이게 됩니다. 따라서 깊은 삼매를 얻으려고 하지 말고, 법의 성품을 보려고도 의식하지 말며 처음에는 오로지 일어나는 현상마다 정확하게 사띠하려고 노력하십시오. 사띠는 사띠빳타나 수행의 모든 것이라 해도 지나친 표현이 아니며, 우리의 일상적인 삶에서도 대단한 공덕을 보장하여 줍니다.

사띠 인드리야는 일어나서 사라지는 현상의 진행 과정을 알아차리는 인드리야입니다. 정진 인드리야가 강하면 사띠 인드리야가 향상될 것이고 사띠 인드리야가 좋아지면 현상이 일어나는 바로 그 순간 그것을 알아차려서 그것에 마음을 챙기게 됩니다.

수행자가 담마의 참 성품을 보는 것은 사실은 순간적입니다. 그러므로 그 순간을 놓친다면 담마는 이미 거기에는 없을 것입니다. 담마가 거기에 이미 없으므로 사띠를 했다고 하더라도 그것은 사띠가 아닙니다. 담마가 일어나는 양식은 하늘에서 두 구름덩이가 충돌할 때 번개가 일어나는 경우에 비유할 수 있습니다. 번개는 충돌의 순간 일어났다가 순간적으로 사라집니다. 충돌하기 전에 두 구름덩이 사이에서 빛을 찾으려고 하거나, 천둥소리를 듣고 나서 번개를 찾으려 한다면 헛된 일입니다.

이와 같이 5온 안에 있는 정신nāma, 名과 물질rūpa, 色은 순간적으로 일어났다가 재빨리 사라집니다. 사라지고 난 후 그 담마들을 찾으려 해도 찾을 수 없을 것입니다. 그것들은 동일한 상황으로 계속해서 일어나지 않고 일어나는 바로 그 순간에만 존재합니다. 그러므로 수행자가 '지금 현재 순간, 바로 그것'을 사띠하지 않는다면 담마를 볼 수 없습니다.

'지금 현재 순간, 바로 그것'에 분명히 사띠하기 위해서는 정확한 시각, 정확한 장소에 사띠가 있어야 합니다. 정확한 시각이란 현상이 일어난 바로 그때, 정확한 장소란 현상이 일어난 곳을 말합니다. 현재 바로 그것을 정확하게 알아차리기 위해서는 섬세하고 침착한 행동, 열렬한 힘(energitic power) 그리고 정확한 힘(accurate power)의 세 가지를 유념해야 합니다.

① 섬세하고 침착한 행동

현재 바로 그것을 정확하게 알아차리기 위해서는 섬세하고 침착한 육체적인 행동이 요구됩니다. 그러므로 수행을 할 때 모든 행동은 중환자처럼 천천히, 공손하게 해야만 합니다. 미얀마Myanmar 마하시Mahasi 사야도sayadaw께서는 "수행자는 허리병 환자처럼 행동하라"고 가르치셨습니다. 허리가 아픈 사람은 그 통증 때문에 앉을 때 조심스럽게 천천히 앉아야 하고, 일어설 때도 매우 조심스럽게 천천히 일어서야 합니다. 또한 물건을 잡거나 손을 댈 때도 조심스럽게 천천히 행동해야 합니다. 왜 그렇게 해야만 됩니까? 허리에 통증이 있기 때문입니다. 그와 같이 수행자는 조심스럽게 천천히 행동해야 합니다. 그가 환자처럼 행동할 때 현재, 바로 그것에 순간적으로 머물 수 있고 따라서 담마를 볼 수 있을 것입니다.

② 열렬한 힘(energitic power)

어떤 현상을 사띠할 때, 한 사띠와 다음 사띠, 한 삼매와 다음 삼매가 조금의 틈도 없이 계속 이어지도록 해야 합니다. 그러므로 어떤 현상이 일어났을 때 그 현상을 놓치지 않고 줄기차게 따라가며 알아차려 집중하는 힘이 필요합니다.

원시인들은 불을 일으키기 위해서 나무와 나무를 비벼대어 그 마찰에 의해 열을 발생시켜 불을 얻었습니다. 나무판 위에 다른 나무를 송곳처럼 꽂고 그것을 비벼대면 마찰열이 발생합니다. 그 마찰열이 모이기 시작할 때, 그는 더욱 열심히 비벼대어야만 합니다. 열이 매우 강렬해지고 불꽃이 비칠 때야만 조그마한 불을 얻을 수 있습니다. 이와 같이 수행자는 한 사띠와 다음 사띠, 한 삼매와 다음 삼매 사이에 조그만 틈도 없이 면밀하게 이어지도록 지속적으로 사띠를 유지시켜야 합니다. 수행자는 강한 사띠의 힘을 얻기 위해서 지금, 바로 여기의 현상을 계속 알아차리려는 열렬한 힘이 필요하다는 것을 명심하십시오.

③ 정확한 힘(accurate power)

관찰하려는 대상에 마음을 정확하게 밀착시켜서 알아차려 집중하는 힘을 말합니다. 어떤 현상을 관찰하는 도중 사띠가 불분명해졌을 때는 반드시 '지금 정확한 대상을 선택하고 있는가. 그것을 정확히 알아차리고 있는가'를 확인해야 합니다. 열렬한 힘과 정확한 힘, 이 두 힘이 균형을 유지할 때 찰나 삼매khanika samādhi, 刹那三昧가 이루어집니다.

이와 같은 태도로 수행하면 사띠의 힘은 성장할 것이며, 담마를 발견하지 못한 수행자는 담마를 보게 되고, 이미 담마를 보기 시작한 수행자는 더욱 확연히 담마를 보게 될 것입니다.

4) 삼매 인드리야

현상에 마음이 집중되어 삼매 상태가 되는 인드리야를 말합니다. 사띠 인드리야가 강하게 되면 이 삼매 인드리야samādhindriya, 定根가 향상됩니다.

수행자가 현상이 일어나는 순간을 사띠할 때, 그는 대상이 감각기관에 부딪힘을 알아차리고 그 순간에 일어나는 현상을 사띠합니다. 이와 같이 사띠하는 감각 대상과 사띠하는 마음의 작용은 동시에 일어납니다. 그것을 찰나 삼매라고 합니다. 그리고 그것은 삼매 인드리야의 향상을 말해주는 것입니다. 그것이 틈이 없이 면밀히 연이어 진행되면 항상 삼매 상태에서 대상을 관찰하게 되어 마침내 평소에는 드러나지 않았던 현상의 본질을 보게 됩니다.

5) 반야 인드리야

존재의 본질, 즉 무상無常·고苦·무아無我·연기緣起 등의 담마를 확연하게 보아 이해하는 것을 반야 인드리야paññindriya, 慧根라 합니다. 삼매 인드리야가 향상되면 담마를 확연하게 보게 됩니다. 따라서 반야 인드리야가 성숙됩니다. 삼매가 성숙했을 때만이 위빳사나 지혜가 향상됩니다. 삼매를 향상시키지 않고 단지 위빳사나 지혜를 얻는 것을 목표로 삼는다면 그 결과의 성취는 오히려 늦어질 것입니다.

이들 다섯 인드리야는 균형을 이루어야 합니다. 신심 인드리야와 반야 인드리야가 서로 균형을 이루어 향상되어야 합니다. 신심만 성숙되고 반야가 빈약하면 맹목적인 삿된 수행자가 됩니다. 형식적인 것에 매달리며 의식에만 의미를 부여하게 됩니다. 이런 사람들은 복종의 노예적 종교인으로 전락하게 될 뿐입니다. 이러한 경향이 나타나는 경우를 우리는 인격신人格神을 믿는 신앙에서 종종 발견할 수 있습니다. 불교 안에서도 세존을 신격화神格化시켜 놓고 신앙만을 중심으로 하는 종교 행위를 흔히 볼 수 있습니다. 또한 신심을 바탕으로 하지 않고 반야를 목적으로 진리 체계의 지식만을 이해하는 쪽으로 기울어지면, 필경 오만과 자만이 자리잡게 될 것입니다.

또한 정진 인드리야와 삼매 인드리야가 서로 균형 있게 성숙되어야 합니다. 정진 인드리야만 강하고 삼매 인드리야가 약하면 들뜸이 있고, 삼매 인드리야만 강하고 정진 인드리야가 약하면 나태에 떨어질 것입니다. 그러니 이 두 인드리야가 균형 있게 성장되어야 합니다. 정진 인드리야를 받쳐주는 수행은 행선이며, 삼매 인드리야를 받쳐주는 수행은 좌선입니다. 따라서 지도자의 별도의 지시가 있을 때까지는 좌선과 행선에 같은 시간을 분배하여 공부하는 것이 바람직합니다. 그러나 사띠 인드리야는 강하면 강할수록 좋습니다. 사띠는 수행의 바탕이며 삼매의 전제이기도 합니다.

4. 빤냐띠와 빠라마타

많은 사람들이 삶에서 문제가 생기면 그것에 대한 여러 가지 '생각'을 통해 분석·추론·반성하여 그것을 해결하려고 합니다. 그러나 '생각'은 문제를 더욱 심화시킬 뿐입니다. '생각'하는 그 순간 사건 혹은 대상에 휘말리기 때문에 그것에 반응을 하게 될 뿐입니다. 단순하게 그것을 사띠하는 것이 최상의 해결책입니다. '생각'은 오히려 사띠의 커다란 장애입니다.

실제로, '생각'은 마음을 행복하게 만들 수 없습니다. 그러나 생각을 하면 안 된다고 해서, '생각'을 조정하려 해서도 안 됩니다. '생각'을 분명하게 보기만 해도 그것들은 멈출 것입니다. '생각'하는 그때는 마음이 거기에 빠져 있기 때문에 사띠를 할 수 없습니다. 그러므로 '생각'하는 그때가 사띠를 해야 하는 가장 중요한 순간입니다.

위빳사나 수행은 빤냐띠paññātti가 아닌 빠라마타paramāttha를 보아야 합니다. 위빳사나 수행을 소개하는 많은 책들과 일부 지도자들은 "빤냐띠는 보려고 하지 말고, 오직 빠라마타만 보려고 노력하라"고 가르치곤 합니다. 이 구절의 의미를 보다 분명히 이해하기 위해서 빤냐띠와 빠라마타의 본질에 대해서 확실하게 이해할 필요가 있습니다.

우선 빤냐띠에 대한 것부터 알아보겠습니다. '빤냐띠paññatti'는 동사 'paññāpeti[39]'의 명사형으로 '앎', '개념'의 의미입니다. 논장인 아비담마에 의하면 존재에는 인습적인 것과 궁극적인 것, 두 가지가 있습니다. 인습적인 것은 보통의 개념과 인습적 표현이 있습니다. 예를 들면 사람, 남자, 여자, 강, 산, 바위, 나무, 책상, 집 등 우리 주변의 일반적인 여러 대상들로 이것들은 인습적인 존재에 포함됩니다.

그런데 이런 개념들은 그들 자체로는 더 이상 나누어질 수 없는 실재로서 존재하는 것이 아니기 때문에 궁극적인 사실성을 가지고 있지 못합니다. 그들이 존재하는 방식은 개념적인 것으로 사실 그대로 실재하는 것이 아닙니다. 이들은 고유한sabhāva 성질을 가진 실재가 아닌, 여러 궁극적인 요소들이 조합되어 이루어진 것들에 우리가 편의상 각각 명칭을 붙여놓았을 뿐입니다.

이제 '빠라마타paramāttha'를 살펴봅시다. '빠라마타'는 'parama'와 'attha'의 합성어입니다. '빠라마parama'는 '최고의, 궁극의'라는 의미이고, '앗타'는 '이치'라는 의미입니다. 따라서 '최고의 이치'라는 뜻으로 중국에서는 '승의勝義'라고 번역했습니다. 역자들은 일반적으로 '궁극적 실재'라고 옮기고 있습니다. 여기에서 '실재'라는 표현을 '고정 불변한 실체'라는 의미로 오해해서는 안 됩니다.

앞에서 아비담마에 의하면, 존재에는 인습적인 것과 궁극적인 것의 두 가지가 있으며 그 중 인습적인 것은 보통의 개념paññatti과 인습적 표현을 지칭한다고 설명하였습니다.

궁극적인 것은 그와는 반대로 그 자신의 고유한 성질을 가집니다. 이것은 최종적인 것이요, 더 이상 분해할 수 없는 존재의 구성 요소이며 궁극의 단위입니다. 이것을 담마라고 합니다. 이런 궁극적인 것들은 더 이상 분해되지 않는 최소의 요소입니다. 이들 요소들이 총체적으로 집합되어 우리의 일상 속에 개념적 존재들을 구성하게 됩니다.

예를 들면 '사람'은 존재로서 궁극적인 것은 아닙니다. '사람'이란 육체와 정신으로 구성된 존재입니다. 다시 물질인 육체는 지·수·화·풍의 4대四大와 그것의 조합으로 이루어진 눈·귀·코·혀·몸 등으로 구성되어 있습니다. 마음은 여러 가지 정신작용(52가지의 마음부수 cetasika)이라는 최소 단위로 구성되어 있습니다. 그러나 사람을 구성하고 있는 땅의 요소나 물의 요소, 감각 접촉, 느낌, 의도 등은 더 이상 분해되지 않는 그 자신의 고유한 성질을 가진 궁극적인 것입니다.

이와 같이 아비담마에서는 '빠라마타paramāttha'를 마음citta, 心, 마음부수cetasika, 心所, 물질rūpa, 色, 열반nibbāna, 涅槃의 네 가지 담마로 설하고 있습니다. 여기서 마음은 1가지, 마음부수는 52가지, 물질은 18가지,[40] 열반은 1가지입니다. 이렇게 해서 모두 72가지 궁극적 실재paramāttha, 究竟가 있습니다.

아비담마의 분석적 시각으로 지혜롭게 주의를 기울여보면 '사람'이라는 존재 그 자체는 궁극적 실재가 아니며 단지 정신·물질nāmarūpa, 名色의 개념일 뿐이라는 것을 알게 됩니다. 이 개념의 존재는 정신·물질적인 과정으로 모든 최소 요소들이 매 순간 특정한 조건하에서 서로 조합되어 생멸을 계속하는 사건의 연속입니다. 이런 그들 자신의 고유한 성질을 가진 최소 요소dhamma들을 아비담마에서는 궁극적 실재라고 합니다.

이 궁극적 실재는 정신·물질 현상의 실체로 존재하지만 너무 미세하고 심오해서 수행을 하지 않은 보통 사람들은 이것들을 인식하기가 거의 불가능합니다. 대부분 사람들의 마음은 개념들로 뒤덮여 있어서 궁극적 실재를 보지 못합니다. 대상을 통찰하는 지혜를 통하여 개념을 초월해야 이해하게 됩니다. 그러므로 궁극적 실재는 최상의 지혜의 영역에 속합니다.

경전에서 항상 '나'를 5온pañcakkhandhā, 五蘊으로 분석합니다. 물질의 무더기rūpakhandha, 色蘊, 느낌의 무더기vedanākhandha, 受蘊, 산냐의 무더기saññākhandha, 想蘊, 상카라의 무더기saṇkhārākhandha, 行蘊, 윈냐나의 무더기viññāṇakhandha, 識蘊가 그들입니다.

이 가운데 윈냐나의 무더기는 흔히 마음 또는 심왕心王이라 하고, 수온·상온·행온은 심소心所, 마음부수 또는 마음작용이라 하며, 색온은 물질이라 합니다. 이를 다시 정신과 물질, 즉 수온·상온·행온·식온을 정신으로, 색온을 물질로 간략히 구분할 수도 있습니다. 아비담마에서는 이런 마음·마음부수·물질에다 열반을 포함하여 모두 네 가지 궁극적 실재를 설하고 있습니다. 열반은 5온에는 포함되지 않으며 형성된 것들에 내재한 괴로움으로부터 궁극적인 해탈을 의미합니다. 그래서 마음·마음부수·물질은 형성된 것saṅkhata dhamma, 有爲法이라 하며, 열반은 형성되지 않은 것asaṅkhata dhamma, 無爲法이라 부릅니다.

아비담마에서 제시하고 있는 이런 궁극적 실재들이야말로 이 모든 세상 즉 욕계·색계·무색계에서부터 출세간의 경지에까지 항상 존재하는 최소의 단위입니다. 존재를 이런 최소의 단위, 궁극의 단위로 분해하고 분석하고 해체하여vibhajja '나'라고 주장할 수 있는 궁극적인 존재가 없다고 설하고 있습니다.

담마dhamma, 法를 궁극적 실재라고 하면 혹자는 그것은 '제법무아'라는 부처님의 근본 사상과 어긋나는 것이 아닌가 하고 반문할 수 있습니다. 그러나 결코 그렇지 않습니다. 설일체유부에서, "존재를 5위 75법으로 규정하고, 모든 존재는 실재하지 않으나 이 75법, 담마는 실재한다"라고 주장하는 '실재하는 담마'와 연관지어 생각하면 안 됩니다. 이 경우의 담마는 물론 '제법무아'라는 원리에 위배됨을 여러분들은 여러 경로를 통하여 공부했을 것입니다.

이와는 달리 아비담마에서는 고유한 특성sabhāva lakhaṇa과 보편적 특성sāmañña lakhaṇa 두 가지 측면으로 담마를 계속 통찰합니다. 각각의 담마들은 모두 그 자신의 고유한 특성을 가지고 있지만 '무상·고·무아'라는 보편적인 특성으로 존재하고 있는 것을 잊지 말아야 합니다. 물론 열반은 형성된 것이 아니므로asaṅkhata dhamma, 無爲法 무상과 고를 적용할 수 없습니다. 그러나 무아는 그에 적용됩니다. 그러므로 경에서도 "모든 형성된 것은 무상하다諸行無常"라고 표현하며 "모든 법들은 고정된 실체가 없다諸法無我"라고 무아의 절대성을 가르치고 있습니다. 이 제법sabba dhamma, 諸法에는 열반도 포함됩니다. 열반을 존재론으로 이해하면 안 됩니다. 열반은 모든 탐·진·치가 소멸된 상태로 이런 논의가 적용되지 않습니다. 궁극적 실재라고 하여 고정 불변의 특정한 것으로 상정하려 한다면 이는 불교에서 말하는 빠라마타paramattha, 究竟를 잘못 파악하고 있는 것입니다.

빤냐띠paññatti는 관념, 개념, 사량(思量)입니다. 아비담마는 빤냐띠에는 큰 관심을 보이지 않습니다. 그 대신 궁극적 실재인 담마dhamma들의 특징과 역할 등을 분석하여 규명하고 이들이 서로 어떤 관계 속에서 조건에 따라 모였다 흩어짐因緣聚散을 계속하고 있는지에 더 중점을 둡니다.

이들은 표상nimitta의 형태로 나타나고 위빳사나 수행의 목적은 존재의 실상을 이해하는 데 있습니다. 많은 표상이 관념, 개념, 사량임을 이해할 수 있는 것은 표상을 대상으로 빤냐띠를 통찰함으로써만 가능한 일이지 그것을 제외한 다른 방법으로 아는 것은 그야말로 개념적인 이해에 불과합니다. 수행의 실제에서 통찰하지 말아야 할 것은 하나도 없습니다. 통찰하여 그것의 실상을 아는 것이 수행의 목표라고 할 수 있기 때문입니다. 다만 그러한 표상이란 실재하는 것도 아니고 그것 또한 조건 지어져 있음을 분명히 이해하는 것이 중요합니다.

그러므로 빤냐띠가 현상으로 일어날 때 그것을 분명히 알아차려서 그것이 관념, 사량임을 알고 이해하는 것이 중요합니다. 의식적으로 버릴 것은 하나도 없습니다. 다만 일어나는 것마다 그 현상의 있는 그대로를 이해하고 그것의 성품을 분명하게 알아야 합니다.

또한 '빠라마타를 본다'는 것은, 그것을 보려고 한다고 해서 그대로 보이는 것이 아니라 지혜가 성숙되었을 때 자연스럽게 드러나는 것입니다. '빠라마타를 보아야지' 하고 그것을 찾아내려 하면 여러분은 빠라마타를 관념으로 만들어 놓고, 그 그림자를 보는 셈입니다. 나타나는 현상 그대로 보십시오. 언젠가는 빠라마타가 드러날 것입니다.

다만 여기서 명심해야 할 것은 '수행은 스승에 의존해야 한다'는 것입니다. 여러분은 이 중요한 면을 새삼 느낄 것입니다. 그냥 보되 지도자로부터 점검 받는 것을 생략해서는 안 됩니다. 그 점을 꼭 잊지 마십시오.

5. '명칭 붙이기'에 대해서

'명칭 붙이기'는 분명한 앎을 도와주고 또한 '명칭'이 일종의 자극의 역할을 하여 대상에서 마음이 이탈하지 않고 관찰하는 것을 도와주기 때문에 명칭을 붙여가며 관찰하도록 권유합니다. '명칭'을 붙인다고 하여 '명칭'을 소리 내어 붙이는 것은 아니며, 대상이 일어났을 때 그 대상에 밀착하여 마음속으로 대상을 객관화하는 명칭을 붙입니다. 명칭을 붙이는 횟수가 여러 번일 수도 있고 한 번이 될 수도 있습니다. 중요한 점은 명칭이 대상에 밀착해서 분명한 앎이 있어야 한다는 것입니다.

경전 상의 근거를 찾아보겠습니다. 『청정도론』의 계속 사띠함의 명상주제anussatikammaṭṭhānaniddeso, 호흡에 대한 사띠ānāpānassatikathā를 설명한 곳에 숫자 세기에 관한 구절이 있습니다.

> 초심자인 선남자는 처음에 숫자 세기gaṇanā로 이 명상 주제에 주의를 기울여야 한다. ~
> 그가 이와 같이 셀 때 들어오고 나가는 호흡이 분명해진다. 이처럼 [분명해지면] 그는 곡식을 되는 사람이 하는 것과 같은 천천히 숫자 세기를 버리고, 목동이 하는 것처럼 빨리 세어야 한다. ~
> 그러면 얼마 동안이나 이것을 세어야 하는가? 숫자 세기가 없이도 호흡이라는 대상에 사띠가 고정될 때까지이다santiṭṭhati. 밖으로 산만한 생각을 끊고 오직 호흡이라는 대상에 사띠를 안정시키는 것이 바로 숫자 세기이다.[41]

이곳에서 설명한 호흡에 대한 숫자 세기는 명칭 붙이기의 한 종류입니다. 사띠빳타나 수행의 목적은 존재에 대한 개념·관념·사량의 허구를 분명하게 이해하고 깨달아 그러한 관념 너머의 '있는 그대로의 실상'을 보는 것입니다. 그런데 '명칭'이란 언어입니다. 언어는 그 자체로 관념입니다. 그러므로 명칭을 통하여 대상의 있는 그대로의 모습을 통찰하는 것은 불가능한 것입니다. 다시 말하면 언어를 통하여 관찰하는 한 존재의 있는 그대로의 실상은 드러나지 않습니다.

그럼에도 불구하고 왜 명칭을 통하여 대상을 보라고 하는 것일까요? 명칭을 붙이면 관념화·개념화되어 버리고, 그렇다고 명칭을 붙이지 않으면 마음은 자꾸만 다른 곳으로 가 버리거나 희미해져 버립니다. 그러면 과연 우리는 어떻게 해야 할까요? 앞에서 설명하였듯이 명칭 붙이기는 마음에 자극을 주어 대상에 마음이 밀착하는 것을 돕기 위해서 하는 것입니다. 『청정도론』에서 색계 1선을 성취할 때를 서술한 부분을 살펴보겠습니다.

> 이와 같이 표상을 향해[nimittābhimukhaṃ] 마음을 기울인 이는[paṭipādayato] '이제 본 삼매가 성취될 것이다'라고 할 때, 바왕가[bhavaṅga][42]를 끊고서, '땅[pathavī], 땅'이라고 계속 수행함에 의하여[anuyogavasena] 확립한 그와 같은 땅의 까시나를 대상으로 하여, 의문전향이[manodvārāvajjana][43] 일어난다.[44]

위의 『청정도론』의 인용문은 땅의 까시나를 대상으로 선정수행을 닦은 수행자가 막 색계 1선을 성취하는 순간을 서술해 놓은 것입니다. 이곳에서 '땅, 땅'이라 하여 대상에 명칭을 붙임을 보여주고 있습니다. 이와 같은 표현은 『청정도론』에서 색계 1선부터 무색계의 경지까지 각 선정을 성취하는 순간을 서술한 부분에서 반복적으로 나타납니다.

명칭을 붙이든 붙이지 않든 상관없이, 이 책을 읽고 있는 독자들 중, 어떤 형식으로든지 수행할 때 일어난 현상을 분명하게 포착하지 못하거나, 그것을 정확하게 알아차리지 못하여 수행의 주제가 달아나버려 공상 속에 또는 혼침 속에 빠져 있는 자신의 모습을 발견한 적이 여러 번 있었을 것입니다.

명칭 붙이기는 수행 중 일어나는 이런 현상들을 피하기 위한 훌륭한 도구입니다. 수행자는 대상을 분명히 알아차리고 명칭을 붙여 사띠의 힘을 키우는 것이 우선입니다. 그런 후 사띠의 힘이 상당한 정도로 성장하면 명칭을 붙이지 않아도 될 때가 있습니다. 단 대상을 알아차리는 동안 사띠가 불분명해지면 순간적으로 명칭을 붙여 대상을 분명히 포착하고, 분명히 통찰해야 합니다. 수행이 더 진전되면 대상에 대한 구체적인 명칭에서 '앎'이라는 명칭으로 대신해서 한두 번 마음속으로 되풀이하는 것도 괜찮은 방법입니다.

수행자 여러분들의 정진이 잘 진행되어 사띠와 삼매가 성장하면 담마를 보기 시작할 것입니다. 언어를 통한 인식 이전의 대상과 마음의 직접적인 충돌, 그 순간적인 부딪힘의 연속을 통해서만 존재의 '있는 그대로의 실상'인 담마를 볼 수 있습니다. 그와 같이 모든 현상들이 순간과 순간 속에서 담마가 드러나는 것을 보게 될 때 명칭은 일부러 붙이려고 해도 매우 거추장스러울 뿐이라는 것을 자연스럽게 알게 될 것입니다. 수행자의 사띠가 성숙되어 삼매가 증장되고, 삼매가 증장되어 평온upekkha, 平定이 찾아들어 위빳사나 지혜가 성숙되면 명칭은 전혀 문제가 되지 않을 것입니다.

6. 사띠빳타나 수행

1) 정신과 물질

정신과 물질의 관계

인간의 삶은 결국 정신[nāma, 名]과 물질[rūpa, 色]의 인과관계의 흐름이라고 할 수 있습니다. 물질이 원인이 되어 물질의 결과, 물질이 원인이 되어 정신의 결과, 정신이 원인이 되어 물질의 결과, 정신이 원인이 되어 정신의 결과로 드러난 것이 우리의 삶입니다.

앞서 이 책에서 수행의 대상을 '일체[sabba]'라고 하며 온[khandha, 蘊]·처[ayatana, 處]·계[dhātu, 界]·근[indriya, 根]·제[sacca, 諦]·연[paṭiccasamuppāda, 緣] 즉 5온·12처·18계·22근·4성제·12연기로 분석한다고 하였으며 이는 결국 '대상을 받아들이는', '누가'의 문제로 5온[pañca khandhā, 五蘊]으로 귀결된다고 하였습니다. 5온은 정신과 물질로 간략하게 고찰할 수 있으며 정신은 기우는[namana] 특성, 물질은 변하는[ruppana] 특성을 가진 것이라고 간단히 정의합니다.

세존께서는 『맛지마 니까야』의 「사띠 확립경[satipaṭṭhānasutta(MN10)]」에서 다시 네 가지 관찰의 대상에 따라 몸[kāya, 身]·느낌[vedana, 受]·마음[citta, 心]·담마[dhamma, 法]의 네 가지로 분류하고 이를 통찰하는 수행 방법을 말씀하시고 계십니다. 먼저 경전의 내용을 살펴보겠습니다.

이것이 유일한 방법이니, 비구들이여, 도[maggo, 道]가 중생들을 청정하게 하고, 슬픔과 비탄을 뛰어넘게 하고, 괴로움과 근심을 소멸하게 하고, 바른 방법을 얻게 하고, 열반을 실현시킨다. 그들은 바로 네 가지 사띠의 확립이다.

네 가지란 어떠한 것인가? 비구들이여, 여기 비구는 열렬함과 사띠로 분명히 통찰하며 세상의 탐욕과 근심을 벗어나, 몸에 대해 몸을 계속 관찰한다. 열렬함과 분명히 통찰함과 사띠하며 세상의 탐욕과 근심을 벗어나, 느낌에 대해 느낌을 계속 관찰한다. 열렬함과 분명히 통찰함과 사띠하며 세상의 탐욕과 근심을 벗어나, 마음에 대해 마음을 계속 관찰한다. 열렬함과 분명히 통찰함과 사띠하며 세상의 탐욕과 근심을 벗어나, 담마에 대해 담마를 계속 관찰한다.[45)]

이 사띠빳타나satipaṭṭhāna, 四念處 수행에 대하여 '몸과 느낌에 대한 사띠빳타나'와 '마음에 대한 사띠빳타나'를 구분하여 '몸과 느낌'에 대한 수행을 통하여 어느 정도 사띠의 힘이 계발된 후에 '마음'에 대한 수행으로 넘어가야 한다고 생각하는 입장이 있는 듯합니다. 그러나 사띠빳타나 수행은 '몸과 느낌과 마음'을 구분하고 순서를 매겨 차례대로 관찰해 나가는 것이 아니라, 현저한 현상을 관찰의 대상으로 삼아야 합니다. 보통의 사람들은 사띠의 수준이 비교적 약하며 모두 제각각 다를 뿐만 아니라, 마음은 항상 즐거운 감각과 자극적인 어떤 곳을 향하려 하며 절대 한 곳에 머물러 있지 않습니다. 따라서 현저한 현상을 대상으로 삼아야 마음이 견고하게 그곳에 유지될 수 있습니다. 마음의 작용은 매우 빨리 일어나서 사라지며 매우 섬세합니다.

몸 · 느낌 · 마음 · 담마의 현상은 각각 독립해서 일어나지 않는다

몸kāya, 身 · 느낌vedana, 受 · 마음citta, 心 · 법dhamma, 法의 현상은 별개의 독립적인 특정한 현상으로 일어나지 않습니다. 그들은 서로 조건 지어져 일어납니다. 그러므로 몸의 현상이 현저할 때는 몸의 현상(배의 일어남·사라짐·몸의 움직임·몸의 진동 등), 감각의 현상이 현저할 때는 감각의 현상, 마음의 현상이 현저할 때는 마음의 현상, 법의 현상이 현저할 때는 법의 현상을 사띠해야 합니다.

그러나 우선적으로 몸의 현상과 느낌의 현상에 주력하는 것이 좋습니다. 왜냐하면 이러한 현상들이 가장 현저하며 관찰하기가 비교적 용이하기 때문입니다. 예를 들면, 호흡할 때 일어나는 배의 일어남·사라짐 또는 코와 코 주변에 일어나는 현상들, 그리고 여러 가지의 감각들인 가려움·쑤심·저림·뜨거움(차가움) 등을 놓치지 말아야 합니다.

일어난 현상의 원인을 분별 · 비교하는 등의 일은 일체 삼가야…

마음을 인위적으로 일으키지 말고 다만 일어난 현상을 그냥 들여다보도록 해야 합니다. 인연이 무르익으면 담마의 성품은 자연스럽게 드러날 것입니다.

대개의 경우 사띠는 실제로 현상의 변화과정보다 한 단계 늦게 일어난다

우리가 실제 일어난 현상을 안다는 것은 앞서 일어난 존재의 기억, 그림자를 관찰하고 있다고 보아도 좋습니다. 그러므로 있는 그대로의 성품을 보지 못하고, 사유 혹은 유추하는 마음을 개입시켜 현상들을 관념적으로 관찰하는 경향이 대부분임을 명심해야 합니다. 이것을 극복하기 위해서는

첫째: 사띠의 힘이 강해야 합니다. 특히 몸의 현상, 감각의 현상을 놓치지 말고 사띠를 강화하십시오. 그러면 사고·유추·사유·분석을 하지 않을 것입니다.

둘째: 일어난 현상을 즉각 관찰하는 유일한 방법은 빈틈없이, 물러나지 않고, 부지런히 애를 쓸 뿐 다른 방법은 없습니다. 그러나 지나치게 애를 쓰면 불안정하게 되는 것도 또한 명심해야 합니다. 왜냐하면 일어난 현상을 즉시 알아차려야 한다는 마음이 앞서서 들뜨게 되기 때문입니다.

셋째: 관찰하려는 대상을 분명하게 선정하여, 정확하게 겨냥하여야 합니다. 관찰하고 있는 대상에서 조금만 느슨해지면 마음은 방황하는 현상이 어김없이 일어납니다. 일어난 현상을 붙잡고 있는 마음은 항상 자극적인 상태로 가려는 데 길들어 있기 때문입니다. 마음이란 본래가 감각적 욕망에 의해서 쉽게 유혹 당합니다. 마음은 야생동물과 같아서 길들이지 않으면 아무 쓸모가 없는 것과 같습니다.

그러므로 일어난 현상을 분명하고 정확하게 겨냥하여 사띠하지 않고 대충 하는 습관이 붙어버리면 마음은 자기도 모르는 사이에 다른 곳을 방황하여 다만 말로만 관찰하고 있는 자신의 모습을 발견하게 될 것입니다.

사띠빳타나 수행이란 몸과 마음에서 일어나고 있는 현상을 알아차려 통찰함으로써 그 현상의 본질을 이해하여 마음의 부정적인 요인을 뿌리째 소멸시키며, 삶의 최고 가치를 향한 '삶의 방식'입니다. 이것은 우리들의 들끓는 마음을 평온으로 가라앉히며, 가장 숭고하고, 지고의 복덕이며, 자유 그 자체인 열반nibbāna, 涅槃으로 인도하는 삼매samādhi, 三昧와 지혜ñāna의 성숙을 성취케 할 것입니다. 그러면 사띠빳타나 수행의 네 가지 통찰의 대상에 대해서 살펴보겠습니다.

2) 몸계속관찰의 사띠빳타나

'몸계속관찰의 사띠빳타나kāyānupassanā satipaṭṭhāna 수행'은 몸에서 일어나고 사라지는 모든 현상들을 통찰하는 것을 말합니다. 이것은 '몸의 움직임'과 '몸을 이루고 있는 물질'을 통찰하는 방법으로 나누어 볼 수 있습니다. 통찰한다는 것은 현상이 일어날 때마다 그것을 분명히 알아차려서, 그것에 마음을 확고하게 주시하여 그 현상이 전개되는 양상을 관찰하는 것입니다. 그래서 현재 몸에서 일어나는 현상들에 내재한 참 성품을 이해하는 것입니다.

우리는 '나의 몸'에 집착합니다. 그것은 집착 중에서도 가장 강력한 집착입니다. 사띠빳타나 수행을 통하여 몸의 실상을 성성하게 실천적으로 경험함으로써 몸이 곧 나의 본체가 아니라는 것을 이해하게 됩니다. 그리하여 몸의 집착에서 벗어나게 되고, 몸의 집착에서 벗어나므로 자유로운 삶을 얻습니다. 그러므로 몸에 대한 통찰은 사띠빳타나 수행의 가장 근간이라고 할 수 있습니다.

'몸의 움직임' 즉 우리들이 일상에서 행하는 육체적인 행위에는 ① 걸음(行), ② 서 있음(住), ③ 앉아 있음(坐), ④ 누워 있음(臥), ⑤ 앉음과 일어섬, ⑥ 팔·다리의 굽힘과 뻗음, ⑦ 음식을 먹음, ⑧ 호흡, ⑨ 일상생활과 같은 것들이 있습니다. 이 중에서 행위의 뿌리라고 할 수 있는 것이 호흡입니다. 호흡을 하고 있는 한, 우리는 '살아 있다'고 할 수 있습니다. 살아 있는 한 호흡은 우리들의 몸에서 항상 진행되고 있는 현상입니다. 따라서 사띠빳타나 수행의 실제에서는 이 호흡을 주 관찰 대상으로 삼고 있습니다. 이 부분은 '수행의 실제 I'에서 구체적으로 설명할 것입니다. 그리고 몸을 이루고 있는 각각의 구성부분들을 역겨움으로asucino 반조하는paccavekkhati 방법이 있습니다. 몸을 이루고 있는 32가지 부분들 즉, 머리카락kesā부터 시작하여 오줌mutta까지 차례대로 역겨움으로 반조합니다.[46] 그 다음에 '몸을 이루고 있는 물질'을 통찰하는 방법이 있습니다.

'몸을 이루고 있는 물질'은 업·마음·온도·음식의 네 가지 원인에서 생기며, 근본물질과 파생물질로 나눌 수 있습니다. 근본물질은 4대의 네 가지, 파생물질은 근본물질로부터 파생된 물질로 24가지가 있습니다.

이러한 물질은 여러 가지 기준에 의해서 분류할 수 있는데 특히 분리할 수 있는지 여부에 따라 분리할 수 없는 물질avinibbhoga과 분리할 수 있는 물질vinibbhoga로 나눕니다. 근본물질인 4대와 형상, 냄새, 맛, 영양소, 이들 여덟 가지의 물질은 분리할 수 없는 물질로 항상 묶여서 존재하므로 이들을 '순수한 8원소'라고 부르며 소위 '깔라빠 명상'의 기본적인 전제가 됩니다. 이 가운데 사띠빳타나 수행에서 물질을 통찰하는 방법으로 가장 먼저 알아야 할 것은 4대를 통찰하는 것입니다. 4대를 통찰함으로써 그로부터 파생된 물질을 알 수 있는 것이기에 수행에서 물질을 통찰할 때는 4대를 통찰하는 것에 초점이 맞추어집니다.

4대를 통찰하는 방법은 그 4대의 특성과 역할을 통해 물질을 아는 방식입니다. 예를 들어 걸을 때 발바닥이 바닥에 닿는 것을 단단함 혹은 부드러움이라고 알 때, 수행자는 물질 중 지대의 요소를 아는 것입니다. 이 단단함의 지대pathavīdhātu는 다른 물질과 구분되기 때문에 구별되는 역할을 합니다. 이와 같이 물질을 파악하는 것이 4대를 통찰하는 방법입니다. 이러한 4대통찰의 방법 이외에 물질이 구체적으로 생겨나는 것을 명상하는 수행법이 있는데 이를 깔라빠 명상kalāpasammasana이라고 합니다. 깔라빠는 '묶음'의 의미로 니까야에서는 화살의 묶음, 풀이나 대나무, 갈대 등의 묶음의 의미로 쓰입니다.[47] 그러나 『청정도론』에서는 반야를 닦는 위빳사나 수행자가 계발해야 할 수행 방법으로 다섯 가지 청정의 방법을 서술하고 있습니다. 그 중에 첫 단계로서 정신·물질을 있는 그대로 보는yāthāvadassana 견해청정diṭṭhivisuddhi을 이야기하고 있으며 사마타 수행자samathayānika와 순수 위빳사나 수행자suddhavipassanāyāniko는 정신과 물질을 완전히 통달해야 한다고pariggahetabbā 합니다.[48] 그리고 앞서 '대상을 앎'의 설명에서와 같이 '세 가지 통달지'의 내용으로 깔라빠 명상을 이야기하고 있습니다.[49]

3) 느낌계속관찰의 사띠빳타나vedanānupassanā satipaṭṭhāna

몸의 어떤 부분에서 발생한 느낌이라 하면 다섯 감각기관이 외부 혹은 내부 대상과 접촉을 했을 때 일어나는 물질의 무더기rūpakhandha, 色蘊, 느낌의 무더기vedanākhandha, 受蘊, 인식의 무더기saññākhandha, 想蘊, 형성의 무더기saṇkhārākhandha, 行蘊, 의식의 무더기viññāṇakhandha, 識蘊 중 첫 번째 마음 작용입니다. 예를 들면 가려움·찌름·쑤심·통증·뜨거움·차가움·시원함·무거움·가벼움·단단함·빼근함·부드러움 등의 감각을 말합니다. 이런 느낌은 마음의 작용이지만 순간적으로 정서의 흐름인 감정과 결합하여 '괴로운 느낌·즐거운 느낌·괴롭지도 즐겁지도 않은 느낌'으로 구분되어 드러납니다.

이러한 느낌이 몸의 어떤 부분에서 현상으로 일어나면 그것을 분명히 알아차려서 그것에 마음을 확고하게 집중하여, 그 현상이 전개되는 양상을 관찰해야 합니다. 그 느낌이 사라질 때까지 관찰해야 하며 느낌이 다 사라지고 나면 주 관찰대상(복부의 일어남·사라짐 혹은 코끝에서의 들숨·날숨 혹은 마음의 상태와 작용)으로 돌아가서 관찰하기를 계속하면 됩니다.

느낌을 관찰할 때 괴로운 느낌·즐거운 느낌·괴롭지도 즐겁지도 않은 느낌의 세 가지 종류의 느낌을 분명히 구분하여 알아차리는 것이 중요합니다. 왜냐하면 즐거운 느낌에는 그것을 좋아하여 집착하는 성향이 있고, 괴로운 느낌에는 그것을 싫어하여 빨리 그것으로부터 벗어나려는 성냄·짜증의 성향이 붙어 다니며, 괴롭지도 즐겁지도 않은 느낌에는 무명에 떨어지는 성향이 있기 때문입니다.

4) 마음계속관찰의 사띠빳타나cittānupassanā satipaṭṭhāna

우리의 삶이 표면적으로는 호흡하고, 음식을 먹고, 움직이는 육체적인 행위로 드러나지만 그 육체적 행위는 반드시 '마음'에 의해 실행됩니다. 우리 삶의 많은 부분을 육체적 행위 외에 언어활동이 차지하고 있는데 이 언어활동 또한 마음의 활동 그 자체라고 해도 지나치지 않습니다.

그런데 대부분의 사람들은 육체적 행위와 언어활동을 하지 않을 때에도 마음은 안에서 부단히 활동하고 있습니다. 다만 그것을 알아차리지 못하고 있을 뿐입니다.

이와 같이 마음은 삶의 모든 문제의 뿌리에 해당한다고 보아도 무방합니다. 그러나 이 삶의 중대한 근간인 마음을 알아차려서 집중하여, 그 정체를 관찰한다는 것은 매우 어렵습니다. 왜냐하면,

① 마음작용의 속도가 너무나 빠르다.
② 때로는 마음작용이 너무나 섬세하게 전개된다.
③ 마음작용은 표면으로 잘 드러나지 않는다.
④ 부정적인 면이 일어나면 마음은 알아차리기 전에 그것에 대하여 강하게 반응하기에 급급하다.
⑤ 자기 자신의 약점이 나타나면 그것으로부터 도피하거나 합리화시켜 자기 자신을 숨겨 버린다.

이와 같은 이유로 마음의 작용을 알아차리기가 매우 어렵습니다. 사람들은 마음의 부정적인 요소를 보려고 하지 않으며, '나'를 거부하는 마음의 작용이 일어났을 때 그것으로부터 피해 버리거나 자신을 정당화시키려고 합니다. 그러므로 우리가 자신의 마음에 대하여 그 본질에 접근하는 것은 너무나 어렵습니다.

'마음 통찰'은 '마음 상태', '마음 작용'의 현상이 일어났을 때 그것을 알아차려서, 집중하여, 그것의 내면 혹은 그 전개를 관찰하여 마음의 참 성품을 이해하는 것을 말합니다. '마음 상태'라 함은 기쁨·편안함·평화로움·지루함·불안함·고요함·들떠 있음 등을 말하며, '마음 작용'이란 탐욕·성냄·기대감·의도·상상·추리·생각·기억·계획을 세움·미워함 등을 말합니다.

이러한 마음의 상태와 작용을 알아차렸을 때는 그것에 상당하는 명칭을 붙이며 그것에 관한 모든 것을 꿰뚫어 보며 관찰하여야 합니다. 특히 생각·망상 등이 일어났을 때 그것을 없애려고 부단히 애를 쓰는 것은 옳은 방법이 아닙니다. 그것들이 일어나면 일어났음을 알아차리고 '생각·생각' 혹은 '망상·망상'이라고 하면서 명칭을 붙이되, 그것에 따라가거나 휘말리지 말고 지금 어떤 생각을 하고 있었음을 분명히 알아차립니다. 분명히 알아차리면 그 현상은 더 이상 계속되지 않을 것입니다. 그러면 다시 주 관찰대상으로 돌아가면 됩니다.

5) 담마계속관찰의 사띠빳타나 dhammānupassanā satipaṭṭhāna

위에 말한 대상들 외의 모든 현상들에 대한 통찰을 말합니다. 즉 대상을 봄·소리를 들음·맛을 봄·냄새 맡음 그리고 좌선 수행 안에서 때로는 빛과 색, 환영이나 영상 등이 나타날 때 그것들에 대한 통찰을 포함합니다.

어떤 대상이 시야에 들어왔을 때 그것을 보려고 한다면, 먼저 '보려는 의도'를 알아차리고 '봄·봄' 하면서 그 대상을 관찰합니다. 수행자가 바라볼 때 그 과정에서 일어나는 여러 현상들을 관찰합니다. 소리와 냄새 등의 현상도 마찬가지 요령으로 관찰합니다.

좌선수행 중에 때로는 빛이나 색깔 혹은 영상 등이 현상으로 나타나기도 합니다. 그럴 경우에 그것에 휘말리면 안 됩니다. 처음 그러한 현상이 나타났을 때, 그 대상에 한없이 빠져 버리거나 때로는 그러한 현상들이 사라지는 것이 아쉬워 다시 기다리는 경우도 있습니다. 그러한 태도는 매우 잘못된 것입니다. 그러한 것들은 다만 관념이 만들어 놓은 허상일 뿐입니다. 여러분들이 그것을 즐기는 한 그 현상은 항상 여러분 앞에 나타날 것입니다.

빛이나 영상이 나타났다면 '영상·영상' 하면서 그 영상을 다만 알아차려야 합니다. 피하려고도 하지 말고, 없애 버리려고 하지도 말고 단지 객관적으로 그냥 보십시오. 그러면 사라질 것입니다. 사라지면 주 관찰 대상으로 가면 됩니다.

3장_

사띠빳타나 수행의 실제 I

일반인들은 수행을 일상생활 공간에서 떨어져서 일반적인 삶에서 벗어나 초월적인 도道를 통함을 목적으로 하는 행위 정도로 받아들이고 있을지도 모릅니다. 그러나 사띠빳타나 수행이란 전혀 그렇지 않습니다. 『맛지마 니까야』의 「사띠 확립경 satipaṭṭhānasutta(MN10)」은 다음과 같이 서술하고 있습니다.

비구들이여, 비구가 몸에서 몸을 계속 관찰하며 머문다는 것은 무슨 뜻인가? 비구들이여, 여기 비구가 숲 속의 편안한 거처araññа로 가서, 나무 아래에 앉아, 한적한 곳에 머물며, 자리에 앉아 다리를 포개고 몸을 곧게 세워 코 주위로 사띠를 확립하여 깊이 사띠하여 숨을 들이쉬고 깊이 사띠하여 숨을 내쉰다. 길게 숨을 들이쉴 때는 나는 길게 숨을 들이쉰다고 분명히 통찰하고, 길게 숨을 내쉴 때는 나는 길게 숨을 내쉰다고 분명히 통찰한다. 짧게 숨을 들이쉴 때는 나는 짧게 숨을 들이쉰다고 분명히 통찰하고, 짧게 숨을 내쉴 때는 나는 짧게 숨을 내쉰다고 통찰한다. 온몸을 경험하면서 나는 숨을 들이쉰다고 배우고sikkhati, 온몸을 경험하면서 나는 숨을 내쉰다고 배운다. 몸의 형성kāyasaṅkhāra을 고요하게 하면서 나는 숨을 들이쉰다고 배우고, 몸의 형성을 고요하게 하면서 나는 숨을 내쉰다고 배운다.[50)]

지혜를 향하여, 강한 사띠를 하는 것과 같이, '몸이 있다'라는 사띠를 매우 강하게 세워 의지함이 없이 머물며 어떤 세계에도 집착하지 않는다. 비구들이여, 비구는 이와 같이 몸에서 몸을 계속 관찰하며 머문다.[51)]

1. 걸을 때 사띠빳타나 수행 방법行禪

수행자의 대부분이 수행이라고 하면 좌선 수행이 주 수행이고 행선은 좌선 수행으로 인해 긴장된 몸과 마음을 이완시키는 정도로 받아들입니다. 그래서 행선 수행을 지루해하는 경향이 있습니다. 그러나 행선 수행은 좌선 수행과 동일하게 매우 중요합니다. 『맛지마 니까야』의 「사띠 확립경」에서,

또한 비구들이여, 비구가 걸어가면 걸어간다고 통찰하거나pajānāti 서 있으면 서 있다고 통찰하거나 앉아 있다면 앉아 있다고 통찰하거나 누워 있다면 누워 있다고 통찰하거나 신체적으로 어떠한 자세를 취하든지

그 자세를 그대로 통찰한다. 또한 비구들이여, 비구는 나아가고 돌아오는 것을 분명히 통찰하고sampajānakārī, 앞을 보고 뒤를 보는 것을 분명히 통찰하고, 굽히고 펴는 것을 분명히 통찰하고, 옷을 입고 발우와 가사를 드는 것을 분명히 통찰하고, 먹고 마시고 소화시키고 맛보는 것을 분명히 통찰하고, 대변 보고 소변 보는 것을 분명히 통찰하고, 가고 서고 앉고 잠들고 깨어 있고 말하고 침묵하는 것을 분명히 통찰한다.[52)]

'분명한 통찰'이란 정신과 물질에 대한 올바른 이해를 의미합니다. 정신과 물질에 대한 올바른 이해를 위해서 수행자는 마음집중이 되어야 하고, 이 마음집중이 되려면 사띠를 해야만 합니다. 그러므로 세존께서 '분명히 통찰하라'고 말씀하셨을 때, 우리는 분명한 통찰뿐만 아니라 사띠와 마음집중도 적용해야 함을 알아야 합니다. 이와 같이 세존께서는 수행자들에게 행선하는 동안, 즉 나아가고 물러가는 동안 마음집중, 사띠 그리고 분명한 통찰을 적용하는 것을 가르치셨습니다.

사띠빳타나 수행에서 행선 수행은 다음과 같은 이유에서 그 중요성을 가집니다.

첫째: 우리의 몸은 자세를 바꾸지 않고 한 자세로 오랜 시간 동안을 유지할 수 없기 때문에 좌선과 행선을 번갈아 가며 해야 합니다.

둘째: 다섯 기능 중 삼매의 힘과 정진력이 균형 있게 계발되어야

하는데, 삼매의 향상은 좌선이 이끌고, 정진력의 향상은 행선이 이끌기 때문에 좌선과 행선을 균형 있게 해야 합니다.

셋째: 행선 외의 다른 자세에서는 삼매를 얻었더라도 자세가 바뀌면 그 삼매는 부서지고 말지만, 행선 중에서 얻은 삼매는 자세가 바뀌더라도 그대로 이어지기 때문에 행선이 끝난 후 다른 자세로 바꾸어 수행하고자 할 때 그 자세의 수행을 북돋워 줍니다.

1) 행선하는 자세

자연스럽게 서서 눈은 자기의 키만큼 앞의 마룻바닥을 바라봅니다. 시선을 정면에 두면 시야에 들어오는 대상들이 많아져서 걸음에 집중하는 것을 방해하게 됩니다. 팔은 몸통 앞에서 다소곳이 모으거나 몸통 뒤에 가지런히 모으거나 때로는 팔짱을 가볍게 껴서 팔이 덜렁거리지 않도록 하여 걷습니다. 걸음의 속도는 지나치게 빠르지도 느리지도 않은 보통 빠르기가 좋습니다.

발을 11자(字)로 나란히 하여야 하며, 발을 들 때는 뒤꿈치를 먼저 들고 놓을 때는 수평으로 놓으며 걷습니다. 이러한 노력은 수행자의 집중력을 향상시켜 줄 것입니다.

2) 걸을 때 사띠빳타나 수행의 방법

행선할 때의 주 관찰대상은 발목 아래의 발 전체에서 일어나는 걸음의 움직임과 움직임에 따른 여러 가지의 느낌들입니다. 다음으로는 벽 앞에 서 있을 때 몸 전체와 마음의 현상들과 마룻바닥에 발바닥이 닿은 느낌, 몸을 돌릴 때 도는 움직임과 부수적인 느낌들 그리고 마음의 상태와 작용들 등입니다. 행선할 때에는 다음과 같은 네 가지 관찰 방법이 있습니다.

한 걸음을 한 현상으로 본 관찰

걸음을 걸을 때는 왼발 오른발을 차례로 움직여 나아갑니다. 왼발을 움직일 때, 왼발이 움직이는 과정을 알아차려 집중합니다. 오른발을 움직일 때, 오른발이 움직이는 과정을 알아차려서 집중합니다. 걸을 때는 지나치게 느리지도 빠르지도 않은 보통의 걸음으로 걸어야 합니다. 발의 형태나 모양은 보려 하지 말고 오직 집중해서 발의 움직임의 시작에서부터 끝까지 점점 나아가는 움직임, 그 자체를 알아차려야 합니다.

걸을 때 관찰의 대상은 오직 움직이는 발목 아래 부분입니다. 걸으면서 발목 아래 부분 외에 몸의 다른 곳을 보려고 하지 마십시오.

한 걸음을 두 현상으로 본 관찰

우리는 걸을 때 발을 들었다가 놓습니다. 다시 말하면 한 걸음이 한 현상이 아니라 듦과 놓음의 두 현상으로 되어 있습니다. 듦과 놓음은 별개의 현상입니다. '듦'의 현상에는 '놓음'의 현상이 없습니다. '놓음'의 현상에는 '듦'의 현상이 없습니다. 수행자는 발의 '듦'과 '놓음'에 집중합니다. 발을 자연스럽게 들었다 놓습니다. 발을 들고 놓을 때 발의 형태나 모양은 놓아 버리고 오직 드는 시작에서 끝까지, 서서히 발이 올라오는 움직임과 가벼움·무거움의 감각, 이런 것만을 집중해서 관찰합니다. 발을 놓을 때 내려놓는 움직임과 가벼움·무거움의 감각, 이런 것만을 집중해서 관찰합니다.

한 걸음을 세 현상으로 본 관찰

걸음을 더 자세히 관찰해 보면 우리는 발을 들어서 밀었다가 내려놓습니다. 마음은 '듦', '앞으로 밂', '놓음'의 현상을 집중하며 관찰합니다. 너무 느리게도 빠르게도 아닌 보통 속도로 들어서 앞으로 밀고 내려놓으며 관찰합니다. 너무 천천히 걸으려고 하면 그 지나친 의도 때문에 담마를 볼 수 없을 것입니다.

① 발을 들 때 발의 형태나 모양은 놓아 버리고 듦의 시작에서부터 듦의 끝까지 점점 들어 올리는 움직임과 가벼움 혹은 무거움이 증가 혹은 감소하는 감각을 집중하여 면밀히 관찰하여야 합니다.

② 발을 밀 때 반대편 발의 형태나 모양은 놓아 버리고 밂의 시작에서부터 밂의 끝까지 점점 나아가는 움직임과 가벼움 혹은 무거움이 증가 혹은 감소하는 감각을 집중하여 면밀히 관찰하여야 합니다. 반대편 발의 형태나 모양은 놓아 버리고, 밂의 시작에서 밂의 끝까지 점점 나아가는 밂의 움직임과 무거움, 가벼움이 증가하는 감각들을 최대한 집중해서 관찰하여야 합니다.

③ 발을 놓을 때 반대편 발의 형태나 모양은 놓아 버리고 놓음의 시작에서부터 놓음의 끝까지 점점 아래로 놓는 움직임과 가벼움 혹은 무거움이 증가 혹은 감소하는 감각을 집중하여 면밀히 관찰하여야 합니다.

한 걸음을 네 현상으로 본 관찰

'듦', '나아감', '놓음', '닿음'

한 걸음을 다섯 현상으로 본 관찰

'듦', '나아감', '놓음', '닿음', '누름'

한 걸음을 여섯 현상으로 본 관찰

여기서는 다음과 같이 사띠하게 됩니다.

① 발을 들려고 하는 의도

② 듦

③ 발을 앞으로 내밀려고 하는 의도

④ 앞으로 밂

⑤ 발을 내려놓으려는 의도

⑥ 놓음

수행자의 관찰이 성숙하여 지혜가 계발되었을 때, 그것은 다음과 같이 분명해질 것입니다.

① 발을 들기 전에 발을 들려고 하는 의도가 먼저 일어남.

② 발을 앞으로 내밀기 전에 내밀려는 의도가 먼저 일어남.

③ 발을 내려놓으려 하기 전에 내려놓으려는 의도가 먼저 일어남.

이러한 마음 요인들 역시 관찰에 포함되므로 한 걸음에 여섯 관찰이 되며, 발을 '들려고 함, 밀려고 함, 놓으려 함'은 원인이며, 발을 '드는 행위, 앞으로 미는 행위, 놓는 움직임의 행위'는 결과임을 알게 될 것입니다.

3) 걸을 때 사띠빳타나 수행의 유의점

① 걷는 과정에는 걷는 발의 발목 아래의 발 전체에서 일어나는 현상만을 관찰하여야 합니다. 다른 부분에서 일어나는 현상은 걸음을 방해할 정도가 아니면 관찰의 대상으로 하지 않습니다.

② 걷는 도중에 몸과 마음에 현저한 현상이 일어나면 걸음을 멈추고 멈춘 상태에서 그 현상을 관찰하여야 합니다. 그 현상이 소멸하고 난 후 다시 걸으며 발을 대상으로 관찰합니다.

③ 걷는 도중에 망상이 일어나면 망상을 하면서 걸으면 안 됩니다. 멈추어 서서 망상을 관찰하여 망상이 소멸하고 난 후 다시 걸음을 관찰하여야 합니다.

④ 이런 방법으로 관찰하며 걷다가 벽 가까이 오면 걸음을 멈추어야 합니다(멈추어 섰을 때는 아래에서 설명할 것입니다). 그리고는 몸을 돌

려야 합니다. 돌 때는 몸통을 먼저 서서히 돌리면서 몸통이 도는 움직임을 관찰합니다. 이때 관찰대상은 몸통이 도는 움직임 그 자체입니다. 그 다음은 다시 '서 있음'을 관찰하고 걸음을 계속하면 됩니다.

⑤ '서 있음'을 관찰하는 방법은 다음의 '서 있을 때의 수행 방법' 편에서 말하겠습니다.

⑥ 수행자의 관찰이 면밀해지면 행선하는 곳 끝에 다다르기 한두 걸음 전에 '서야겠다'는 의도가 관찰될 것입니다. 그러면 그 의도를 관찰해야 합니다. 의도를 관찰할 때는 명칭을 붙이지 않는 것이 바람직합니다. 왜냐하면 명칭을 붙이게 되면 인위적으로 의도를 만들어 놓고 그것을 보기가 쉽기 때문입니다.

⑦ 행선 수행 역시 초기에는 1시간 수행을 원칙으로 합니다. 수행자의 지혜가 점점 성장하게 되면 지도자는 행선 시간을 다시 조정해 줄 것입니다.

그러면 행선 수행에 대하여 앞에서 언급한 것을 다시 살펴보겠습니다. 만일 수행자가 완전한 초보자라면 지도자는 행선 수행 동안 단지 한 대상을 알아차리라고 할 것입니다. 다시 말하면, 마음속으로 '걸음', '걸음' 혹은 '오른발', '왼발' 하면서 걷는 움직임을 알아차리라고 지도할 것입니다. 이와 같이 하면 평소보다 훨씬 느린 걸음으로 걷게 됩니다.

몇 시간 혹은 2~3일 수행이 되면, 두 가지 대상을 관찰하라고 가르침을 받을 것입니다. 즉, '듦', '놓음'을 하면서 그것을 알아차리라는 것입니다. 수행자는 한 걸음에서 두 단계를 관찰하게 됩니다.

그 다음에, 세 단계를 관찰하라고 가르침을 받을 것입니다. 즉, '듦', '나아감', '놓음'을 말합니다.

그 다음에, 각 걸음에서 네 단계를 관찰하라고 가르침을 받을 것입니다. 즉, '듦', '나아감', '놓음', '닿음'을 말합니다.

그 다음에, 각 걸음에서 다섯 단계를 관찰하라고 가르침을 받을 것입니다. 즉, '듦', '나아감', '놓음', '닿음', '누름'을 말합니다.

처음에 수행자는 속도를 서서히 느리게 하는 것이 어려울 것입니다. 그러나 각 움직임의 모든 것에 주의를 더욱더 집중함에 따라, 자연히 느리게 걷게 됩니다. 그러나 너무 신중하게 의도적으로 느리게 걸으면 안 됩니다. 의도적으로 '천천히 걸어야지' 하는 마음이 강하다 보면 들여다보는 마음이 지나쳐 관찰을 방해하기 때문입니다. 그렇지만 주의를 매우 집중하여 행하면 자연적으로 서서히 속도는 느려질 것입니다. 고속도로를 빠른 속도로 달리면, 운전자는 길거리에 있는 표지판을 읽을 수가 없습니다. 운전자는 그 표지판을 읽기 위하여 자연히 속도를 줄일 것입니다. 이와 마찬가지로, 수행자들이 '듦', '나아감', '놓음', '닿음', '누름'에 주의를 기울여 사띠를 하려면 자연적으로 천천히 걷게 될 것입니다.

비록 수행자들이 주의를 기울여 천천히 걸음을 걷더라도, 움직임과 단계들의 모든 것들을 분명하게 볼 수 없을지 모릅니다. 그 단계들이 아직 분명하고 정확하게 드러나지 않아서, 그것들은 단지 하나의 연속적인 움직임으로 보일 것입니다. 그러나 사띠가 향상됨에 따라 수행자들은 한 걸음에서 이들 다른 단계들을 점점 분명하게 관찰할 수 있을 것입니다. 적어도 그 다섯 단계들은 매우 쉽게 구별될 것입니다. 수행자들은 분명하게, 듦의 움직임은 나아감의 움직임과 구별되고, 나아감의 움직임은 듦의 움직임이나 놓음의 움직임과 구별됨을 알게 될 것입니다. 수행자는 모든 움직임을 분명하게 구별해서 알 수 있을 것입니다. 사띠할 때마다 매우 분명하게 그것들이 인식될 것입니다.

수행자들이 수행을 계속함에 따라 움직임의 단계 외에 더 많은 감각들을 관찰하게 될 것입니다. 발을 들 때, 발의 가벼움을 알게 됩니다. 한 곳에서 다른 곳으로 움직여 나아감에 따라 때로는 더 가벼워짐을 알게 될 것이며, 발을 내려놓을 때, 내려놓아짐에 따라 발이 점점 무거워짐을 알게 됩니다. 발을 바닥에 놓을 때 발뒤꿈치가 바닥에 닿는 것을 느낄 것입니다. 발을 바닥에 누름에 따라 압박감과 단단함이 현저하게 느껴질 것입니다.

그러므로 듦, 나아감, 놓음, 누름을 관찰함에 따라 수행자들은 올라가는 발의 가벼움, 발의 움직임, 내려놓는 발의 무거움 그리고 발의 닿음, 닿을 때 발의 단단함 혹은 부드러움 등을 알게 될 것입니다. 수행자들이 이러한 과정들을 알 때, 네 가지 요소들 즉, 4대[四大]를 아는 것입니다. 4대란 흙의 요소[pathavīdhātu], 물의 요소[āpodhātu], 불의 요소[tejodhātu], 바람의 요소[vāyodhātu]를 말합니다. 흙의 요소란 단단함·부드러움의 성품을, 물의 요소란 응집성의 성품을, 불의 요소란 뜨거움·차가움의 성품을, 바람의 요소란 팽창·수축·움직임의 성품을 뜻합니다. 행선에서 이들 네 단계를 통찰함으로써 4대를 빤냐띠가 아닌 빠라마타로 아는 것입니다. 경전의 표현을 보겠습니다.

> 또한 비구들이여, 비구는 이 몸을 이와 같이 그대로[yathāṭhitaṃ] 의도한 대로[yathāpaṇihitaṃ] 요소로서[dhātuso] '이 몸에는 땅의 요소, 물의 요소, 불의 요소, 바람의 요소가 있다'라고 고찰한다[paccavekkhati]. 예를 들어 비구들이여, 숙련된 도축업자나 그의 도제가 소를 도살하여 사거리에 따로따로 나누어 놓는 것처럼, 비구들이여, 비구는 이 몸을 이와 같이 그대로, 의도한 대로 요소로서 '이 몸속에는 땅의 요소, 물의 요소, 불의 요소, 바람의 요소가 있다'라고 고찰한다.[53]

행선에서 4대 요소들의 특성들에 대해서 좀 더 자세하게 살펴봅시다. 발을 드는 움직임에서 수행자는 가벼움을 알 수 있습니다. 그 가벼움을 알 때, 그는 실질적으로 불의 요소를 아는 것입니다. 불의 요소는 존재를 가볍게 만드는 특성이 있으므로 존재들이 더욱더 가벼워집니다. 발을 드는 움직임에서 가벼움을 통해 수행자는 불의 요소의 특성을 아는 것입니다. 그러나 발의 듦에는 가벼움 외에도 움직임이 있습니다. 바람의 요소의 두드러진 특성은 움직임입니다. 이들 두 요소들은 발을 들 때 매우 주의를 기울여 관찰해야 알 수 있습니다.

다음 단계는 '나아감'입니다. 발이 나아갈 때 요소 또한 바람의 요소입니다. 왜냐하면 움직임은 바람의 요소 중 두드러진 특성이기 때문입니다. 그래서 행선에서 발을 내밀 때 주의를 기울여 사띠하면, 수행자는 바람의 요소의 본질을 알 수 있습니다.

다음 단계는 '놓음'입니다. 발을 바닥에 놓을 때 발이 무거워짐을 알게 됩니다. 무거움은 응집성이라는 물의 요소의 특성입니다. 액체가 응집성을 가질 때 무거움을 동반합니다. 그래서 수행자는 발의 무거움을 느낄 때 물의 요소를 아는 것입니다. 발이 바닥을 누를 때 수행자는 발바닥의 단단함 혹은 부드러움을 알게 됩니다. 이것은 흙의 요소에 해당됩니다. 발바닥이 바닥에 눌리는 것에 주의를 기울여 관찰하면, 수행자는 흙의 요소의 특성을 알게 됩니다. 이러한 단단함의 지대와 응집성의 수대가 조합되어 형태감을 느끼게 될 것입니다.

이와 같이 우리는 단지 한 걸음에서 네 가지 요소와 그 요소들의 특성을 알 수 있습니다. 이러한 것들은 일반인들은 잘 알 수 없으며 수행자들이 수행을 통해서 알 수 있습니다. 일반인들은 걸음을 '걸음' 자체로 인식하지만 수행을 통해서 경험해 보면 '걸음'이란 '개념' 일 뿐이고 실제하는 것은 단단함·가벼움·움직임·뜨거움 등의 생멸(일어남·사라짐)의 연속뿐임을 이해할 수 있습니다.

수행자가 행선을 계속함으로써, 모든 움직임에는 '움직임'이라는 행위와 그 움직임에 대한 '사띠'라는 마음의 작용이 있다는 것을 깨닫게 됩니다. 다음 순간, 나아가는 움직임과 그 움직임을 사띠하는 마음의 작용이 있습니다. 더 나아가서, 수행자는 그 움직임과 그것을 사띠하는 마음이 그 순간에 둘 다 일어났다가 사라짐을 알게 됩니다.

그 다음 순간, 놓는 움직임과 그것에 대한 사띠의 작용이 같이 일어났다가 발이 바닥에 닿는 순간에 같이 사라짐을 알게 됩니다. 누름의 과정에서도 같은 현상이 일어납니다. 이와 같이 수행자는 발의 움직임에 따라 사띠의 순간도 함께한다는 것을 알게 됩니다.

사띠의 마음작용은 정신nāma이며, 발의 움직임은 물질rūpa입니다. 그래서 수행자는 매 순간마다 정신과 물질이 일어났다가 사라지는 것을 알게 됩니다. 한 순간에 드는 움직임과 그것에 대한 사띠가 있고, 다음 순간에 나아가는 움직임과 그것에 대한 사띠가 있고… 등등. 수행자가 주의를 기울이면 이와 같이 관찰하는 매 순간마다 정신과 물질이 조건 지어져 일어났다가 사라지는 것이지, 각각 별개로 일어나는 것이 아님을 깨닫게 됩니다.

또한 수행자는 각각의 움직임은 저절로 일어나는 것이 아니라 '의도'의 결과임을 깨닫게 됩니다. 발을 들려고 의도하기 때문에 발이 들리는 것, 나아가려는 의도를 일으켰기 때문에 발이 나아가는 것, 발을 놓기를 의도하기 때문에 발이 놓인다는 것을 깨달을 것입니다. 그것은 모든 움직임에 앞서 '의도'가 먼저 작용함을 알게 되었음을 의미합니다.

여기서 이러한 모든 정신·물질의 일어남과 사라짐은 독립적인 현상이 아니라 서로 조건 지어져 있음을 이해하게 됩니다. 그리고 모든 움직임들은 아무 조건 없이 일어나지 않음을 깨닫게 됩니다. 모든 움직임에는 원인 혹은 조건이 있습니다. 이것이 수행자가 주의를 집중했을 때 발견할 수 있는 담마입니다.

수행자가 행선 하나만으로 궁극적인 깨달음을 얻거나 집착을 완전히 제거할 수 있다고 말하는 것이 아니고, 행선의 유용함을 말하는 것입니다. 특히 행선은 정진력의 증장에 도움을 줍니다. 그것은 정신적인 오염을 제거하는 데 도움을 주는 유용한 방법이므로 행선을 해야 합니다.

2. 서 있을 때 사띠빳타나 수행 방법住禪

행선行禪을 계속하다가 행선하는 곳이 끝나는 지점(벽 등)에 이르게 되면 그 앞에서 서야 합니다. 서 있으면서, 서 있는 상태의 느낌을 위주로 하여 머리에서 발바닥까지 알아차리며 내려옵니다. 여기서는 현저한 감각이 진행되고 있지 않는 한 중간에서 머물지 말고 단지 사띠하면서 발바닥까지 내려옵니다. 다음은 발바닥이 마룻바닥에 닿은 감각을 관찰합니다. 충분히 시간을 주어 닿음이 진행되고 있는 과정에서 동반되어 일어나고 있는 모든 현상을 알아차립니다. 그리고는 다시 발바닥에서 정수리까지의 느낌을 위주로 알아차리며 올라옵니다.

이 과정에서 중요한 관찰대상은 서 있는 자신의 몸의 모양·형태가 아니라, 어떤 느낌들이 있는가를 알아차리기만 하고 머물며 관찰하지 않는 것입니다. 물론 느낌이 현저하여 '서 있음'의 관찰을 진행할 수 없을 정도면, 그 느낌에 집중하여 관찰하여야 합니다. 행선 중의 '서 있음'을 통찰하는 것 외에 일상생활에서 서 있을 때의 통찰수행 방법은 배의 '일어남·사라짐·서 있음·닿음'이 주 관찰대상이 됩니다. 여기서 '닿음'은 발바닥이 바닥에 닿은 느낌으로 단단함 등입니다.

3. 앉아 있을 때 사띠빳타나 수행 방법坐禪

1) 앉는 자세

앉는 자세에는 보편적으로 세 가지가 있는데, 결가부좌·반가부좌·평좌가 그것입니다. 결가부좌란 한 다리를 반대편 허벅지 위에 올리고 다른 다리를 그 위에 포개어 반대편 허벅지 위에 올려놓는, 옛날부터 수행에서 정형화된 자세라고 할 수 있습니다. 이 자세는 이상적인 자세이기는 하지만 초보자가 오래 앉아 있기에는 부담스러운 자세입니다. 굳이 이 자세를 고집할 필요는 없습니다. 두 번째는 반가부좌로, 한 다리를 반대편 허벅지 위에 올려놓는 자세입니다. 일반적으로 이 자세를 선호하는 것 같기도 합니다. 세 번째는 평좌로, 두 다리 모두를 바닥에 놓는 자세입니다. 왼쪽 혹은 오른쪽 어느 쪽 다리를 먼저 갖다 놓아도 됩니다. 먼저 놓아서 편한 자세를 취하는 것이 좋습니다.

다음 허리를 곧게 펴서 코와 배를 일직선으로 한다고 생각하고 어깨의 긴장을 풀고 자연스럽고 편안한 자세를 취합니다. 두 손을 자연스럽게 두고[54], 턱을 가볍게 아래로 당기고, 눈은 자연스럽게 감습니다.

그리고는 주 관찰대상인 복부의 움직임(혹은 들숨·날숨)을 사띠합니다. 이때 호흡을 의도적 혹은 인위적으로 조작해서는 안 되며 자연스럽게 호흡하면서 단지 배의 움직임만 사띠해야 합니다.

2) 좌선할 때 수행의 대상과 방법

몸의 현상 통찰

① 주 관찰 대상

사띠빳타나 수행은 원칙적으로 현저한 현상을 관찰의 대상으로 합니다. 그러나 현저한 현상이 없을 때 항상 집중하여 관찰하는 주 관찰대상이 있습니다. 그것은 복부의 움직임 또는 호흡입니다. 복부의 움직임(호흡)은 들숨과 날숨으로, 이 현상은 배의 움직임 또는 코를 통한 들숨과 날숨에서 현저하게 느낄 수 있습니다.

호흡을 할 때는 반드시 배가 팽창하였다가 꺼집니다. 사실은 숨이 코로 들어와서 기관지를 거쳐 폐로 들어가지만, 이때 현저하게 느끼게 되는 감각은 배의 움직임이나 코 주변에서 일어나는 공기가 접촉하는 느낌입니다. 배의 움직임은 그 윗부분과 아랫부분에서 계속되다가 순간적인 정지의 순간이 있고 다시 숨이 나가면서 윗배, 아랫배 순으로 팽창감이 사라져 가는 과정입니다. 이러한 과정 전체가 주 관찰대상입니다.

그런데 초보자인 경우는 호흡의 과정 전체를 보려고 하면 과도한 노력으로 인해 인위적으로 호흡을 만들어 내는 경향이 있습니다. 그러므로 주 관찰 대상을 '코끝에서 일어나는 들숨과 날숨'으로 하든지 아니면 호흡의 결과로 일어나는 '배의 팽창(일어남)과 수축(사라짐)'으로 한정하는 것이 유리합니다. 여기서는 배의 팽창과 수축을 중심으로 설명하겠습니다.

숨을 들이쉬어 배가 점점 팽창하면, 배의 형태나 모양에 집중하지 말고 움직임, 팽창하는 양식(힘 있게 일어나는가, 천천히 일어나는가, 한꺼번에 일어나는가 아니면 단계별로 나누어 일어나는가 등)을 분명하게 알아차려서 관찰하여야 합니다. 배의 움직임은 눈을 감고 있으므로 실제로는 볼 수 없습니다. 다만 배의 팽창과 수축에 동반되는 느낌을 관찰합니다. 여기서 배가 일어나는 모양, 형태는 관념이 만들어낸 허상입니다. 배가 팽창하는 감각에 집중하여 관찰하려고 할 때 그 현상에 해당하는 명칭을 붙이면 관찰하기가 쉽습니다.

예를 들면 배가 일어날 때, 마음속으로 '일어남·일어남' 혹은 '부름·부름'이라고 명칭을 붙이며 그 현상을 알아차려서 관찰합니다. 또한 숨을 내쉴 때, 배가 점점 꺼지는 것을 알아차려서 관찰합니다. 배의 형태나 모양은 보지 말고 배를 지탱하는 감각이 서서히 사라지는 점진적인 움직임과 그 양식을 '사라짐·사라짐' 혹은 '꺼짐·꺼짐'

이라고 마음속으로 명칭을 붙이며 알아차려 관찰합니다.

배가 팽창하는 느낌이 분명하지 않으면 손바닥을 가볍게 배에 갖다 대어 그 느낌을 인지하다가 배의 팽창감이 분명해지면 다시 손을 떼고 관찰하면 됩니다. 이 행위는 느낌이 분명할 때까지 계속 반복해야 합니다.

② 주 관찰 대상의 첨가

주 관찰 대상 외에 모든 4념처가 관찰 대상이 될 수 있습니다. 배의 일어남·사라짐을 관찰하다가 어떤 경우에는 배의 움직임이 느껴지지 않을 경우가 있습니다. 그럴 경우에는 당황하지 말고 배의 움직임은 놓아버리고 '앉음'과 '닿음'을 대상으로 관찰합니다.

'앉음'을 관찰할 때 머리에서부터 바닥에 닿아 있는 부분들까지 점진적으로 내려오면서 알아차립니다. 이때 머리·몸통·다리의 형태나 모양 등은 관찰의 대상이 아니므로 오직 그 느낌만을 관찰의 대상으로 해야 합니다. 그리고 그러한 느낌의 현상을 알아차리기만 하지 집중하여 관찰하지 않습니다.

'닿음'을 관찰할 때 역시 바닥에 닿은 다리의 형태나 모양은 보려고 하지 말고 다만 엉덩이가 바닥에 닿은 부분에 있는 다소 단단한 느낌을 알아차려 관찰합니다.

'앉음'과 '닿음'을 관찰하는 도중 배의 '일어남·사라짐'의 현상이 분명하게 느껴지면 '앉음'과 '닿음'은 놓아버리고 주 관찰 대상으로 갑니다. '일어남·사라짐'을 관찰하는 동안 마음에 여러 생각이 일어나 사띠가 잘 되지 않거나 혹은 졸음이 심할 때도 배의 '일어남·사라짐'에 '앉음'과 '닿음'을 추가하여 관찰합니다. 그렇게 함으로써 수행자의 마음은 사띠빳타나 수행의 대상에서 벗어나지 않게 되어 수행은 향상될 것입니다.

3) 느낌의 현상 통찰

배의 '일어남·사라짐'을 관찰하는 중, 만약 무릎에 통증이 일어나면, 배의 '일어남·사라짐'의 관찰을 그만두고 무릎 통증을 관찰하여야 합니다. 통증의 위치를 정확하게 확인하고 '통증·통증'이라고 마음속으로 명칭을 붙이며 통증의 현상에 마음을 집중하여 통증이 어떻게 변화하는가를 관찰해야 합니다. 이 관찰은 통증의 현상이 완전히 소멸될 때까지 지속해야 합니다. 통증이 소멸한 후에는 주 관찰대상으로 돌아가면 됩니다.

4) 마음의 현상 통찰

배의 '일어남·사라짐'을 관찰하는 중, 지루해하는 마음이 일어나면 배의 '일어남·사라짐'의 관찰을 그만두고 지루해하는 마음의 현상을 관찰해야 합니다. 지루해하는 것은 마음의 현상입니다. '지루함·지루함'이라고 마음속으로 명칭을 붙이며 지루해하는 마음이 어떻게 변하는지를 한 순간도 놓치지 말고 관찰해야 합니다. 지루해하는 마음이 다 소멸되면 주 관찰대상으로 돌아가면 됩니다.

배의 '일어남·사라짐'을 관찰하는 중, 과거의 어떤 사건에 대한 생각이 일어나면 배의 '일어남·사라짐'의 관찰을 그만두고 '생각'을 알아차려 관찰하여야 합니다. '생각' 혹은 '망상'이라고 명칭을 반드시 붙이며 '지금 망상이 일어났음'을 확인해야 합니다. 만일 망상이 일어났는데 망상이 일어났음을 알아차리지 못하고 나중에 망상에 취해 있었음을 알게 되었을 때는 좌절하지 말고, 자신이 망상했음을 분명하게 알고 '망상·망상' 하며 명칭을 붙이며 강하게 관찰해야 합니다. 이 행위를 절대로 생략해서는 안 됩니다. '망상'을 알고 사띠하면 망상은 소멸될 것입니다. 그러면 주 관찰대상으로 돌아가면 됩니다.

배의 '일어남·사라짐'을 관찰하는 중, 시계 소리가 강하게 들려 관찰을 방해한다면 배의 '일어남·사라짐'의 관찰을 그만두고 '들림'의 현상을 관찰해야 합니다. '들림·들림' 하고 명칭을 붙이며 소리가 들리는 과정을 사띠하여야 합니다. 시계 소리가 없어지진 않지만 그 소리가 다른 관찰을 방해하지 않으면 소리의 현상 관찰을 그만두고 다시 주 관찰대상으로 돌아갑니다.

또한 배의 '일어남·사라짐'을 관찰하는 중, 눈앞에 어떤 영상 또는 환영이 일어나면 배의 '일어남·사라짐'의 관찰을 그만두고 그 영상 또는 환영을 관찰해야 합니다. '보임·보임' 혹은 '영상·영상' 하며 관찰하면 영상은 사라집니다. 이때 그것에 호기심을 가지고 따라가면 안 됩니다. 그것은 실체가 아니고 단지 수행자의 마음이 만들어 낸 관념일 뿐입니다. 그렇다고 인위적으로 없애버리려고 애써서도 안 됩니다. 다만 사띠를 강하게 확립하여 관찰할 뿐입니다. 그러면 그 영상 또는 환영은 사라질 것입니다. 그러면 주 관찰대상으로 돌아가면 됩니다.

4. 누워 있을 때 사띠빳타나 수행 방법臥禪

잠을 자기 위하여 잠자리에 들 때, 이 생각 저 생각을 하며 이리저리 뒹굴다가 자기도 모르게 잠이 들기도 합니다. 그러나 수행자는 그렇게 해서는 안 됩니다. 누워 잘 때는 그냥 자거나 또는 이 생각 저 생각 하면서 잠들지 말고 자신의 몸을 관찰하면서 잠이 들어야 합니다. 누워 있을 때의 주 관찰대상은 호흡의 '부름·꺼짐', '일어남·사라짐', '누워 있음' '닿음'입니다. 여기서 '누워 있음'은 '서 있음'과 마찬가지로 머리에서 발끝까지 내려오면서 느낌을 알아차리는 것이며 '닿음'은 머리부터 몸의 각 부분이 바닥과 닿은 느낌입니다.

사띠가 순순히 잘 진행되면 '일어남·사라짐', '누워 있음', '닿음'에서 '누워 있음', '닿음'은 생략하고, 오로지 '일어남·사라짐'만 대상으로 하여 관찰해도 됩니다.

요즘 불면증으로 고통스러워하는 사람들이 많은데, 그런 사람들에게 특히 이 와선(臥禪)이 유익할 것입니다. 만일 잠이 오지 않으면 억지로 잠을 청하려 하지 말고 '배의 일어남·사라짐·누워 있음·닿음'을 관찰합니다. 잠이 오지 않더라도 그 상태를 알아차리면 수행을 하고 있는 것이며, 잠이 들게 되면 숙면을 취하게 되므로 어느 경우라도 유익합니다. 다음날 잠에서 깰 때 사띠가 바로 이어지느냐의 여부는 수행의 진전과 깊은 관련이 있습니다. 만일 잠에서 깸과 동시에 사띠가 바로 이어지고 있음을 안다면 그 수행자의 수행은 크게 성장할 것이며 머지않아 선정을 성취하게 되며 곧 열반을 증득하게 될 것입니다.

5. 수행이 항상 지속되어야 한다

수행을 처음 시작할 때는 특히 일상의 모든 행위들을 사띠하는 것이 대단히 어려울 것입니다. 그러나 한 좌선 혹은 한 행선行禪 안에서 한 현상과 다음 현상에 대한 사띠에 조금의 간격도 있어서는 안 됩니다. 그것은 마치 지붕의 기와와 기와 사이가 조금의 틈도 없이 맞물려 이어져야만 하는 것과 같습니다. 만일 한 기와와 다음 기와 사이에 조금의 틈만 있어도 빗물은 어김없이 샐 것입니다. 한 사띠와 다음 사띠 혹은 한 수행과 다음 수행 사이에 조금의 간격만 있어도 빗물이 새듯 반드시 번뇌가 끼어 들어와 관찰을 방해하게 됩니다.

수행에 어느 정도 힘이 붙은 수행자의 사띠는, 좌선 수행에서는 비교적 몸과 마음이 이리저리 움직이거나 방황하지 않고 면밀히 현상을 따라가며 계속됩니다. 그러나 대개의 경우, 행선 수행의 사띠는 산만한 편입니다. 수행자는 행선 수행을 할 때 매우 주의를 기울여야 합니다. 행선하는 동안 호기심을 일으킬 만한 어떤 것을 보았을 때 걸음을 멈추든지 혹은 걸으면서 그것을 봄에 주의를 기울이고 사띠하여야 합니다. 행선하는 동안 어떤 소리를 들었을 때도 그것에 귀를 기울이거나 그것에 휘말린 채 걷는다면 그때 사띠는 이어지지 않고 깨지게 될 것입니다.

정진 인드리야와 삼매 인드리야는 서로 균형 있게 성숙되어야 합니다. 정진 인드리야가 강하고 삼매 인드리야가 약하면 들뜸에 빠지고, 삼매 인드리야가 강하고 정진 인드리야가 약하면 해태와 혼침에 빠질 것이니, 이 두 인드리야가 균형 있게 성장되어야 합니다. 그런데 삼매 인드리야를 받쳐주는 수행은 좌선이며, 정진 인드리야를 받쳐주는 수행은 행선입니다. 그러므로 행선은 좌선과 마찬가지로 중요합니다. 실제로 행선 수행이 진전되었을 때 수행 자체가 급진전되는 것을 느끼게 될 것입니다.

또한 일상의 사띠에 주의를 기울여야 합니다. 특히 말할 때 사띠를 하는 것은 수행에서 매우 유익합니다. 앞서 본 『맛지마 니까야』의 「사띠 확립경satipaṭṭhānasutta(MN22)」에서 강조한 것처럼 "말하고 침묵하는 것을 분명히 통찰한다"[55]라고 분명하게 권하고 있습니다. 말하는 것은 우리들 생활의 큰 부분입니다. 말하는 동안은 사띠를 계발시키기에 매우 유익한 때입니다. 그러나 그것은 쉽지 않습니다. 그러나 또한 불가능한 것도 아닙니다. 수행자는 무엇에 관해 말하려는가를 사띠하고, 말할 때 입의 움직임, 목소리의 톤과 크기 그리고 말하는 것에 관계되는 무엇이든 사띠해야 합니다. 말을 할 때 사띠가 잘 되면 말하는 동안 자신이 자아를 강하게 드러내려 하고 있는지 볼 수 있습니다. 수행자가 병이 났을 때 또는 혼자가 되었을 때 자신을 잘 들여다보면 자신이 얼마나 이기적인가도 적나라하게 볼 수 있습니다.

우리를 진정으로 이해할 수 있는 사람은 거의 없습니다. 그러므로 상대방에 대한 기대를 하지 않는 것이 실은, 자신이 덜 아프게 되는 현명한 방법입니다. 상대가 바뀌기를 바라지 말고 자신을 바꾸도록 노력하는 것이 더 유용하고 효과적입니다. 그러나 몸과 마음에서 일어나는 모든 것을 언제 어디서나 사띠하는 것이 무엇보다 중요합니다. 그러한 의도를 가지고 부지런히 사띠하려고 애쓰다 보면 수행은 급진전하게 될 것입니다.

4장_

사띠빳타나 수행의 실제 Ⅱ

1. 세 종류의 느낌

우리들은 알게 모르게, 즐거운 느낌은 좋아하고, 더욱 증장시키려 하며 그에 집착합니다. 반면에, 괴로운 느낌은 피하려 하거나 혹은 줄이려고 부단히 애를 씁니다. 또한 즐겁지도 괴롭지도 않은 느낌은 곧잘 지루해하며, 관심 밖으로 던져버리며 거들떠보려고 하지 않습니다.

사실, 느낌은 삶의 문제를 만드는 가장 중요한 요소 중의 하나입니다. 평범한 생활의 단순한 기쁨과 즐거움에서부터, 권력을 둘러싼 야망과 투쟁이나 예술가들의 창조적 희열에 이르기까지 그 모든 내용들이 느낌과 관계됩니다. 그것은 일반적으로 사람들이 즐거운 느낌에 수반되는 감각적·정서적 만족을 행복의 근원으로 여기기 때문일 것입니다.

수행자는 세 가지 종류의 느낌vedana, 受, 즉 괴로운 느낌·즐거운 느낌·괴롭지도 즐겁지도 않은 느낌을 경험하게 됩니다. 『맛지마 니까야』의 「사띠 확립경」을 먼저 살펴보겠습니다.

> 비구들이여, 비구가 느낌에 대해 느낌을 계속 관찰하여 머무른다는 것은 어떠한 것인가? 비구들이여, 여기 비구가 즐거운 느낌을 경험하면 '나는 즐거운 느낌을 경험한다'라고 분명히 통찰하고, 괴로운 느낌을 경험하면 '나는 괴로운 느낌을 경험한다'라고 분명히 통찰하고, 즐겁지도 않고 괴롭지도 않은 느낌을 경험하면 '나는 즐겁지도 않고 괴롭지도 않은 느낌을 경험한다'라고 분명히 통찰하고, 육체의 즐거운 느낌을 경험하면 '나는 육체의 즐거운 느낌을 경험한다'라고 분명히 통찰하고, 정신의 즐거운 느낌을 경험하면 '나는 정신의 즐거운 느낌을 경험한다'라고 분명히 통찰하고, 육체의 괴로운 느낌을 경험하면 '나는 육체의 괴로운 느낌을 경험한다'라고 분명히 통찰하고, 정신의 괴로운 느낌을 경험하면 '나는 정신의 괴로운 느낌을 경험한다'라고 분명히 통찰하고, 육체의 즐겁지도 않고 괴롭지도 않은 느낌을 경험하면 '나는 육체의 즐겁지도 않고 괴롭지도 않은 느낌을 경험한다'라고 분명히 통찰하고, 정신의 즐겁지도 않고 괴롭지도 않은 느낌을 경험하면 '나는 정신의 즐겁지도 않고 괴롭지도 않은 느낌을 경험한다'라고 분명히 통찰한다.
>
> 이와 같이 그는 느낌에 대해 느낌을 안으로 계속 관찰하여 머무르고,

느낌에 대해 느낌을 밖으로 계속 관찰하여 머무르고, 느낌에 대해 느낌을 안팎으로 계속 관찰하여 머무른다. 또는 느낌에 대해 일어남의 담마를 계속 관찰하거나, 느낌에 대해 사라짐의 담마를 계속 관찰하거나, 느낌에 대해 일어남·사라짐의 담마를 계속 관찰하며 머무른다. '느낌이 있다'라는 이런 사띠가 바로 그 자리에 확립된다. 그와 같이 지혜를 향하여 강한 사띠로 세상의 어떤 것도 의지하지 않고 집착하지 않는다. 비구들이여, 비구는 이와 같이 느낌에 대해 느낌을 계속 관찰하며 머무른다.[56)]

즐거운 느낌이 일어날 때, 수행자가 그것을 잘 통찰하지 않으면 즐거운 느낌이 일어나는 동안 그것을 즐기게 되기 때문에 탐욕이 계속하여 일어납니다. 반면에 괴로운 느낌이 일어날 때, 수행자가 그것을 잘 통찰하지 않으면 괴로운 느낌이 일어나는 동안 괴로운 느낌에 반응하기 때문에 성냄·짜증 등이 계속하여 일어나 결국에는 의기소침해질 것입니다.

또한 괴롭지도·즐겁지도 않은 느낌이 일어날 때, 수행자가 그것을 잘 통찰하지 않으면 무기력해지고, 지루해하며, 의기소침해져서 무명無明이 일어납니다. 여기서 무명은 어리석음을 포괄적으로 나타내는 말입니다.

세존께서는 '일체사가 느낌에 귀결된다'고 하셨습니다. 그러나 여기서 명심해야 할 것은 그런 과정으로 진행되는 법칙은 없습니다. 이와 같은 심리적 내용물들을 느낌들로부터 분리시킬 수 있습니다. 수행자가 자기 제어와 '사띠'의 힘만 지닐 수 있다면 아무리 자극적인 느낌일지라도 그것이 감정으로 발전하지 않고 느낌에서 머물도록 할 수 있습니다. 이러한 면에서 우리는 느낌이야말로 해탈解脫로 들어가는 요목임을 알 수 있습니다.

2. 괴로운 느낌에 대한 사띠의 방법

이 세 가지 중에서 수행자는 괴로운 느낌의 현상을 먼저 경험합니다. 사띠빳타나 수행에서 고통의 느낌을 극복하는 것은 초심자가 통과해야 할 가장 중요한 것들 중 하나입니다. 그것을 잘 이행하면 수행은 일단 큰 성공을 거두었다고 할 수 있습니다. 하지만 대부분의 수행자들은 통증의 고통을 매우 싫어합니다.

통증은 몸에서 항상 일어나고 있습니다. 다만 그것을 분명하게, 구체적으로 알아차리지 못한 채 -엄격히 말하면 알아차리려는 의도 자체가 없이- 그 불편함을 없애기 위해 자기도 모르는 사이에 끝없이 몸을 뒤척이며 생활해 왔습니다.

그러나 이제 수행을 하려고 자세를 정형화하니, 몸의 문젯거리들이 일어나는 것이 알아차려집니다. 몸의 상태를 바람직하게 유지하기 위해서도 통증은 결코 나쁜 것이 아닙니다. 통증은 삶에 문제가 있음을 육체를 통하여 알리는 신호이기 때문입니다.

제36『느낌 상윳따vedanāsaṃyutta』의「심연경pahānasutta(SN 36.3)」을 살펴보겠습니다.

> 배우지 못한 범부가 육체적인 괴로운 느낌을 겪게 되면 슬퍼하고 걱정하며 울부짖고 가슴을 치며 통곡하고 미혹에 빠진다. 이것을 이르기를, 비구들이여, 무식한 범부는 심연에서 일어서지 못하고 깊은 곳에서 나오지 못한다.
>
> 비구들이여, 그러나 잘 배운 고귀한 제자는 육체적인 괴로움의 느낌을 경험하여도 슬퍼하지 않고 걱정하지 않으며 울부짖지 않고 가슴을 치며 통곡하지 않고 미혹되지 않는다. 이것을 이르기를, 비구들이여, 잘 배운 고귀한 제자는 심연에서 일어서서 깊은 곳에서 빠져나온다.[57)]

수행에서 통증은 가시와 같습니다. 손에 만일 가시가 들어갔다면 그것이 설사 아주 조그마한 것이라도 매우 불편할 것입니다. 가시가 몸을 망가뜨리지는 않지만 마음이 불편하여 하던 일을 지속할 수 없을 것입니다. 실제로 통증의 관찰을 생략하고 다른 현상의 관찰로 넘어가기가 어렵습니다. 그러므로 통증은 수행자가 반드시 극복해야 할 필수적인 관문임을 받아들여야 합니다.

그런데 실은, 통증은 수행을 방해하는 적이 아니라, 오히려 나의 수행을 돕는 친구입니다. 수행에서 통증은 수행을 향상시키는 중요한 보조역할을 합니다. 왜냐하면,

① 수행의 실제에서 가장 큰 장애는 졸음과 망상입니다. 그러나 강한 통증이 있는 한, 그 괴로운 느낌 때문에 졸음과 망상이 심각하게 일어나지 않습니다. 특히 여러분의 수행이 진전되어 통증을 극복하고 나면 이것을 절절히 실감할 것입니다. 어쩌면 도리어 통증을 찾게 될지도 모릅니다.

② 즐거운 감각은 숨은 적과도 같습니다. 즐거운 감각은 그것을 즐기며 방심하고 있는 수행자를 속이므로 담마를 보지 못합니다. 마치 급류를 따라 내려가며 수영을 하는 것과 같습니다. 이때 힘은 많이 들지 않으나 대개의 경우 목적지를 지나쳐 버리고 맙니다. 그러나 통증을 관찰하는 수행자는 급류를 거슬러 오르며 수영하는 것과 같아서 목표에 이르기가 다소 힘은 들지만 대부분 목표를 놓치지는 않습니다.

수행을 시작하여 집중력이 조금씩 생기면 고통의 현상들이 현저하게 나타나는 것이 일반적입니다. 즉 통증·가려움·쑤심·찌름·뻐근함·딱딱함·당김·저림 등의 고통의 느낌들이 현저하게 나타납니다. 그런 것들이 매우 강할 때 수행자는 그것에 반응하며 괴로워합니다. 대체로 고통스러운 느낌을 관찰할 때 수행자는 세 가지 태도 중 어느 하나를 취하게 됩니다.

첫 번째: 고통스러운 느낌을 제거하고 편안함을 구하기 위해서, 다시 말하면 오직 고통 그 자체를 없애 버리려는 바람으로 관찰하는

것으로 이때 편안함을 구하려는 것, 그 자체가 탐욕입니다. 수행자는 탐욕으로부터 벗어나기 위해서 수행을 하고 있습니다. 그러나 괴로운 느낌에 대하여 그러한 태도를 취하는 것은 탐욕을 증가시켜 그의 사띠에는 항상 번뇌가 도사리게 됩니다. 번뇌가 있는 한 법을 보지는 못할 것이며, 지혜는 향상되지 않을 것입니다. 그러므로 이와 같은 태도는 수행자가 지녀야 할 적절한 태도가 아닙니다.

두 번째: 바로 그 좌선에서 고통을 이겨내기 위하여 투쟁적인 태도로 관찰하는 것으로 그 마음속에는 반드시 성냄이 도사리고 있습니다. 수행자는 성내는 마음을 제거하기 위해서 수행을 하고 있습니다. 그러나 그런 투쟁적인 태도는 번뇌를 증가시키고 있을 따름입니다. 수행할 때 번뇌가 있는 한 법을 보지 못할 것이며, 지혜는 향상되지 않을 것입니다. 그러므로 수행자는 이와 같이 해서는 안 됩니다.

세 번째: 고통이라는 현상을 통하여 '고통'의 본성을 이해하려는 태도로 사띠를 하는 것입니다. 그러한 마음으로 고통을 들여다보고 있으면 담마는 자연스럽게 드러날 것이며 수행자는 곧 담마를 보게 될 것입니다. 고통스러운 느낌의 본성을 이해하려고 그것을 관찰할 때, 무엇보다도 먼저 수행자는 이 고통의 느낌에 대하여 의연한 태도를 가져야 합니다. 수행의 격언 중에 "인내가 열반(nibbāna, 涅槃)으로 인도한다"는 말은 수행에서 매우 유용합니다. 수행자는 "이번 한 시간도 대단한 통증이 일어나겠지. 또 이 시간을 고통으로 괴로워야 하는가?"라고 하며 결코 미리 걱정해서는 안 됩니다. 그런 생각에서 벗어나서 조용하고 냉정한 태도로, "그것의 본성으로 인하여 '느

낌'은 통증과 고통을 일으킨다. 나의 의무는 그것을 사띠하여 그것의 본성을 보는 것이다"라고 하면서 마음을 가라앉혀야 합니다.

고통스러운 느낌이 더욱 강해졌을 때, 수행자는 무의식적으로 마음도 몸도 다 긴장하게 됩니다. 아마도 긴장 속에 있게 된 한참 후에야 자신이 긴장 속에 있다는 것을 알게 될 것입니다. 긴장 속에 있다는 것을 알게 된 즉시 그것을 바라보아야 합니다. 먼저 몸의 긴장을 알게 됩니다. 그러면 마음을 조사해 보십시오. 마음 또한 긴장되어 있음을 알 수 있습니다. 그러면 그 긴장을 들여다보십시오. 그러면 이완하려는 의도가 일어나면서 몸의 이완이 일어납니다.

그리고 마음을 고통스러운 느낌 위에 갖다 놓습니다. 다음에는 느낌이 실제로 있는 곳을 분명하게 느끼십시오. 수행자는 느낌이 '피부의 깊은 층에 있는가, 살 속에 있는가, 뼛속에 있는가, 뼛속을 파고 드는가'를 꿰뚫어 보려고 노력해야 합니다. 느낌의 정도를 가늠하며 '통증' '통증' 하며, 한 번, 두 번, 세 번 계속하여 관찰해야 합니다.

그렇게 하다 보면 상당한 정도의 삼매samādhi, 三昧를 얻게 될 것입니다. 그것이 느낌의 본성을 알아내기 위한 충분한 기초입니다. 건성으로 혹은 관념적으로 그리고 서두르며 관찰해서는 안 됩니다. 수행자는 단 한 순간도 놓치지 않고 느낌의 변화를 꿰뚫어보듯이 관찰하여야 합니다.

어느 정도 삼매가 깊어지면 통증의 위치는 중요하지 않습니다. 매번 변화하는 고통의 정도를 분명히 느끼며 그것을 관찰하여야 합니다. 그러면 수행자의 삼매는 더욱 깊어질 것입니다. 너덧 번의 사띠

후 통증의 정도가 더욱 강렬해짐을 발견할 것입니다. 계속해서 들여다보면 그 통증은 절정에 도달한 후 서서히 감소하게 됩니다. 관찰자의 마음의 긴밀함도 다소 풀릴지 모릅니다. 그러나 여기서 마음을 놓으면 안 됩니다. 계속하여 꿰뚫어보는 관찰을 지속해야 합니다. 그래서 그 통증의 느낌이 완전히 사라지는 과정을 보아야 합니다. 그러나 많은 수행자들이 통증이 증가하면, 그 통증에 무너져 버리고 맙니다. 그리하여 수행이 더 나아가지 못합니다.

『상윳따 니까야』의 제36 느낌 상윳따 「화살경sallasutta(SN36.6)」을 보겠습니다.

> 비구들이여, 무식한 범부는 괴로운 느낌과 접촉하면 슬퍼하고 걱정하며 울부짖고 가슴을 치며 통곡하고 미혹에 빠진다. 그는 몸과 마음의 두 가지의 느낌을 느낀다.
>
> 마치, 비구들이여, 화살을 맞은 사람이 또 맞았다면, 그것은 두 번째 화살을 맞은 것이다. 바로 이와 같이, 비구들이여, 무식한 범부는 괴로운 느낌과 접촉하면 슬퍼하고 걱정하며 울부짖고 가슴을 치며 통곡하고 미혹에 빠진다. 그는 몸과 마음의 두 가지의 느낌을 느낀다.
>
> 그리고 바로 그것과 똑같이 괴로운 느낌과 접촉함에 분노가 있다. 이렇게 괴로운 느낌에 분노하고, 괴로운 느낌에 대한 성냄의 성향이 잠재된다. 그는 괴로운 느낌과 접촉하여 같은 식으로 감각적 욕망의 즐거움을 만끽한다.
>
> 그것은 무슨 까닭인가?

비구들이여, 실로 무식한 범부는 다른 감각적 쾌락의 즐거움과 괴로운 느낌으로부터 벗어남을 통찰하지 못한다. 그 감각적 욕망의 즐거움을 만끽함으로써 즐거운 느낌에 대한 탐욕의 성향이 잠재된다. 그는 그 느낌의 일어남과 사라짐과 유혹과 위험과 벗어남을 여실하게 통찰하지 못한다. 그가 그 느낌의 일어남과 사라짐과 유혹과 위험과 벗어남을 여실하게 통찰하지 못하므로, 괴롭지도 즐겁지도 않은 느낌에 대한 무지의 성향이 잠재된다.

그가 괴로운 느낌을 느끼면 족쇄로 그것을 느낀다. 그가 즐거운 느낌을 느끼면 족쇄로 그것을 느낀다. 그가 괴롭지도 즐겁지도 않은 느낌을 느끼면 족쇄로 그것을 느낀다. 이것을 이르기를, 비구들이여, 무식한 범부가 태어남·늙음·죽음·우울·슬픔·고통·불쾌·절망의 족쇄, 괴로움의 족쇄에 갇힘이라고 부른다.

비구들이여, 잘 배운 고귀한 제자는 괴로운 느낌에 접촉해도 슬퍼하지 않으며 걱정하지 않으며 울부짖지 않고 가슴을 치며 통곡하지 않고 미혹에 빠지지 않는다. 그는 마음이 아닌 오직 몸의 괴로운 느낌을 느낀다. 마치, 비구들이여, 사람이 화살을 맞았으나, 두 번째 화살은 맞지 않았다고 하자. 그렇다면, 비구들이여, 그는 하나의 화살에 대한 느낌을 느낀다. 바로 이와 같이, 비구들이여, 잘 배운 고귀한 제자는 괴로운 느낌과 접촉해도 슬퍼하지 않으며 걱정하지 않으며 울부짖지 않으며 가슴을 치며 통곡하지 않고 미혹에 빠지지 않는다. 그는 마음이 아닌 하나의 몸의 느낌을 느낀다.

그리고 바로 그것과 똑같이 괴로운 느낌과 접촉함에 분노가 없다. 이렇게 괴로운 느낌에 분노하지 않고, 괴로운 느낌에 대한 성냄의 성향이 잠재되지 않는다. 그는 괴로운 느낌과 접촉하여 같은 식으로 감각적 욕망의 즐거움을 만끽하지 않는다.

그것은 무슨 까닭인가?

비구들이여, 실로 그 잘 배운 고귀한 제자는 다른 감각적 욕망의 즐겁고 괴로운 느낌으로부터 벗어남을 통찰한다. 그 감각적 욕망의 즐거움을 만끽하지 않음으로써 즐거운 느낌에 대한 탐욕의 성향이 잠재되지 않는다. 그는 그 느낌의 일어남과 사라짐과 유혹과 위험과 벗어남을 여실하게 통찰한다. 그가 그 느낌의 일어남과 사라짐과 유혹과 위험과 벗어남을 여실하게 통찰하므로, 괴롭지도 즐겁지도 않은 느낌에 대한 무지의 성향이 잠재되지 않는다.

그는 즐거운 느낌을 느끼고, 그것을 족쇄에서 풀림으로 느낀다. 그는 괴로운 느낌을 느끼고, 그것을 족쇄에서 풀림으로 느낀다. 괴롭지도 즐겁지도 않은 느낌을 느끼고, 그것을 족쇄에서 풀림으로 느낀다. 이것을 이르기를, 비구들이여, 잘 배운 고귀한 제자가 태어남·늙음·죽음·우울·슬픔·고통·불쾌·절망의 족쇄에서 풀림, 괴로움의 족쇄에서 풀림이라고 부른다.

비구들이여, 잘 배운 고귀한 제자와 무식한 범부 사이에 이런 특징, 이런 차이, 이러한 다양함이 있다.[58]

신체에 통증이 일어나 그 현상을 사띠할 때, 우선 그 통증을 받아들여야 합니다. 받아들인다는 말은 통증에 저항하려는 의도를 놓아

버리고, 통증에 반응하지 않고, 단지 그 통증의 변화 현상을 들여다보아, 그것의 있는 그대로의 성품을 이해하려는 쪽으로 마음을 기울인다는 의미입니다.

통증을 알아차려서, 집중하여, 그 변화를 관찰하면, 수행자는 '통증'이라는 것은 개념일 뿐이고 '지금·여기'에 실제로 전개되고 있는 현상은 '통증'이 아니라 '쑤심', '저림', '당김' 등이라는 것을 알게 됩니다. 이것을 알았다는 것은 이제 수행자는 '통증', '아픔'에 대한 법에 대하여 이해하기 시작하였다는 것을 의미합니다. 수행자는 통증이 아니라 '쑤심'의 현상을 대상으로 사띠해야 합니다.

매번 변화하는 쑤심의 강도와 모양을 사띠합니다. 수행자의 삼매는 더욱 깊어질 것입니다. 너덧 번의 사띠 후 쑤심의 정도가 더욱 강렬해짐을 발견할 것입니다. 계속해서 들여다보면 그 쑤심은 절정에 도달합니다. 너무나 아파서 괴로워합니다. 이때 그 강도가 너무나 강렬하면 포기하려는 마음작용이 일어나기도 할 것입니다. 여기서 그것을 보는 것을 포기하고 발을 바꾸든지 몸을 움직여 버린다면 수행자의 수행은 실패한 것입니다.

이럴 경우, 쑤심 등의 통증을 대상으로 하지 말고, '포기하려는 그 마음'을 대상으로 보아야 합니다. 그렇게만 할 수 있다면 포기하려는 마음은 서서히 사라질 것입니다. 그리고 나서는 다시 괴로워하는 '마음작용'을 보아야 합니다.

그렇게 하지 않으면 앞의 경전의 예에서 보듯이 두 가지 화살을 맞게 됩니다. 다시 말하면 육체적으로 고통을 당하고, 또한 정신적으로도 아픔의 고통을 당하게 된다는 말입니다. 육체적인 고통과 괴로워하는 마음의 고통은 연관되어 있기는 하지만 별개의 고통입니다. 여러분들이 '아파하는 마음', '괴로워하는 마음'을 꿰뚫어볼 수만 있다면 육체적인 고통의 화살 하나만 맞고, 마음에서 일어나는 고통의 화살은 피할 수 있습니다.

다시 '쑤심' 등의 통증을 사띠하는데, 얼마 있지 않아 또 다시 '쑤심'이 절정에 다다랐을 때, 또 다시 괴로워하는 마음을 사띠해야 합니다. 또한 괴로운 마음을 보고 있으면 괴로운 마음과 함께 성냄 혹은 분노의 마음이 일어났음을 알 수 있을 것입니다.

이 '성냄'은 무엇보다도 우선적으로 보아야 할 수행 주제입니다. 이 '성냄'을 계속하여 볼 수 있다면 '성냄'이 서서히 사라지는 양상을 볼 수 있습니다. 그러고 난 후 아직 남아 있는 '괴로워하는 마음'을 봅니다. 그러면 그 '괴로워하는 마음'의 작용과 아울러 '움직이고 싶은 마음' 혹은 '포기하고 싶은 마음'이 일어났음을 알 것입니다. 그러면 또한 그 마음을 보아야 합니다.

수행자가 인내를 가지고 성실하게 사띠한다면 '괴로워하는 마음'이 서서히 감소하는 것을 느낄 수 있을 것입니다. 그것이 어느 정도 사라지면 다시 '쑤심'을 대상으로 하여 사띠합니다. 이러한 방법으로 통찰을 반복하다 보면 '쑤심'에 반응하지 않고 객관적으로 들여다볼 수 있습니다. 수행자가 꾸준히 사띠를 지속해서 삼매가 모이면, 쑤심에 대한 한 번의 사띠로 쑤심은 상승하기 시작할 것입니다.

얼마 후 다시 절정에 도달한 후, 두세 번의 사띠로 그 쑤심은 두드러지게 감소하거나 혹은 장소를 이동해 버리는 것을 발견할 것입니다. 좀 더 객관적인 태도로 자세히 들여다보았다면, 사실은 그 쑤심의 현상 자체가 장소를 이동한 것이 아니라 앞서 일어났던 쑤심의 현상은 일어났다가 사라지고 다른 쑤심의 현상이 다른 장소에 새로이 일어난 것임을 알게 될 것입니다. 그것은 이제 수행자가 느낌에 대한 법의 성품을 알게 되었다는 것을 의미합니다.

수행자의 계속적인 노력으로 삼매가 성장되었을 때, 쑤심이 순간적으로 일어났다가 순간적으로 사라지는 것이 보이게 됨과 동시에 쑤심이 순간적으로 일어남에 따라 사띠도 순간적으로 일어났다가, 쑤심이 순간적으로 사라짐에 따라 사띠도 순간적으로 사라지는 것을 보게 됩니다.

이제 수행자는 쑤심 그 자체가 영원하지 않다는 것과 그것을 아는 마음 역시 영원하지 않다는 것을 발견한 것입니다. 수행자는 '무상anicca, 無常'의 법을 본 것입니다. 그것을 분명히 이해한 것이 쑤심에 대한 '일어남과 사라짐의 지혜'입니다. 수행자는 '일어남과 사라짐의 지혜'를 증득한 셈입니다. 이것이 바로 고통의 느낌dukkha vedana을 극복하는 시작입니다. 이것으로 고통의 느낌 속에 머물러 있는 탐욕과 성냄을 제거하는 일은 끝났습니다.

수행자는 그것이 피할 수 있는 것이 아님을 압니다. 그리고 그것에 대해서 어떤 것도 할 수 없음을 압니다. 그들은 그들의 인연으로, 즉 조건들에 의해서 일어날 뿐, 수행자의 의지로 그것을 조절할 수 없음을 알게 됩니다. 이것은 수행자가 무아anatta, 無我를 본 것을 뜻합니다.

수행자가 '무상anicca, 無常'·고dukkha, 苦·무아anatta, 無我를 완전히 보았을 때 고통의 느낌 속에 반복해서 나타나는 '성냄의 성향'은 완전히 제거되었을 뿐만 아니라 '괴로운 느낌'의 법을 이해함으로써 지혜를 증득하기 시작한 것입니다.

3. 즐거운 느낌에 대한 사띠의 방법

수행의 초심자가 열심히 정진하여 고통의 느낌들을 잘 극복하여 더욱 정진해 나아가면 사띠가 성숙됩니다. 사띠가 성숙되면 삼매가 깊어집니다. 삼매가 향상되면 고통스러운 느낌들은 사라지고 희열pīti·행복sukkha·평온upekkha 등이 자주 나타나기 시작하면서 몸과 마음이 쾌적해지고, 유연해지며, 몸과 마음을 수행에 적용시키기에 적절해질 것입니다. 그 이전에는 1시간 좌선 동안 두세 번 움직이거나 움직이고 싶었는데, 이제는 1시간 좌선이 자연스럽게 행해지고, 1시간 좌선을 무난히 행했던 수행자는 두세 시간 계속 앉아 있을 것 같고 실제로 앉아 보기도 합니다.

수행자는 몸과 마음이 잘 숙달되어 있으므로 감각대상이 일어나면 사띠가 저절로 작용하는 것같이 느껴집니다. 그래서 수행하기가 매우 쉬워지면서 수행하는 것이 정말 흥미 있는 삶의 부분이 될 것입니다.

전에는 전혀 경험해 보지 못한 몸과 마음의 고요하고 평화로운 감각과 상태를 얻게 됩니다. 전에는 좌선 속에서나 일상생활 속에서 그와 같은 기쁨과 편안함 그리고 평화스러움을 느껴보지 못했을 것입니다. 여기에서 경험하는 기쁨이 바로 희열입니다. 이 희열 때문에 즐거운 느낌, 즉 몸과 마음의 평안함을 즐기게 됩니다. 그래서 이 즐거운 느낌에 마냥 머물러 있고 싶어 하는 마음이 일어날 것입니다. 바로 이것, 즐거운 느낌 속에 머물고 있는 탐욕을 제거하기 위해서, 수행자는 고통스러운 느낌처럼 즐거운 느낌에 대한 본성을 이해하기 위하여 사띠를 해야 합니다.

육체적인 편안함이 뚜렷하면 꿰뚫어보듯이 주의 깊게, 육체적인 편안함과 정신적인 편안함을 각각 사띠해야 합니다. 수행자의 지혜가 성숙한 단계에 도달하였을 때 그 편안함들이 영원하지 않고 일어나서 사라지는 현상의 연속임을 알게 될 것입니다. 편안한 감각이 일어난 후 그것이 사라지고, 그 후에 다른 편안한 감각이 일어났다가 또 사라지는 현상들의 연속을 보게 됩니다.

수행자의 사띠가 성숙하여 위빳사나의 지혜가 더욱 자라나면 그것들이 일어나서 사라지는 속도가 증가하여 점점 빨라짐을 알게 됩니다. 그것들이 너무나 빨리 일어났다가 사라지므로 그것이 고통스럽게 느껴질 것입니다. 마침내 일어나는 것은 잘 보이지 않고 계속하여 너무나 빨리 사라지는 것만을 보게 됩니다. 그 존재들이 너무나 허망하여 엄청난 고통임을 이해할 것입니다. 그것들을 고통으로 보므로 이제 즐거운 느낌 속에서 반복적으로 일어났던 탐욕을 제거하는 일을 성취하게 됩니다.

여기서 중요한 것은 이러한 담마의 내용을 알고 그 현상을 볼 때, 그 현상을 통하여 관념적으로 이해하게 되는 경향이 대부분이며 그것은 엄청난 수행의 독소라는 사실을 명심해야 합니다. 수행에서 관념적 이해는 제일 멀리해야 하는 수행의 적입니다. 수행 그 자체가 관념에서 벗어나서 실제를 경험하는 것입니다. 즐거움에 빠져서는 안 된다는 것을 확연하게 받아들이고 '기쁨, 행복감, 즐거움, 평온함' 등이 일어나면 그 속에 빠지지 말고, 단지 그냥 그 현상을 사띠하여 들여다보십시오. 그러면 본성을 자연스럽게 이해할 수 있습니다.

4. 괴롭지도 즐겁지도 않은 느낌에 대한 사띠의 방법

계속하여 성실하게 수행에 임하면 수행자의 사띠와 삼매 그리고 위빳사나 지혜는 더욱 향상되어 수행 속에서 부정적인 감각대상을 마주하거나, 일상생활 속에서 두렵거나 걱정스러운 대상을 마주하였을 때 동요하지 않습니다. 수행자는 그것들에 대하여 덤덤하게 마주할 수 있습니다. 부정적인 감각뿐만 아니라 기쁜 혹은 매력적이고 즐거운 대상을 마주하더라도 들뜨거나 흥분하여 그것에 집착하여 안주하려고 하지 않고 덤덤한 상태에서 마주하게 됩니다. 이제 수행자는 조건 지어진 대상들에 대하여 휘둘리지 아니하고 덤덤한 상태의 마음에 안주하게 된 것입니다.

배의 일어남과 사라짐은 그들 스스로가 일어나는 것처럼 보입니다. 사띠의 마음도 역시 저절로 일어나는 것처럼 보입니다. 그와 같이 사띠가 쉽게 되기 때문에, 수행자는 단지 관찰을 위해서 거기에 앉아 있는 것처럼 느껴지므로 수행자의 정진vīriya이 너무나 느슨해지고, 혼침에 빠지지는 않았는데 정작 현상에 대해서 알아차린 것은 없습니다. 그것은 '괴롭지도 즐겁지도 않은 느낌' 속에 도사리고 있는 무지가 반복하여 일어나기 때문입니다.

수행자는 괴롭지도 즐겁지도 않은 느낌을 꿰뚫어 보아야 합니다. 그러나 괴롭지도 즐겁지도 않은 느낌을 꿰뚫어 보는 것은 매우 어렵습니다. 괴로운 느낌의 현상들과 즐거운 느낌의 현상들에 대한 관찰의 과정을 충분히 경험을 해서 그것들을 극복한 후에는 괴롭지도 즐겁지도 않은 느낌의 현상들이 자주 나타납니다.

지혜의 정도가 낮은 단계에서 괴롭지도 즐겁지도 않은 느낌의 무명의 성향에서 벗어나는 방법은 중립의 상태가 되면 그것을 분명히 알아차리고 주 관찰 대상인 배의 일어남과 사라짐의 관찰을 충실히 하는 것입니다.

이 단계를 지나 지혜의 정도가 출중한 단계에 들어서면 괴롭지도 즐겁지도 않은 느낌의 현상들이 주요한 요소로 나타납니다. 특히 이때 괴롭지도 즐겁지도 않은 느낌에 대한 면밀한 관찰이 이루어지지 않으면 수행은 더 나아가지 못합니다. 『상윳따 니까야』의 「보아야 함 경datthabbasutta(SN 36.5)」에서는 이렇게 말씀하셨습니다.

> …괴롭지도 즐겁지도 않은 느낌들을 무상한 것으로 볼 줄 안다면 그는 바로 보는 사람이라 불린다. 그는 갈애를 끊었고 (몸을 받게 하는) 족쇄를 풀었으며, 자만을 철저히 꿰뚫어보아 고를 끝낸 것이다.
>
> ……
>
> 괴롭지도 즐겁지도 않은 느낌이 있으니 그것을 무상으로 보지 못하는 이
> 그것들을 진정 바르게 보는 비구라면 느낌들을 분명히 안다.
> 그가 느낌들을 분명히 앎으로 지금 여기에서 번뇌가 다하여
> 몸이 부서질 때 담마에 머물러 형성됨이 오지 않는 '지혜로운 이vedagū이리.[59]

괴롭지도 즐겁지도 않은 느낌이 주요 현상으로 반복되면 '마음의 평온'이 이루어져 있습니다. 그때 수행자는 먼저 그 평온의 느낌을 관찰하여야 합니다. 그 평온의 느낌이 고정적이고 영원한가를 관찰하여야 합니다. 수행자의 사띠가 더욱 향상되었다면 앞에서 즐거운 느낌을 관찰할 때와 같이 평온의 느낌을 꿰뚫어 들여다보면 그 느낌은 고정적이지 않다는 것을 알 수 있을 것입니다. 그 평온의 느낌은 끝없이 생멸합니다. 평온의 느낌이 생멸한다는 것을 아는 마음도

같이 생멸하는 것을 볼 수 있습니다. 다음에는 그 양상을 '사띠'하는 그 마음을 다시 알아차려야 합니다. 이것을 '사띠의 사띠'라고 부르기도 합니다.

괴롭지도 즐겁지도 않은 느낌이 일어나서 그것을 대상으로 사띠할 때, '나의 느낌을 내가 사띠한다'고 인식할 수도 있습니다. 그러나 사띠한 것을 다시 또 사띠하면 '나'의 느낌이 아니라 단지 '느낌'이라는 마음의 작용이며, 그것을 아는 것 또한 마음의 작용이 일어났다가 사라질 뿐이라는 것을 이해하게 될 것입니다.

마지막으로 호흡의 일어남·사라짐으로 돌아가야 합니다. 이 단계에서 호흡의 일어남·사라짐의 과정은 거의 미세하고 섬세합니다. 그 미세한 일어남·사라짐의 무상성을 보아야 합니다. 이것이 괴롭지도 즐겁지도 않은 느낌 속에 도사리고 있는 무명에서 벗어나는 방법입니다.

5장_

사띠빳타나 수행의 실제 III

다시 한번 강조하면, 사띠빳타나 수행을 설명한 「사띠 확립경satipaṭṭhānasutta(MN10)」이 몸·느낌·마음·담마의 순서로 서술되어 있다고 해서 각각의 현상을 구분지어 단계별로 관찰하려 하지 마십시오. 사띠빳타나 수행의 제1원칙은 사띠를 강하게 세우는 것입니다. 이것은 일어나고 사라지는 현상을 그것이 무엇이든 관계없이 '알아차리고 주시하며 통찰하는' 것입니다. 물론 소위 '마음citta'에 비해 느낌이 먼저 일어나고, 느낌보다 몸의 현상들이 먼저 일어나며 더욱 뚜렷하여 알아차리기가 쉬운 것은 사실입니다. 그러나 일어나는 이러한 현상들의 일어남·사라짐은 너무나 빠르기 때문에 각각의 담마들을 의도적으로 구분하려 하는 것은 오히려 수행의 목적에 어긋나는 일이 될 것입니다. 왜냐하면 앞에서 설명한 사띠의 특징 중 '판단하지 않는 주시'라는 의미와 맞지 않기 때문입니다. 그러므로 수행자는 먼저 알아차려지는 현상들을 순순히 따라가며 알아차리는 것이 사띠빳타나 수행의 첫 번째 원칙입니다. 수행이 향상되고 알아차림이 지속되면 저절로 각각의 담마들의 차이점과 마음에서 일어남과 사라짐을 확연히 보게 될 것입니다. 『맛지마 니까야』의 「사띠 확립경 satipaṭṭhānasutta(MN10)」에서 마음을 계속 관찰하여 통찰하는 법을 설명한 부분을 보겠습니다.

> 비구들이여, 비구가 마음에 대해 마음을 계속 관찰하여 머무른다는 것은 어떠한 것인가? 비구들이여, 여기 비구가
>
> 탐욕이 있는 마음을 탐욕이 있는 마음이라고 통찰하고pajānāti 탐욕이 없는 마음을 탐욕이 없는 마음이라고 통찰하고,
>
> 성냄이 있는 마음을 성냄이 있는 마음이라고 통찰하고 성냄이 없는 마음을 성냄이 없는 마음이라고 통찰하고,
>
> 어리석음이 있는 마음을 어리석음이 있는 마음이라고 통찰하고 어리석음이 없는 마음을 어리석음이 없는 마음이라고 통찰하고,
>
> 긴장된 마음을 긴장된 마음이라고 통찰하고 흩어진 마음을 흩어진 마음이라고 통찰하고,
>
> 계발된 마음을 계발된 마음이라고 통찰하고 계발되지 않은 마음을 계발되지 않은 마음이라고 통찰하고,
>
> 고귀한 마음을 고귀한 마음이라고 통찰하고 고귀하지 않은 마음을 고귀하지 않은 마음이라고 통찰하고,
>
> 집중된 마음을 집중된 마음이라고 통찰하고 집중되지 않은 마음을 집

중되지 않은 마음이라고 통찰하고,

해탈된 마음을 해탈된 마음이라고 통찰하고 해탈되지 않은 마음을 해탈되지 않은 마음이라고 통찰하는 것이다.

이와 같이 그는 마음에 대해 마음을 안으로 계속 관찰하여 머무르거나, 마음에 대해 마음을 밖으로 계속 관찰하여 머무르거나, 마음에 대해 마음을 안팎으로 계속 관찰하여 머무른다. 또는 마음에 대해 일어남의 담마를 계속 관찰하여 머무르거나, 마음에 대해 사라짐의 담마를 계속 관찰하여 머무르거나, 마음에 대해 일어남·사라짐의 담마를 계속 관찰하여 머무른다. '마음이 있다'라는 이런 사띠가 바로 그 자리에 확립된다. 그와 같이 지혜를 향하여 강한 사띠를 위하여 세상의 어떤 것도 의지하지 않고 집착하지 않는다. 비구들이여, 비구는 이와 같이 마음에 대해 마음을 계속 관찰하며 머무른다.[60]

1. 없애버리려 애쓰지 말고, 사띠를 더욱 면밀하게…

대개의 경우 생각이 일어나면 그것을 없애버리려 애씁니다. 그러나 그러한 방법은 최상의 방법이 아닙니다. 가령 과거의 사건에 대한 생각이 일어났을 경우, 그것은 이미 지나가 버린 것이지만 그것에 대한 마음 작용은 지금, 여기에서 일어나고 있는 현상으로 반드시 관찰해야 하는 너무나 중요한 대상입니다.

사띠는 현재 일어나는 현상만 알아차리는 것이 아니라, 현재를 과거의 관계 속에서 이해하는 것입니다. 자기 자신의 '생각'이 선과 악이라는 여러 요소들로 조건 지어져 전개되는 과정은 '과거의 경험'을 통해서 가장 포괄적으로 이해됩니다.

그러므로 생각이 일어났을 때 그 마음작용을 통해서 자신을 알 수 있습니다. 이것은 나를 알 수 있는 절호의 기회입니다. 생각은 대개의 경우 과거의 사건을 통해서 일어납니다. 사건은 과거의 일입니다. 그러나 그 사건의 과정에서 나에게 일어났던 마음의 상태 및 작용 또한 '기억'으로 분명히 떠오릅니다. 그 기억의 마음 상태, 마음 작용들이 사띠의 대상입니다. 그 마음 작용이 어떻게 전개되었나를 그냥 사띠하는 것입니다. 또 하나는 그 사건으로 인하여 그 사건에 대한 지금 마음의 작용이 또다시 일어나는 경우도 있습니다. 그 마음 또한 사띠해야 하는 대상입니다.

실로, 우리는 지난날에 바보 같은 짓을 많이 했습니다. 자신이 행했던 것들이 생각나면서 이윽고 자신의 약점이 드러납니다. 그것을 바라보는 것이 비록 고통스럽기는 하지만 그것들을 잊어버리기 위해 없애려고 애쓸 필요도 없습니다. 다만 그것들에 대해서 저항하지 않고 그냥 사띠하며 그것을 통하여 공부합니다. 그러면 마음 작용을 알게 되는 찰나가 펼쳐집니다. 마음의 속임수를 적나라하게 보면서, 그것을 통해 바로, 마음을 포함한 어떠한 실체도 거기에는 없으며 현재 진행되고 있는 것은 오로지 현상일 뿐임을 알게 됩니다. 그러므로 이제부터는 생각이 많이 일어난다고 해서 마음을 끓이며 애태우지 마십시오. 오히려 생각이 일어났음을 아는 순간 마음 작용을 알아차리고 관찰하는 절호의 기회로 삼으십시오.

2. 자기 동일화시키지 않고, 객관적인 상황에서 바라보기

사띠빳타나 수행은 몸과 마음의 과정을 자기 동일화하는 것을 극복하는 것입니다. 왜 사람들의 마음은 들끓게 될까요? 그것은 그들이 몸과 마음을 자기 동일시 즉, "이것이 '나'의 몸과 마음이며, '나'는 지금 이렇게 되어 있다"라고 의심 없이 생각하고 있기 때문입니다. 그래서 탐욕, 감각적 욕망, 집착 혹은 좌절, 성냄과 자만, 두려움, 인색함 등이 일어났을 때, 가장 중요한 점은 그것들을 '나'라는 주체가 보는 것이 아니고, 자연적인 현상으로 보는 것입니다. 그렇다고 관념적으로 '나'는 없다는 것을 적용시키려는 것은 또 다른 독소가 될 뿐임을 명심해야 합니다. 그것들을 극복하려고 애쓰지 말고 그냥 사띠하는 것입니다. 그것을 극복하려는 것 자체가 '나'를 관념화하고 있는 결과입니다.

현상들을 '나'의 마음이 아닌 단지 마음의 작용으로 응시하십시오. 그 마음이 '좋든' 혹은 '나쁘든' 단지 그것을 보십시오. 그것은 그 스스로에 의해 일어난 것이 아니고, 일어날 충분한 조건이 있기 때문에 일어난 것임을 보십시오. '본체, 실체, 나, 나의 것'이란 없습니다.

마음이 들끓고 있는 것은 다만 '나'의 또 다른 '현상'일 뿐입니다. 마음이 들끓지 않는다면, 다시 말해서 마음을 지켜볼 때 자기 동일화가 되어 있지 않으면, 그것은 마음이 평온하다는 것을 의미합니다. 수행자는 흥미·조용함·분명함으로 탐욕 등을 지켜볼 수 있습니다. 즉, 무상·고·무아·연기 등의 담마를 보게 됩니다. 자기 동일화가 모든 번뇌를 더욱 강하게 만듭니다.

탐욕·성냄·인색함·두려움·들끓음·미워함·싫어함·시기·질투 등의 불건전한 마음들이 나타나거나, 희열·고요함·삼매·평온·평화스러움 등의 건전한 마음들이 나타났을 때 그것들을 자기 동일화시키지 마십시오. 단지 그냥 그것들로부터 떨어져서 객관적으로 들여다보면, 처음에는 그것들에 집착하는 '나'를 볼 수 있을 것입니다. 그러나 점점 그러한 성향들 혹은 집착하는 마음들이 사라지면서 그 어디에도 '나'가 없음을 확연히 보게 될 것입니다.

우리의 수행이 진전됨에 따라 집착, 욕망, 꿈, 바람들로부터 벗어납니다. 환영에서 깨어남은, 그것이 실망과 관계되었기 때문에 처음에는 고통스러우나 나중에는 마음을 자유롭게 합니다. 그것은 우리를 현실적으로 만듭니다. 인생은 동화가 아닙니다. 환영에서 깨어나기 위해서는 반드시 진실해야 합니다. 진실되기 위해서 우리는 또한 반드시 변화되어야 합니다. 우리는 삶에서 습관적으로 행해 왔던 낡은 허물을 벗어버리고, 보다 의미심장한 새로운 존재로 성장해야 합니다. 낡은 허물을 벗는 것은 항상 고통스럽습니다. 왜냐하면 우리는 새로운 환경에 적응할 수 있을 만큼 충분히 강하지 못하고 매우 상처받기 쉽고 과민하기 때문입니다.

이제는, 수행하는 과정에서 모든 과거의 기억들과 미래에 대한 걱정을 하지 말아야 합니다. 지금, 여기의 순간순간을 사띠하고 사는 것만이 전부입니다. 미래는 담마 그 자체가 돌볼 것입니다.

만일 수행자가 행복해지려고 애를 쓰거나, 행복을 찾아나선다면 행복을 증득할 수 없을 것입니다. 실제로 행복은 초청받지 않아도 찾아옵니다. 왜냐하면 행복이란 고통의 반대편에 있는 실체가 아니고, 속박에서 벗어남 그 자체이기 때문입니다. 나라는 실체의 속박에서 벗어나는 순간, 속박하는 것이 없으므로 행복이라는 실체가 찾아드는 것이 아니라 속박의 상태에서 벗어남, 그 자체가 행복입니다. 행복을 찾는 것을 목적으로 삶을 대하면 행복을 만날 수 없습니다. 그러므로 우리가 삶에서 할 수 있는 최상의 행위는 자기 자신에 대한 수행뿐입니다. 그래야 속박의 고통으로부터 벗어난 삶을 살 수 있습니다.

수행, 이것은 삶의 문제를 해결할 수 있는, 우리가 이 삶에서 해야 하는 전부입니다.

3. 성향

'성향anusaya, 性向'은 '아누사야anusaya'이며, 'anu' + '√śī, seti'로 나누어집니다. 'anu'는 '~ 따라'이며, '√śī, seti'는 '잠재하는', '살다, 행동하다'의 의미입니다. 그러므로 '아누사야'의 의미는 '행동을 따르는 것' 또는 '삶에 잠재하는 것'의 의미로 '성향'이라 번역합니다. 성향은 탐rāgo · 진doso · 치moho 세 가지로 오염의 뿌리이며 족쇄saṃyojana로 발전합니다. 『상윳따 니까야』의 느낌 상윳따vedanāsaṃyutta 「버림경pahānasutta(SN36.3)」에서

> 비구들이여, 이들이 세 가지 느낌이다. 세 가지란 어떠한 것인가? 즐거운 느낌, 괴로운 느낌, 즐겁지도 괴롭지도 않은 느낌이다.
> 비구들이여, 즐거운 느낌의 탐욕의 성향을 버려야 한다. 괴로운 느낌의 성냄의 성향을 버려야 한다. 괴롭지도 즐겁지도 않은 느낌의 무명의 성향을 버려야 한다.
> 비구들이여, 비구는 즐거운 느낌의 탐욕의 성향을 버리고, 괴로운 느낌의 성냄의 성향을 버리고, 괴롭지도 즐겁지도 않은 느낌의 무명의 성향을 버린다. 이것을 이르기를, 비구들이여, 그 비구는 탐욕의 성향을 버리고, 갈애를 부수고, 족쇄를 자르고, 바르게 자만을 꿰뚫어, 괴로움의 끝에 도달한 '바르게 보는 자'라 한다.

> 즐거움을 느끼는 자는 느낌을 통찰하지 않으므로

그는 탐욕의 성향이 있으며 벗어남을 보지 못하네.
괴로움을 느끼는 자는 느낌을 통찰하지 못하므로
성냄의 성향이 있으며 벗어남을 보지 못하네.
괴롭지도 즐겁지도 않은 느낌이 있으니 광대한 반야로 가르치네.
그것을 즐기면 결코 괴로움에서 벗어나지 못하리.

비구가 실로 열렬히 분명히 통찰하여 소홀하지 않으면
그는 그것으로부터 모든 느낌을 완전히 통달한 현자이다.
모든 느낌을 완전히 통달하여 바로 지금 여기에서 번뇌가 다하여, 몸이 부서질 때 담마에 머물러 형성됨이 오지 않는 '지혜로운 이vedagū'이리.[61]

위의 경전에서 보듯이 세 종류의 느낌이 있고, 각각 세 가지 성향, 즉 ① 즐거운 느낌에는 탐욕의 성향rāgānusayo, ② 괴로운 느낌에는 성냄의 성향paṭighānusayo, ③ 괴롭지도 즐겁지도 않은 느낌에는 무명의 성향avijjānusayo이 일어납니다. 감각기관이 대상과 접촉하여 느낌이 일어나고, '괴롭다·즐겁다·괴롭지도 즐겁지도 않다'고 인식합니다. 그 다음 순간 감각적·정서적 요소들이 첨가되고, 나아가 의지의 요소가 첨가되면 비로소 감각적인 욕망이 일어나며 집착·애정·싫음·미움·혐오·두려움·불안과 초조 또는 왜곡된 견해 따위가 생겨나게 됩니다. 이렇게 느낌으로부터 파생된 마음의 현상들을 '성향anusaya, 性向'이라 하며 위에서 말한 세 가지 성향 또는 더 나아가 일곱 가지 성향으로 분석합니다.[62]

좀 더 구체적으로 말하자면, 마음에서 일어나고 사라지는 탐욕lobha · 성냄dosa · 미혹moha · 자만mana · 질투issa · 인색macchariya · 걱정kukkucca 등과 사띠sati · 삼매samādhi · 반야pañña · 자비metta · 연민karuṇa 등을 분명히 통찰하는 것이 깨달음에 도달하려는 것 혹은 어떤 번뇌를 제거하려는 것보다 더 중요합니다. 이것들을 매우 분명하게 볼 때, 어떤 상황일지라도 마음의 불건전한 상태를 지닐 가치가 없다는 것을 이해하게 될 것입니다. 분명한 통찰이 가능하게 되면, 극복은 뒤에 자연스럽게 따라오는 것이기 때문입니다.

수행에 대한 외면적인 순응은, 깊고 지속적인 결과를 가져오지는 않습니다. 수행자가 명심해야 할 것은 감각기관의 모든 경험에 대한 마음의 반응을 이해하는 것입니다. 집착·감각적 욕망·탐욕·두려움·인색함 들이 괴로움dukkha, 苦의 근원이며, 그것들로부터 벗어나는 가장 유용한 길은 그 현상을 사띠하는 것이라는 데 의심의 여지가 없습니다. 탐욕이 작용할 때 그것을 사띠하지 않으면 탐욕을 이해할 수 없습니다.

마음의 부정적인 면, 즉 불건전한 성향이 일어났을 때 그것 자체의 모든 것을 사띠해야 합니다. 자신의 불건전한 성향들을 억제하려는 것은 근본적인 해결책이 될 수 없을 뿐만 아니라 그렇게 유용하지도 않습니다. 탐욕의 불길에서 자유롭게 되는 길은 탐욕, 그 자체를 깊이 이해하는 것이 가장 적극적인 방법이며, 가장 근원적인 해결책입니다. 그것을 이해하기 위해서는 먼저 그것이 일어났을 때 몸과 마음에 어떤 영향을 끼치는가를 분명하게 사띠하는 것이 우선이라는 것을 명심해야 합니다. 그것들이 몸과 마음에 끼치는 영향들이 보이기 시작하면, 그것들이 다양한 형태로 자기 자신을 속이는 적나라한 상황들을 경험하게 될 것입니다. 우리는 자신의 내부에 도사리고 있는 것이 진정 무엇인가를 분명히 알고 무엇을 해야 합니다. 우리 자신이 불편한 상황에 놓여 있는 채 다른 사람을 돕는다는 것은 나와 다른 이들을 오히려 해롭게 할 뿐입니다. 그러므로 우리는 먼저 자기 자신을 알고, 이해해야 합니다.

4. 자기 정당화, 합리화, 자기 학대

수행자의 자존감을 여지없이 무너뜨리는 불건전한 성향들이 일어났을 때, 대개의 경우 수행자는 순간적으로 자신에 대해 놀라고 비관합니다. 그리고는 그것을 보는 것으로부터 도망가려 합니다. 혹은 전광석화와 같이 적절한 구실을 마련하여 자신을 정당화 또는 합리화시키거나, 아니면 그것을 비관하며 자신을 구타합니다.

이런 경우, 사실은 그때가 자신의 가장 근원적인 문젯거리에서 벗어날 수 있는 거의 유일한 기회라는 사실을 명심해야 합니다. 이때가 수행의 가장 핵심적인 면을 이해할 수 있는 시기입니다. 그러므로 그것으로부터 해답을 끌어내는 것을 배워야 하는 절호의 기회를 놓쳐서는 안 됩니다. 우리는 그런 문제에 대해 불평하거나, 피하지도 말고, 자신을 정당화시키려 하거나 그것에 상심하지 말고, 용기를 가지고 정직하게 그것을 관찰해야 합니다. 그렇게만 할 수 있다면 수행의 핵심적인 성숙을 얻을 수 있을 것입니다.

또한 수행자의 마음이 달라지기를 원함이 없이, 어떤 저항도 없이 그것을 밀착하여 볼 수 있다면, 그것이 수행자의 족쇄를 풀어 주어 오히려 매우 빨리 그리고 쉽게 그것을 극복하게 될 것이며, 수행자는 삶의 의미 있는 성장을 할 수 있을 것입니다. 그러나 단지 족쇄를 풀기 위하여 수행을 하지는 말아야 합니다. 왜냐하면 그것은 마음의 충돌을 일으킬 뿐이기 때문입니다. 그런 상황에서 빨리 벗어나고자 하는 것 또한 자아에 대한 집착의 한 형태입니다. 집착이 있는 한 담마를 볼 수는 없습니다.

단지 수행자가 죄의식 없이, 그것에 대하여 어떤 것을 하려는 의도 없이, 마음을 기꺼이 볼 때만이 그것을 분명하게 알 수 있습니다. 그 때 그것들이 드러나 분명하게 되기 때문에, 힘을 잃어버리게 됩니다.

그럼에도 불구하고 우리의 약점이 현상으로 나타나면 우리는 대개 그것을 피하거나 혹은 자기 합리화로 자신을 방어하려고 합니다. 다시 말하면 마음은 자신을 무너지지 않게 하려고, 자기를 격상시켜 놓은 곳에서 원래 자기가 있는 곳으로 떨어지지 않게 하려고 자기 합리화·정당화라는 속임수를 쓰거나 그것으로부터 순간적으로 회피하여 버립니다. 이것이 바로 마음의 속임수입니다. 그 마음의 속임수와 회피에 굴복하면 우리는 영원히 자기 약점에 대한 이해를 할 수 없습니다. 그러면 우리의 삶에 대한 이해는 불가능하게 됩니다.

자기 방어를 위한 합리화는 우리의 약점(자기 속임)에 대해 완전히 눈이 멀도록 만듭니다. 자신의 약점을 보는 것은 분명히 고통스러운 일입니다. 그러나 자기 약점에 대한 분명한 이해 없이 삶에 대한 이해, 인생의 성숙, 삶의 깊은 의미를 갖는 것은 불가능합니다. 그러므로 그때가 자신의 마음에 대한 본래의 성품을 볼 수 있는 절호의 기회임을 상기하고, 그것을 아무 조작 없이 정직하게 그냥 사띠하는 것만이 우리의 깊은 문제를 해결할 수 있는 최상의 방법이라는 것을 다시 한번 명심하십시오.

사람들은 성냄에서 일반적으로 완전하게 벗어날 수 없습니다. 적당한 이유만 있으면 그것은 전광석화와 같이 찾아듭니다. 우리가 할 수 있는 모든 것은 그것을 조정하는 것이 아니라, 성냄이 일어났음을 알아차려서 분명하게 보는 것입니다. 수행자가 화를 내어 언짢아하고 있을 때, 자신을 얼마나 상하게 하는지를 본 적이 있습니까? 자신이 자신을 상하게 하고 있다는 사실을 확연하게 들여다보면, 수행자는 어떤 것에도 언짢아할 가치가 없다는 것을 확실히 알 수 있을 것입니다. 사띠하십시오. 성냄을 단지 있는 그대로 보십시오. 우리는 화를 내고 언짢아하는 것에 이미 길들여져 있습니다.

단지 마음의 상태를 있는 그대로 아는 것으로 충분합니다. 만일 수행자가 더 이상의 어떤 것을 하려고 애쓴다면 수행자는 더욱 좌절해버리는 것으로 끝날 것입니다. 조절하지 마십시오. 사띠빳타나 수행에서 그것이 전부입니다. 결코 그 이상의 것이 아닙니다.

대부분의 사람들은 잘못을 저지릅니다. 그리고 나서 그것을 잊어버리기를 마음속으로 간절히 원합니다. 특히 사랑, 존경, 헌신, 경의, 통찰 등과 같은 삶의 바람직한 가치를 느끼는 것을 억제합니다. 그러나 우리는 우리 자신을 용서해야 합니다. 다만 중요한 것은 우리의 실수로부터 마음 작용 또는 '나'라는 것의 정체에 대해 공부를 하고, 담마에 대한 이해를 통해 그것을 되풀이하지 않으려고 최선을 다하는 것입니다.

그런데 사실은, 비록 사띠가 자신을 위해 할 수 있는 최상의 것임을 알고 있다고 할지라도, 우리는 자주 흐트러져 있습니다. 우리는 자극적인 것을 원합니다. 수행자는 마음이 무엇을 하는가를 지켜보아야 합니다. 만일 수행자가 자신의 마음을 이해한다면 문제의 대부분은 사라질 것입니다. 왜냐하면 대부분의 문제는 자신의 마음이 만들기 때문입니다. 수행자가 할 수 있는 최상의 것은 자신의 마음 상태를 있는 그대로 받아들여 인정하고 사띠하는 것뿐입니다.

여기서 명심해야 할 것은 수행자가 욕망·성냄·좌절·걱정·불안 등등 때문에 부조화스러운 상태이면, 수행자는 반응과 동요와 싫음 때문에 그것을 보지 못하게 됩니다. 분명하게 보지 못함, 그것 또한 사띠해야 합니다. 정확한 대상을 사띠하지 못함을 알아야 합니다. 이것은 '사띠의 사띠'라 할 수 있습니다.

5. 지루함

마음은 항상 변화와 감각적 자극을 원합니다. 그것의 결과로 지루함이 나타나는 것입니다. 지루함은 커다란 문제입니다. 그것은 대부분의 사람들이 겪고 있는, 삶의 심각한 문젯거리입니다. 우리는 끊임없이 자극을 쫓아다니며 삶을 집착의 성향으로 몰아갑니다. 우리는 삶 속에서 얼마나 쉽게 지루해하고 있는가를 보아야 합니다.

지루함을 사띠하는 것 외에 어떤 것도 행함이 없이 살 수 있습니까? 생활 속에서 아무것도 하지 않는다는 것은 실제로 쉽지 않습니다. 아무것도 하지 않을 때 마음에 어떤 일이 일어납니까? 그것을 주의 깊게 관찰해 본 적이 있습니까? 지루함은 참을 수 없습니다. 대개의 경우, 아무것도 하지 않는 것은 삶의 의미도 없고 공허하다고 생각하며 무엇인가 역할을 해야 삶의 의미와 보람이 있다고 생각합니다. 뿐만 아니라 바쁠 때, 우리는 무엇인가 되어가는 것처럼 느낍니다. 그래서 바쁘게 사는 것, 그 자체를 매우 의미있게 살고 있는 것으로 생각합니다. 우리가 아무것도 하지 않을 때는 자신이 유용한 존재가 아닌 것처럼 느끼며 그것을 부끄러워합니다. 하물며 어떤 이들은 바쁜 것을 뽐내기조차 합니다.

마음속에는 항상 지루함이 있습니다. 우리는 이 지루함에서 벗어나기 위해서 많은 말을 하고, 독서·오락·음주·여행·스포츠, 심지어는 도박 등의 흥분되고 자극적인 것을 탐닉하기도 합니다. 만일 그러한 자극적인 것 없이, 항상 깨어 있도록 마음을 훈련할 수 있다면, 수행자는 새로운 종류의 마음의 상태를 발견할 수 있을 것입니다. 사실, 지루함으로부터 도망하는 대신에, 지루함을 통해 일을 할 수 있다면 수행자는 깨어 있음, 방심하지 않음, 의미심장한 삶, 평온 등을 발견할 수 있을 것입니다. 그러면 마음은 성숙됩니다. 아무것도 하지 않음은 '나'로부터 벗어난 마음의 상태입니다. 실로, 우리는 아무것도 하지 않고도 지루해하지 않고 깨어 있는 행복을 배워야 합니다. 이것이 사띠빳타나 수행으로 실현시킬 수 있는 최상의 방법입니다.

6. 자만과 오만

여러분들이 열심히 수행하여 기쁨과 환희를 경험하게 될 때 반작용으로 '마라māra, 魔羅'[63]가 일어남을 명심해야 합니다. 때때로 "나는 불법을 수행하고 있으며, 진리 체계에 대한 담마를 안다"고 생각하게 되는 경향이 있습니다. 그로 인해 독선, 독단적인 견해를 지닐 수 있다는 것을 사띠하지 않는다면, 그것은 또다시 자만이 될 것입니다. 자만은 마라의 무기입니다. 수행자의 마음 안에 자만이 있을 때, 그것을 분명하게 보아야 합니다. 자만과 오만을 분명하게 보는 것은 너무나 중요합니다. 나머지는 그것 자체로 해결될 것입니다.

그러나 겸손하려고 의도적으로 애쓰지는 마십시오. 그것은 겸손을 강제시킬 뿐입니다. 단지 자만을 사띠하는 것이 우리가 해야 하는 전부입니다. 만일 수행자가 마음을 분명하게 보기만 하면 겸손을 수행하고 있다는 느낌이 들지 않은 채로, 자연적으로 겸허해질 것입니다. 수행자는 의도적으로 연습하지 않고도 점점 덜 자만하게 될 것입니다. 여기에서도 사띠하는 것이 바른 공부 방법입니다.

'답을 알았다는 자만은 나를 눈멀게 합니다.' 사띠가 향상될수록 통증·불행·어리석음 등에 더욱 민감해집니다. 그래서 수행자는 쉽게 짜증스러워하며 다른 수행자들이 스스로의 불선한 마음 상태를 통찰하지 못하는 것을 비웃기도 합니다. 또한 그는 담마에 대하여 감사할 줄 모르며, 다른 수행자들을 의도적으로 적대하는 것에 스스로 서글픔을 느낄지도 모릅니다. 이러한 일들이 상가saṃgha에서 일어나기도 합니다.

가끔 사람들은 수행자들이 다른 사람들과의 관계에서 그 전보다 쉽게 짜증스러워하고, 관용적이지 못한 점에 대해서 묻습니다. 수행자는 이제는 무의미한 화젯거리를 얘기하면서 시간을 낭비하기를 원치 않습니다. 전에는 그들도 무의미한 화제를 통한 시간 죽이기, 정치 얘기를 즐겼습니다. 그러나 이제 수행자들은 그런 것들이 무의미하다는 것을 알고 있습니다. 그래서 그것을 관용할 수가 없습니다. 상대방이 그것을 눈치채지 못할 때는 마음이 불편하고 언짢아지기도 합니다.

그러므로 수행자는 그런 종류의 마음 상태를 주의 깊게 통찰해야 합니다. 더욱 주의할 것은 그러한 마음상태가 바로, 슬그머니 자만과 오만으로 나아가게 되므로 이 점을 매우 경계해야 합니다. 그러기 위해서 사람들을 이해하고 그들을 용서하려 애쓰며 자비심metta을 계발하려 노력해야 합니다.

7. 들끓음과 고요함

마음의 들끓음은 탐욕과 집착의 또 다른 얼굴입니다. 어떤 종류의 들끓음이 일어났을 때, 그것의 이면에는 탐욕이 도사려 있습니다. 탐욕은 대단한 마술가입니다. 그것이 여러 가지 마음의 상태를 만들어내는 광경을 공부해야 합니다. 마음은 너무나 속임수를 쓰므로 우리는 그것을 마술가의 환상으로 보지 못하고, '나'로 보고 있습니다. 마음의 들끓음 내면에는 강한 '자아'가 도사리고 있음을 볼 수 있을 때 수행은 무르익을 것입니다.

고요함은 들뜸의 반대이며 마음이 분명해지도록 돕습니다. 고요함은 마음을 신선하게 하고 그래서 사띠빳타나 수행에 도움을 줍니다. 순간순간의 사띠가 삼매가 됩니다. 삼매의 지속은 분명히 고요함으로 이끌고 갈 것입니다. 그러한 삼매의 고요함 속에서만 현상들의 적나라한 성품들이 드러난다는 것을 명심해야 합니다. 다시 말하면 깊은 삼매에서만 담마를 볼 수 있습니다. 그러나 고요함에 집착하는 것에 주의해야 합니다. 집착은 무조건적으로 위험한 성향입니다. 우리는 바로 그 집착을 없애버리기 위해서 수행을 합니다. 집착이 있는 한 담마를 볼 수 없습니다. 여기서 선행도 집착으로 하면 안 됩니다.

즉 '선업도 업일 뿐이다'라는 사실을 발견할 수 있을 것입니다.

8. 의존적 관계성

우리가 자신의 몸과 마음, 또는 삶 속에서 어떤 일이 일어났음을 분명히 알고 들여다보면 그것들은 하나의 문젯거리로 거기에 있는 것이 아니라 다른 여러 요소들에 의해 조건 지어져 일어남을 알 수 있습니다. 수행의 실제에서 어떤 현상이 일어나서 그것을 관찰할 때, 그 현상은 단독으로 일어난 것이 아니라 정신과 물질의 여러 요소들이 원인과 결과의 관계를 이루며 조건 지어져 일어난 것임을 확연하게 보아야 합니다. 이것이 보이면 자연적으로 그것의 결과로 나타난 사라짐도 보게 될 것입니다. 그러면 존재가 실재적으로 영속하는 본체가 아니라 조건 지어져 일어나는 현상의 흐름이라는 것을 알게 되며, '무아'를 깨닫게 될 것입니다.

6장_

사띠빳타나 수행의 실제 Ⅳ

1. 다섯 가지 장애pañca nivaraṇa, 五蓋

수행을 가로막는 다섯 가지 장애가 있습니다. 이들을 특히 장애라 부르는 이유는 마음을 덮거나 방해하여 수행의 진전을 가로막기 때문입니다. 경전에서는 다섯 가지 장애가 "마음을 오염시키고 반야를 약화시킨다[64]"고 하였습니다. 다섯 가지 장애는 감각적 욕망에 대한 열의kāmacchanda, 악의byāpāda, 惡意, 해태와 혼침thinamiddha, 懈怠·惛沈, 들뜸과 회한uddhaccakukkucca, 悼擧·惡作, 회의적 의심vicikicchā, 疑입니다. 『앙굿따라 니까야』 다섯의 모음 중 「방해경āvaraṇasutta(AN5.51)」에는 다음과 같이 언급하고 있습니다.

여기 마음에 자라나 반야를 무디게 하는 다섯 가지 방해, 장애들이 있으니 이들 다섯 가지가 무엇인가?

감각적 욕망에 대한 열의가 마음에 자라나 반야를 무디게 하는 한 가지 방해, 장애요, 악의가 ~, 해태와 혼침이 ~, 들뜸과 회한이 ~, 회의적 의심이 마음에 자라나 반야를 무디게 하는 것이다.

이들 다섯 가지를 극복하지 못하고는, 그토록 미약한 반야를 가진 비구로서는 자신의 진정한 행복을 알지 못할 것이며, 수승한 성취의 초인적 경지 즉, 성자의 지위를 성취케 할 지견을 이룰 수 없을 것이다.

그러나 만약 어떤 비구가 반야를 무디게 하는 이들 다섯 가지 방해, 장애, 마음의 웃자람을 극복했다면 그는 비로소 강한 반야로 자신의 진정한 행복과 남들의 행복, 그리고 자신과 남들의 행복을 알 수 있을 것이고, 또한 수승한 성취를 이룬 초인적 경지 즉, 성자의 지위를 성취케 할 지견을 이룰 수 있을 것이다.[65]

세존께서는 『디가 니까야』의 「사문의 열매경Sāmaññaphalasutta(DN2)」에서, 세계에 대한 탐욕은 빚과 같고, 악의는 질병과 같으며, 해태와 혼침은 죄수와 같고, 들뜸과 회한은 노예와 같고, 회의적 의심은 사막에서 길을 잃어버림과 같으며, 장애들에서 해방되는 것은 빚에서 자유로워져 건강한 상태로 감옥에서 나와 노예상태에서 벗어나 안전한 장소에 도달하는 것[66]으로 비유하셨습니다.

『앙굿따라 니까야』의 「오염경Upakkilesasutta(AN5.23)」에서는 다섯 가지 장애를 다섯 가지 불순물이 섞인 금에 비유하였습니다.

여기 금 가운데 다섯 가지 불순물이 있으니 그것들과 섞여 조악해진 금은 유연하지 않아서 다루기 어렵고, 광택이 나지 않으며, 쉽게 부스러져 정교하게 세공할 수 없다. 다섯 가지 불순물이란 무엇인가? 철, 구리, 주석, 납 그리고 은이다.

그러나 만약 금에서 이들 불순물을 제거해 내면 그 금은 유연하여 다루기 쉽고, 광택이 나며, 단단하여 정교하게 세공할 수 있으니 그 금으로는 왕관, 귀걸이, 목걸이, 또는 금줄 등 어떤 장신구라도 만들고 싶은 대로 만들 수 있을 것이다.

마찬가지로 마음 가운데 다섯 가지 불순물이 있으니, 그것들이 섞여 조악해진 마음은 유연하지 않아서 제어하기 어렵고, 밝은 광채도, 단단함도 없어져 번뇌를 멸해 바른 삼매에 들 수 없다. 다섯이란 무엇인가? 감각적 욕망에 대한 열의, 악의, 해태와 혼침, 들뜸과 회한 그리고 회의적 의심이다.

그러나 만약 마음에서 이들 다섯 가지 불순물을 제거해 내면, 그 마음은 유연하여 제어하기 쉽고, 밝은 광채와 굳건함을 지닐 것이며 번뇌를 멸해 바른 삼매에 들 수 있게 되리라. 그러면 신통을 실현하는 abhiññāsacchikaraṇīyassa 담마에 의하여 신통을 실현함이라는 마음을 향하며, 기억의 장소sati āyatane에서 사띠하여 그런 눈앞의 능력sakkhibhabbata을 성취한다.[67]

이러한 다섯 가지 장애는 일상생활 속에서 부단하게 없애려고 노력하지 않는다면 수행의 진전을 얻기가 어려울 것입니다. 그러면 다섯 가지 장애의 각각에 대하여 자세하게 살펴보겠습니다.

1) 감각적 욕망에 대한 열의kāmacchanda

감각적 욕망에 대한 열의의 비유

『맛지마 니까야』의 「뱀에 대한 비유경Alagaddūpamasuttaṃ(MN22)」에서 비구 아릿타는 "내가 세존의 가르침을 이해하기로, 세존께서 장애antarāyikā dhammā라고 설한 것들도 그것들을 사용하는paṭisevato 이에게는 장애가 되지 않는다"라는 사견이 생겨서 감각적 욕망을 장애라고 생각하지 않게 되었습니다. 이에 세존께서는 감각적 욕망에 대해 다음과 같이 말씀하셨습니다.

> 여러 가지 가르침으로 나는 장애가 되는 것들이 어떻게 장애가 되는가와 그것들을 사용하는 자에게도 어떻게 장애가 되는가에 대해 설했다. 나는 감각적 욕망에는 즐거움은 적고 괴로움과 근심이 많으며 재난은 더욱 많다고 설했다. 또한 나는 해골의 비유로 감각적 욕망에 관해 설했고, 고깃덩어리의 비유로 ~, 건초횃불의 비유로 ~, 숯불구덩이의 비유로 ~, 꿈의 비유로 ~, 빌린 물건의 비유로 ~, 나무열매의 비유로 ~, 도살장의 비유로 ~, 칼과 창의 비유로 ~, 뱀머리의 비유로 설했는데,[68] 감각적 욕망에는 즐거움은 적고 괴로움이 많고 근심이 많으며, 재난은 더욱 많다고 설했다. 그런데 이 독수리 조련사였던 비구 아릿타는 스스로 잘못 파악함으로써 우리를 잘못 대변하고 자신을 해치고 많

> 은 해악을 쌓는다. 그것은 실로 오랫동안 그를 불이익과 고통으로 이끌 것이다. 비구들이여, 그는 실로 다른 어떤 감각적 욕망으로, 다른 어떤 감각적 욕망에 대한 산냐로, 다른 어떤 감각적 욕망에 대한 위딱까로 감각적 욕망을 사용하려 하는[paṭisevissati] 것은 불가능하다.

위의 내용에서 알 수 있듯이 감각적 욕망은 수행의 최대 장애입니다. 이것을 극복하지 않고는 수행은 결코 한 걸음도 나아갈 수 없습니다. 감각적 욕망에는 두 가지가 있습니다. 하나는 대상에 대한 욕망이며 다른 하나는 감각, 그 자체에 대한 욕망입니다.

그런데 대부분의 사람들은 대상을 좋아하며 집착하고 있을 때, 대상 그 자체를 좋아하고 있다고 생각합니다. 그런데 실제로는 대상을 좋아하기 이전에 감각 그 자체에 대한 강한 집착이 먼저 일어남을 지나치고 있습니다. 그러므로 감각적 욕망이 일어났을 때 감각 그 자체의 집착에 대한 관찰을 놓치면 안 됩니다. 그리고 감각 그 자체, 대상 그리고 좋아하는 마음 등의 관계에 대한 구조적인 내면을 관찰하여야만 합니다.

『상윳따 니까야[Saṃyutta Nikāya]』의 「상가라와경[Saṅgāravasutta(SN46.55)]」에서는 감각적 욕망을 감각적 욕망에 대한 집착[kāmarāga]으로 표현하고 있습니다. 감각적 욕망이라는 일반적인 표현과 더 구체적인 표현인 감각적 욕망에 대한 열의[kāmacchanda]와 감각적 욕망에 대한 집착은 서로 구별됩니다. 감각적 욕망에 대한 열의는 감각적 욕망[kāma]과 열의[chanda]의 합성어인데, 열의는 행위를 시작할 때의 의지나 욕구를 뜻하며 마음이 대상을 인식하는 과정에서 대상을 탐색하거나 마음이 대상을 붙잡기 위해 손을 내밀 때 확장된 손의 역할을 합니다.

그러므로 감각적 욕망에 대한 열의는 감각적 대상을 향하거나 그것을 즐기기 위하여 일어나는 의지나 욕구를 의미하며, 감각적 욕망에 대한 집착은 이러한 감각적 욕망에 대한 열의가 진행되어 이미 대상에 붙어버린 것을 의미합니다. 감각적 욕망에 대한 열의는 아나함의 단계에서 버려지는 장애입니다. 아나함에게 감각대상이 나타나 마음이 그 대상으로 향하면 아나함은 그것을 바로 알고 보아 감각적 욕망에 대한 열의가 더 이상 진행되지 않고 그 대상으로 향했던 마음이 버려지므로 감각적 욕망의 대상이나 감각적 만족에 탐착함이란 있을 수 없습니다.

「상가라와경」에서는 이 감각적 욕망에 대한 집착을 여러 색깔의 염료가 가득 섞인 물이 담긴 그릇에, 악의는 불에 의해 끓고 있는 물이 담긴 그릇에, 해태와 혼침은 이끼가 덮인 물이 담긴 그릇에, 들뜸과 회한은 바람에 물결치는 물이 담긴 그릇에, 회의적 의심은 진흙으로 혼탁해진 물이 담긴 그릇에 비유하고 있습니다. 또 감각적 욕망에 대한 집착의 위험을 다음과 같은 비유를 들어 설명하고 있습니다.

> 여기 통 속에 빨강, 노랑, 파랑, 적황색의 염료가 섞인 물이 가득 담긴 그릇이 있다면 정상적인 시력을 가진 사람이 그곳을 들여다본다 해도 거기에 비친 자신의 얼굴을 제대로 알아볼 수 없으리라. 마찬가지로 어떤 이의 마음이 감각적 욕망에 대한 집착에 사로잡히고 감각적 욕망에

대한 집착에 짓눌려 있을 때는 이미 일어난 욕망으로부터 벗어날 길을 제대로 볼 수 없나니, 이리하여 그는 자신의 이익을 있는 그대로 알지 못하고 보지 못하고, 남의 이익도 있는 그대로 알지 못하고 보지 못하고, 둘 모두의 이익도 있는 그대로 알지 못하고 보지 못한다. 또한 오랫동안 새겨둔 가르침도 제대로 상기하지 못하거늘 하물며 새겨 두지 않은 것들이랴.[69]

감각적 욕망에 대한 열의에서 벗어나기 위한 수행

감각적 욕망에 대한 열의에서 벗어나기 위해서는 다음과 같은 사항들이 도움을 줍니다.

① 부정관asūbha-bhāvana을 배워 전념함: 신체의 혐오스러움에 대한 수행을 말합니다.

② 감각기관을 잘 단속함: 수행 중에는 특히 감각기관의 자극을 불러 올 어떠한 구실도 만들지 않도록 노력해야 합니다.

③ 식사의 절제: 『니까야』의 많은 부분에서 음식을 먹을 때 절제와 적절한 고찰을 해야 함을 말씀하고 계십니다. 경전의 인용구는 음식의 절제를 말씀하시는 전형적인 구절입니다.

여기 고귀한 제자는 어떻게 음식을 절제하는가? 이에 고귀한 제자는 지혜롭게 숙고하여 음식을 얻는다. 즉, 즐기기 위함이나 탐닉을 위함이나 몸을 윤택하게 만들거나 몸을 가꾸기 위해서가 아니라, 오로지 이 몸을 유지하기 위해서, 위해를 피하고 범행brahmacariya, 梵行을 계속하기 위해서 음식을 취할 뿐이다. 지나간 느낌을 버리고 새로운 느낌이 일어나지 못하게 하리라. 이와 같이 닦아 허물없이 평화롭게 지내리라.[70)]

음식을 먹는 행위에는 욕망이 감추어져 있습니다. 음식을 먹을 때는, 먹고 싶은 욕망, 씹는 행위, 삼키려는 의도, 삼키는 행위, 음식 고유의 맛과 맛의 요소에 대한 것을 주제로 하여 관찰하여야 합니다.

④ 훌륭한 도반(또는 선지식): 여기서 도반이란 경험이 풍부하고, 모범이 되며, 감각적 욕망을 극복하는 데, 특히 부정관을 닦는 데 도움이 될 수 있는 도반을 말합니다. 그러나 일반적으로 고매한 교우 관계에도 역시 적용됩니다. 『상윳따 니까야』의 「절반경upaḍḍhasutta(SN45.2)」을 보겠습니다.

> "세존이시여, 선우kalyāṇamittatā, 善友, 선우와 사귐kalyāṇasahāyatā, 선우와 친근함kalyāṇasampavaṅkatā, 이들은 범행brahmacariya, 梵行의 절반upaḍḍha인 것 같습니다."
> "아난다여, 선우, 선우와 사귐, 선우와의 친근함은 실은 범행의 전부sakala이다. 아난다여, 선우, 선우와 사귐, 선우와의 친근함을 가진 비구는 성스러운 8정도를 닦을 것이고 증장시킬 것이다."[71)]

⑤ 적절한 대화: 여기서는 감각적 욕망의 극복, 특히 부정관을 언급하고 있지만, 8정도로 나아가는 데 도움이 되는 대화를 말합니다. 수행 중에는 법에 관한 내용 외의 어떠한 대화도 피하며 묵언으로 일관해야 합니다.

2) 악의byāpāda, 惡意

세존께서는 『상윳따 니까야』의 「상가라와경」에서 다음과 같이 악의에 대한 위험성을 비유를 들어 설하고 있습니다.

> 여기 불 땐 솥에 물이 펄펄 끓고 있다면, 정상적인 시력을 가진 사람이 그 속을 들여다보더라도 거기 비친 자기 얼굴을 제대로 알아볼 수 없으리라. 마찬가지로, 어떤 이의 마음이 악의에 차 짓눌려 있을 때 그는 이미 일어난 악의에서 벗어날 길을 제대로 볼 수 없나니, 그리되면 그는 자신의 이익을 있는 그대로 알지 못하고 보지 못하고, 남의 이익도 있는 그대로 알지 못하고 보지 못하고, 둘 모두의 이익도 있는 그대로 알지 못하고 보지 못한다. 또한 이미 오래 전부터 마음에 새겨 둔 가르침도 상기하지 못하거늘 하물며 새겨 두지 않은 것들이랴.[72]

대상에 대하여 악의를 품고 있으면 그것은 반드시 성냄으로 연결되어 마음은 평온을 떠나게 됩니다. 이 경우 다음과 같이 생각해 보아야 한다고 경전은 가르치고 있습니다.

> 남에게 화를 내어 그를 어떻게 하겠다는 것인가? 그 사람의 덕과 좋은 자질들이 그 때문에 손상을 입을 것 같은가? 그대 스스로의 행위로 지금의 상태로 왔고, 앞으로도 수행자의 행위에 따라 그리 될 것이 아닌가. 남에게 화를 내는 것은 마치 이글거리는 숯덩어리, 달구어진 쇠몽

> 둥이 혹은 똥을 집어 드는 꼴이구나. 마찬가지로 누군가가 너에게 화를 낸들 그 역시 너를 어떻게 할 것인가? 그 사람이 너의 덕이나 좋은 자질들을 부술 수 있는가? 그 역시 스스로의 행위에 의해 지금 그리 되었고, 앞으로도 행위한 대로 그리 되어갈 것이다. 마치 받아들이지 않은 선물이나, 바람을 향해 던진 한 줌 먼지와 같이 그 사람의 노여움도 되돌아가서 제 머리에 떨어지고 말 것을.[73)]

또한 『맛지마 니까야』의 「라훌라에 대한 가르침의 큰경mahārāhulovāda sutta(MN62)」에서는 악의와 성냄을 다스리기 위해서는 4무량심을 닦을 것을 권하고 있습니다.

> 라훌라여, 자비metta를 닦는 수행을 하라. 자비를 닦음으로써 악의byāpādo가 버려질 것이다. 라훌라여, 연민karuṇa을 닦는 수행을 하라. 연민을 닦음으로써 짜증냄vihesā이 버려질 것이다. 라훌라여, 더불어 기뻐함muditaṃ을 닦는 수행을 하라. 더불어 기뻐함을 닦음으로써 불만arati이 버려질 것이다. 평온upekkha을 닦는 수행을 하라. 평온을 닦음으로써 성냄patigha이 버려질 것이다.[74)]

4무량심은 각각 하나의 독립된 선정의 성취를 위한 명상 주제이며 특히 성내는 기질을 가진 수행자들이 닦아야 할 수행 주제입니다. 각 주제의 선정의 성취 수준은 차이가 있는데, 자비·연민·더불어 기뻐함은 색계 3선까지 성취할 수 있으며, 평온을 닦는 수행자는 색계

4선까지 성취할 수 있습니다. 자비를 닦는 수행은 「자비경metta sutta」 독송과 함께 널리 알려진 대표적인 수행법입니다.

4무량심과 관련하여 주의해야 할 사항은 4무량심 각각의 대상에 제한이 있다는 것입니다. 즉 자비와 연민, 그리고 더불어 기뻐함을 닦는 수행자는 이성異性과 죽은 자를 대상으로 닦아서는 안 됩니다. 여기서 더불어 기뻐함mudita이란 마치 좋아하는 이를 보면 즐거워하는 것과 같이 모든 중생에 대하여 더불어 기뻐하는 마음을 차례차례 각 방향으로 가득 채우며 닦습니다. 평온의 마음은 수행 중 색계 4선정을 성취한 이는 뚜렷하게 경험하게 되는데, 4무량심을 닦는 수행과 관련해서는 다른 4무량심, 즉 자비·연민·더불어 기뻐함으로 색계 3선까지 성취한 다음 색계 3선의 결함을 보고 거기서 빠져나와 무관한 이를 대상으로 평온한 마음을 일으켜 색계 4선인 평온의 마음을 성취합니다.

3) 해태와 혼침thinamiddha, 懈怠·惛沈

세존께서는 『상윳따 니까야』의 「상가라와경」에서 다음과 같이 해태와 혼침에 대한 위험성을 비유를 들어 설하십니다.

> 여기 이끼와 풀로 덮인 물이 가득 담긴 그릇이 있다면 정상적인 시력을 가진 사람이라도 거기 비친 자기 얼굴을 제대로 알아볼 수 없을 것이다. 마찬가지로, 어떤 사람의 마음이 해태와 혼침에 사로잡혀 짓눌려

있을 때, 그는 이미 일어난 해태와 혼침으로부터 벗어날 길을 제대로 볼 수 없으니, 이리하여 그는 자신의 이익을 있는 그대로 알지 못하고 보지 못하고, 남의 이익도 있는 그대로 알지 못하고 보지 못하고, 둘 모두의 이익도 있는 그대로 알지 못하고 보지 못한다. 또한 이미 오래 전에 마음에 새겨둔 가르침도 상기하지 못하거늘 하물며 새기지 않은 것들이랴.[75)]

특히 혼침은 수행에서 최대의 적입니다. 수행자가 놀고 있어도 사띠가 확립되어 있으면, 그것은 놀아도 수행을 하고 있는 것입니다. 그러나 수행을 한다고 가부좌를 틀고 앉았으나 혼침 속에 있으면 수행을 하지 않는 것과 동일하니 노는 것보다 훨씬 못한 셈입니다. 게으름 또한 수행에서뿐만 아니라 인생에서도 가장 경계해야 하는 부분입니다. 게으름이 붙어 있는 한 앞으로 나아갈 수는 없을 것입니다. 세존께서는 『앙굿따라 니까야』의 「졸음경Pacalāyamānasutta(AN7.61)」에서 목갈라나에게 자상하게 혼침을 극복하는 방법을 설하십니다.

한번은 부처님께서 마하 목갈라나 존자에게 말씀하셨습니다.
"졸리는가? 목갈라나여, 졸고 있는가? 목갈라나여."
"네, 그렇습니다. 세존이시여."
"그러면, 목갈라나여, 그런 산냐yathāsaññissa에 지내며 혼침에 빠지면okkamati, 그 산냐sañña에 주의를 기울이지 말아야 하며, 그 생각에 자주 머물지 말아야 한다. 그렇게 하면 혼침이 사라질 수 있을 것이다.

그가 이와 같이 머물러도 혼침이 버려지지 않으면, 수행자가 이미 듣고 배운 바 가르침을 마음속에 계속 위딱까하고anuvitakkeyyāsi 계속 되새기라anuvicāreyyāsi. 그가 이와 같이 계속 알면서 머물면 혼침을 버릴 수 있을 것이다.

그가 이와 같이 머물러도 혼침이 버려지지 않으면, 수행자가 이미 듣고 배운 교의를 모두 암송하라. 그가 이와 같이 계속 알면서 머물면 혼침을 버릴 수 있을 것이다.

그가 이와 같이 머물러도 혼침이 버려지지 않으면 귓불을 잡아당기고, 손바닥으로 팔다리를 문지르라. 그가 이와 같이 계속 알면서 머물면 혼침을 버릴 수 있을 것이다.

그가 이와 같이 머물러도 혼침이 버려지지 않으면, 자리에서 일어나 물로 눈을 씻고는 사방을 둘러보고, 하늘의 별을 쳐다보라. 그가 이와 같이 계속 알면서 머물면 혼침을 버릴 수 있을 것이다.

그가 이와 같이 머물러도 혼침이 버려지지 않으면, 빛에 대한 산냐ālokasaññā, 光明想에 주의를 기울이고, 낮에 그러했듯이 밤에도, 밤에 그랬듯이 낮에도 또한, 열리고 트인 마음으로 환한 밝음의 마음을 계발하라. 그가 이와 같이 계속 알면서 머물면 혼침을 버릴 수 있을 것이다.

그가 이와 같이 머물러도 혼침이 버려지지 않으면, 전후의 산냐들이 안의 감각기관들에 의해 밖으로 향하지 않도록 하며 마음을 굳건히 알아차리면서 앞뒤를 왔다갔다 걸으라. 그가 이와 같이 계속 알면서 머물면 혼침을 버릴 수 있을 것이다.

그가 이와 같이 머물러도 혼침이 버려지지 않으면, 사자와 같이 두 발을 포개어 오른쪽으로 누워, 사띠와 분명히 통찰하며sato sampajāno, 正念正知 일어나겠다는 생각uṭṭhānasañña으로 마음을 기울이라. 다시 깨어나면 너는, 목갈라나야, '나는 눕는 즐거움passasukha, 혼침의 즐거움middhasukha과 같은 달콤한 즐거움seyyasukha에 빠져 지내지 않으리라'라며 즉시 자리에서 일어나라. 목갈라나여, 이렇게 배워야 한다sikkhitabbaṃ."[76]

해태와 혼침을 쫓는 데 도움이 되는 사항으로는 다음과 같은 것들이 있습니다.

과식이 그 원인이라는 것을 알 것, 자세를 바꿈, 광명상을 관함, 옥외에 머묾, 훌륭한 도반, 적절한 대화, 죽음에 관해 계속 생각함māranānussati.

4) 들뜸과 회한uddhaccakukkucca, 悼擧·惡作

세존께서는 『상윳따 니까야』의 「상가라와경」에서 다음과 같이 들뜸과 회한에 대한 위험성을 비유를 들어 설하고 계십니다.

여기 통 속에 물이 있는데 바람이 휘저어 흔들리고 출렁거려 파문이 인다면 정상적인 시력을 가진 사람이라도 거기 비친 자기 얼굴을 제대로 알아볼 수 없으리라. 마찬가지로 어떤 사람의 마음이 들뜸과 회한에 차서 이에 짓눌려 있을 때 그는 이미 들뜸과 회한에서 벗어날 길을 제대로 볼 수 없나니, 이리하여 그는 자신의 이익을 있는 그대로 알지 못하고 보지 못하고, 남의 이익도 있는 그대로 알지 못하고 보지 못하고, 둘

> 모두의 이익도 있는 그대로 알지 못하고 보지 못한다. 또한 이미 오래 전에 마음에 새겨 둔 가르침도 상기하지 못하거늘 하물며 새기지 않은 것들이랴.[77)]

'들뜸uddhacca, 悼擧'은 마음이 산만하여 불안한 것을 나타내는 정신적인 상태를 말합니다. 이 상태에서 수행자는 집중을 하거나 안정을 취하지 못합니다. 그리고 '회한kukkucca, 惡作'은 후회하는 마음으로 인하여 '근심·걱정스러운' 정신 상태로 경전에서는 '슬퍼하고, 걱정하며, 울부짖고, 가슴을 치며 통곡하는 것'을 말합니다. 이들 '들뜸'과 '회한'은 단순한 장애로 발생하는 것 이외에 수행을 열심히 하겠다는 강한 의욕에 의해 나타나기도 합니다.[78)]

수행자가 지나치게 의욕을 앞세워 '남들보다 더 잘해야 하겠다' 혹은 '빨리 법을 보고야 말겠다'는 생각에 사로잡혀 있으면 도리어 들뜨게 됩니다. 수행자는 의욕이 앞서기 전에 편안한 마음을 가지고 안정을 취해야 합니다.

일반적으로 후회는 잘못된 행위를 하고 난 후에 일어납니다. 무엇인가 잘못했을 때 우리는 후회합니다. 누군가에게 말을 잘못해서 후회를 한다거나 타인에게 피해를 주어서 후회를 하는 것은 대부분 '불선한 후회'입니다. 그리고 회한은 행한 것뿐만 아니라 행하지 못한 경우에도 일어납니다. 이러한 회한은 대부분 '선한 회한'입니다. 따라서 회한을 줄이기 위해서는 계를 지키는 것을 바탕으로 해야 합니다.

들뜸과 회한을 없애는 데 다음과 같은 사항들이 도움이 됩니다. 경전에 관한 지식, 교의와 계율과 담마를 조사함, 율장을 숙지함, 위엄과 자제력 그리고 차분함을 갖춘, 연륜과 경험이 풍부한 사람들을 가까이 함, 훌륭한 도반, 적절한 대화 등이 좋습니다.

5) 회의적 의심vicikicchā, 疑

세존께서는 『상윳따 니까야』의 「상가라와경」에서 다음과 같이 회의적 의심에 대한 위험성을 비유를 들어 설하십니다.

> 여기 한 통의 흙탕물을 휘저어 어두운 곳에 두었다면, 정상적인 시력을 가진 사람이라도 거기 비친 자기 얼굴을 제대로 알아볼 수 없으리라. 마찬가지로 어떤 사람의 마음이 의심에 싸여 짓눌려 있을 때 그는 이미 일어난 의심으로부터 벗어날 길을 제대로 볼 수 없나니, 이리하여 그는 자신의 이익을 있는 그대로 알지 못하고 보지 못하고, 남의 이익도 있는 그대로 알지 못하고 보지 못하고, 둘 모두의 이익도 있는 그대로 알지 못하고 보지 못한다. 또한 이미 오래 전에 마음에 새겨 둔 가르침도 상기하지 못하거늘 하물며 새기지 않은 것들이랴.[79)]

다섯 번째로 나타나는 장애인 '회의적 의심'이란 일반적인 의미의 의심이 아니라 담마에 대한 의심을 말합니다. 의심은 수행 중에 일어나는 것과 평상시에 일어나는 것이 있습니다. 이들 중, 수행 중에 일어나는 의심은 성실하게 수행에 임하여, 4념처의 현상에 대한 지속적인 관찰을 통해서 극복될 것이며, 평상시의 의심은 세존의 가르침에 대한 서적을 통하거나 먼저 법에 대한 경험을 한 도반과의 대화 또는 상담을 통하여 극복될 수 있을 것입니다.

의심을 극복하기 위해서는 선kusala, 善과 불선akusala, 不善의 구별이 필요하며 '법에 대한 조사dhammavicaya' 역시 의심을 제거하는 데 필수입니다. 왜냐하면 불교에서 의심을 제거하기 위해서는, 의심의 반대인 '믿음'을 강화시키는 것이 아니라 '선명한 이해'를 필요로 하기 때문입니다.[80]

의심을 없애는 방법은, 경전(교의와 계율)에 관한 지식, 교의와 계율과 담마를 조사함, 율장을 숙지함, 불법승 삼보에 대한 확고한 신념, 훌륭한 도반, 적절한 대화와 같은 사항들이 도움을 줍니다.

이 다섯 가지 장애들은 성향anusaya으로 발전하며 성향은 족쇄saṃyojana로 발전합니다. 족쇄들은 모두 열 가지가 있습니다. 이들은 다섯의 낮은 단계의 족쇄pañcorambhāgiyāni saṃyojanāni, 下分結와 다섯 가지 높은 단계의 족쇄pañcuddhambhāgiyāni saṃyojanāni, 上分結로 나누어집니다.

다섯 가지 낮은 족쇄

① 유신견sakkāyadiṭṭhi, 有身見

② 의심vicikicchā, 疑

③ 계율과 의식에 대한 집착sīlabbataparāmāso, 戒禁取

④ 감각적 욕망에 대한 열의kāmacchando

⑤ 악의byāpādo, 惡意이며,

다섯 가지 높은 족쇄

① 색계에 대한 탐욕rūparāgo, 色貪

② 무색계에 대한 탐욕arūparāgo, 無色貪

③ 자만māno, 慢

④ 들뜸uddhaccaṃ, 悼擧

⑤ 무명avijjā, 無明입니다.

이들 중 처음 세 개의 족쇄, 즉 유신견·의심·계율과 의식에 대한 집착은 수다원에서 사라지며, 아나함이 되면 나머지 낮은 족쇄가 완전히 사라집니다. 다섯 가지 높은 족쇄는 아라한이 되면 사라집니다.

다섯 가지 장애 중 감각적 욕망은 이들 열 가지 족쇄 중 감각적 욕망에 대한 열의, 색계에 대한 탐욕, 무색계에 대한 탐욕으로 나누어집니다. 이와 같이 다섯 가지 장애는 결국 족쇄로 발전하며 이들을 버리는 과정이 곧 우리가 수행을 통해 자유인이 되는 과정, 그 자체라고 보아도 틀림이 없을 것입니다.

2. 선정jhāna

1) 초선paṭhamaṃ jhāna: 색계 1선

선정의 구성요소

이상에서 살펴보았듯이, 다섯 가지 장애pañca-nivaraṇa, 五蓋, 즉 감각적 욕망, 악의, 해태와 혼침, 들뜸과 회한, 회의적 의심은 현상을 있는 그대로 보지 못하도록 방해하는 요소들입니다. 수행자는 이들 다섯 가지 장애로부터 점차 벗어나면서 첫 번째 선정을 성취하게 되는데, 먼저 경전 속의 첫 번째 선정paṭhamaṃ jhāna, 즉 색계 1선의 정형화된 서술을 살펴보겠습니다.

> 감각적 욕망에서 벗어나고vivicceva 불선의akusalehi 담마를dhammehi 멀리하여vivicca, 위딱까하고savitakkaṃ 위짜라하며savicāraṃ, 벗어남에서 생겨난vivekajaṃ 희열pīti과 행복sukhaṃ이 함께하는 첫 번째 선정을 확실히 성취하며 머문다.upasampajja viharati[81]

윗 구절에서 두 가지 벗어남vivicca, 즉 '감각적 욕망kāma'과 '불선의 담마akusalehi dhamma'에서 벗어남은 세 가지의 벗어남을 의미하는데, 몸의 벗어남kāyaviveka, 마음의 벗어남cittaviveka, 억제의 벗어남vikkhambhanaviveka입니다.[82] '몸의 벗어남'은 감각적 욕망의 원인vatthu으로부터 벗어남을 의미하고, '마음의 벗어남'은 '불선의 담마' 즉 감각적 욕망으로 인한 오염[kilesa]에서 벗어남을 의미합니다. '억제의 벗어남'은 선정의 요소들과 양립하지 못하는 장애, 즉 다섯 가지 장애들을 포기하고 버리는 것을 의미합니다.

이전까지 서술한 사띠빳타나 수행의 구체적인 내용들은 이러한 '감각적 욕망'과 '불선의 담마'에서 벗어남과 '위딱까'와 '위짜라하는' 방법을 구체적으로 서술하고 있습니다. 수행자가 이와 같은 방법으로 방일하지 않고 열렬히 통찰하면 이전에 경험해 보지 못한 '흥분 또는 몸의 떨림'이 나타나며 그로 인한 즐거운 느낌을 경험하게 됩니다. 이들이 '벗어남에서 생겨난 희열과 행복'입니다. 물론 이와는 다른 여러 가지 마음에서 일어나는 현상들도 경험하게 되지만 그러한 것들에 관심을 기울이지 말고 다만 그 현상들의 일어남·사라짐만 관찰하면 됩니다. 이와 같은 색계 1선의 구성요소로 ① 위딱까[vitakka], ② 위짜라[vicāra], ③ 희열[pīti], ④ 행복[sukha], ⑤ 집중[ekaggata]을 들고 있습니다.

『맛지마 니까야』의 「발걸음따라경[Anupadasutta(MN111)]」에는 초선의 성취에 대하여 보다 더 상세한 서술이 나옵니다. 「발걸음따라경」은 세존께서 사리뿟따의 아라한과의 성취 과정과 선언에 관해 말씀하시는 경전입니다.

> 비구들이여, 여기 사리뿟따는 감각적 욕망에서[kāmehi] 벗어나고[vivicceva] 불선의[akusalehi] 담마를 벗어나[vivicca], 위딱까하고[savitakkaṃ] 위짜라하며[savicāraṃ], 벗어남에서 생겨난[vivekajaṃ] 희열[pīti]과 행복이[sukhaṃ] 함께 하는 첫 번째 선정

을jhāna 확실히 성취하며 머문다upasampajja viharat. 첫 번째 선정의 담마는 위딱까 · 위짜라 · 희열 · 행복 · 마음의 집중cittekaggatā · 접촉 · 느낌 · 산냐 · 의도 · 마음 · 의욕chando · 결정adhimokkho · 정진 · 사띠 · 평온upekkhā · 주의를 기울임manasikāro이다. 이러한 담마들이 차례대로 구성되었다. 그 담마들은 분명한 앎으로 일어났으며, 명백하게 이해되었으며, 확실히 머물다 사라졌다. 그는 이와 같이 통찰했다. '진정 이와 같이 담마들은 존재하지 않았지만 생겨났고, 존재하였다가 사라졌다'라고.[83)]

이와 같이 「발걸음따라경」에서 세존께서는 첫 번째 선정의 각각의 담마들을 구체적으로 적시하고 있습니다. 위의 경전에서 나열하고 있는 담마들 중 접촉, 느낌, 산냐, 의도, 마음, 의욕chando, 결정adhimokkho, 정진, 사띠, 평온upekkhā, 주의를 기울임manasikāro은 선정 상태가 아닌 일반적인 마음에서 통찰할 수 있는 선한 마음의 구성요소들입니다. 선정을 성취했을 때 평상시의 일반적인 마음의 담마들과 구별되는 각각의 구성요소에 대하여 설명하겠습니다.

위딱까와 위짜라

'위딱까vitakka'는 'vi' + 'takka'로 나누어지는데, 'vi'는 '다른' 또는 '분리하다'라는 의미를 갖고 있고, 'takka'는 동사 'takketi(생각하다, 사고하다)'의 명사형으로 '생각'이라는 의미를 갖고 있습니다. 우리나라에서는 '주시, 일으킨 생각' 등으로 번역되고 있으나 '위딱까'의 의미는 '생각에서 벗어남'입니다. 여기서 '생각'이란 마음이 일어나는 대상을 따라가는 것을 의미합니다. 그러므로 '생각에서 벗어남'이란 마음이 대상을 따라가지 않음을 의미합니다.

'위짜라vicāra'는 'vi' + 'cāra'로 나누어지며. 'vi'는 '다른' 또는 '분리하다'라는 의미이고, 'cāra'는 동사 'carati(움직이다, 계속하다)'의 명사형으로 어떤 동작, 행위가 계속됨을 의미합니다. '계속 주시함' 또는 '지속적 고찰' 등으로 번역되고 있는데, 여기에서는 생각(사유, 번뇌 등)이 계속됨을 의미합니다. 그러므로 '위짜라'는 생각(사유, 번뇌 등)이 계속됨에서 벗어남을 의미합니다. 이들 '위딱까'와 '위짜라'는 마음을 대상에 밀착시켜 그것이 마음대로 방황하는 것을 막아줍니다. 만약 감각적인 욕망·악의·인색 등의 불선의 담마를 주시하면 그들이 '위딱까'와 '위짜라'의 대상이 될 수 있고, 절제·자애·연민 등 선한 담마를 주시하면 이들이 '위딱까'와 '위짜라'의 대상이 될 수도 있습니다.[84)] 그러나 색계 선정의 요소로서 위딱까는 선한 마음을 구성하는 형성의 마음부수입니다.

> 선정에서 위딱까는 항상 선하며, 대상에 마음을 향하는 그 기능은 특히 명쾌하다. 선정에서 위딱까의 기능은 "겨누어 치고 때리는 것이다. 그 덕분에 수행자는 위딱까vitakka에 의해 겨누어지고 때려지는 대상을 가진다."[85)]

위딱까와 위짜라의 차이점을 『청정도론』에서는 다음과 같이 설명하고 있습니다.

위딱까가 종을 치는 것이라면, 위짜라는 종이 울리는 것과 같다. 위딱까가 꽃을 향하여 벌이 날아가는 것이라면, 위짜라는 꽃의 주변에서 벌이 붕붕거리는 것과 같다. 위딱까가 원의 중앙에 꽂혀 있는 콤파스의 핀이라면, 위짜라는 둘레를 회전하는 핀과 같다.[86)]

즉, 위딱까는 마음을 대상으로 가져가고, 위짜라는 대상에 마음을 고정시키는 역할을 합니다. 위딱까는 대상에 마음을 모으고, 위짜라는 모아진 것을 지속시킵니다.

희열pīti과 행복sukha

희열은 기쁨[joy] 또는 환희[rapture]로 번역되기도 하는데 감각적 욕망과 다섯 가지 장애들을 포함하는 불선의 담마들로부터 벗어남으로써 생겨납니다. 『맛지마 니까야』의 「앗사뿌라의 큰경mahāassapurasutta (MN39)」에서는 이때의 몸을 다음과 같이 표현하고 있습니다.

그는 그의 몸을 벗어남에서 생겨나는 희열과 행복이 흐르게 하고abhisandeti 넘치게 하고parisandeti 가득 채우고paripūreti 퍼지게 함으로써paripphārati, 그의 몸의 어느 곳도 벗어남에서 생겨나는 희열과 행복으로 퍼지지 않음이apphuṭaṃ 없다. 예를 들면, 비구들이여, 유능한 목욕사나 그의 도제가 금속 대야에 세제를 풀고 물을 붓고 또 휘저으면, 세제 덩어리에 물이 스며들고, 물에 흠뻑 젖어, 안팎이 가득 차서, 물기가 새어나오지 않는 것과 같다.[87)]

희열을 느끼면 몸이 평온해집니다.[88] 평온함은 다시 행복으로 인도되고, 행복을 토대로 마음은 집중하게 됩니다. 따라서 희열은 수행자의 초선이 정착되기 전부터 생겨나며 색계 2선정까지 지속됩니다.

희열은 '즐거움, 기쁨, 기쁨이 넘침, 명랑함, 명쾌함, 유쾌함, 열광, 흥분, 마음의 만족'이라고 정의됩니다.[89] 희열이 일어나면, '사랑 받음, 몸과 마음을 상쾌하게 함, 환희가 넘침, 의기 양양함' 등의 특성을 동반하게 됩니다.[90]

희열은 작은 희열khuddikāpīti, 순간적인 희열khaṇikāpīti, 반복되는 희열okkantikāpīti, 분출의 희열ubbegāpīti, 가득 찬 희열pharaṇāpīti의 다섯 종류로 나눌 수 있습니다.

① 작은 희열 : 몸의 털이 일어나거나 살갗에 경련이 일어나거나 눈물이 납니다.

② 순간적인 희열 : 번개와도 같은 순간적인 희열로 몸 전체를 관통하는 물결과도 같이 옵니다. 전율이 오지만 지속되는 충격을 남기지는 않으며 오래 지속되지 않습니다.

③ 반복되는 희열 : 머리에서 발끝까지 오르내리기도 하며 몸의 일부 또는 몸 전체에 진동이 반복적으로 일어납니다.

④ 분출하는 희열 : 몸을 들어올리는 정도의 희열로, 몸의 일부, 손, 다리가 움직이고 몸이 저절로 흔들리거나 공중으로 튀어오르기도 합니다.

⑤ 가득 찬 희열 : 그것은 몸 전체를 희열로 가득 채우는 것으로,

마치 가득 찬 공기주머니, 큰 홍수로 물이 넘치는 동굴과도 같습니다. 그것은 본 삼매의 근원이며, 삼매와 함께 성장합니다.[91] 솜에 기름이 스며들 듯이 온몸에 완전히 기쁨이 스며듦, 온몸이 평온으로 충만함, 그 순간 어떠한 행위도 할 수 없고 눈조차 깜빡거릴 수 없는 정도의 희열입니다.

> 초선의 요소로서 행복은 즐거운 느낌을 의미한다. 행복은 마음의 접촉에서 생긴 마음의 즐거움과 행복, 마음의 접촉에서 생겨 느껴지는 즐거움과 행복, 마음의 접촉에서 생긴 즐겁고 행복한 느낌을 뜻한다.[92] 행복은 즐겁게 하는 특성, 관련된 상태들을 강화시키는 기능, 관련된 상태들을 돕는다.[93]

희열과 행복은 아주 밀접하게 연결되어 있습니다. 5온 중 행복은 느낌vedanā에 속하고, 희열은 형성sankhāra에 속합니다. 희열이 일어나면 행복은 반드시 존재합니다. 그러나 반대로 행복이 있다고 해서 희열이 반드시 존재하는 것은 아닙니다. 희열과 행복은 초선에서 함께 존재하지만 색계 3선정에서는 행복은 있으나 희열은 없습니다. 희열은 행복의 원인이 되는 토대를 제공할 수는 있지만 희열 그 자체가 행복은 아닙니다.

집중ekaggatā

제1선의 요소로 집중의 요소와 관련하여 논의되어야 할 중요한 문제는 삼매를 성취하기 위해 또는 선정을 계발하기 위하여 정해 놓은 대상에 집중하려는 노력 또는 마음을 집중하여 한 대상에 고정하려는 노력이 필요한가의 문제입니다. 이러한 문제를 논의하기 위하여, 먼저 표상nimitta에 대하여 서술하고, 둘째, 앞서 서술한 사띠와 삼매의 관계를 환기시키며, 셋째, 니까야와 『청정도론』의 서술을 살펴보며, 마지막으로 집중ekaggatā과 다른 초선의 구성요소들과의 관계를 살펴보겠습니다.

① 표상nimitta

니밋따nimitta의 어원은 명확하지 않으며, 산스끄리뜨어 역시 'nimitta'로 빨리어와 동일합니다. 국내에서는 표상으로 번역되고 있으며, 사전적 의미는 크게 두 가지로 볼 수 있습니다. 첫째는 표시sign 또는 특징characteristic의 의미이고, 둘째는 원인cause · 근거ground의 의미입니다. 경전에서 첫째 의미로 쓰인 부분을 살펴보겠습니다.

『맛지마 니까야』의 「랏타빨라경Raṭṭhapālasutta(MN 82)」에서는 랏타빨라 장로가 출가하여 아라한과를 얻은 후 세존의 허락을 얻어 친가를 방문했을 때,[94] 하녀가 그를 알아볼 때 하녀는 장로의 표상nimitta 즉 머리 모양, 손과 발, 음성 등과 같은 특징을 알아차리고 그가 주인의 아들이라는 것을 알게 됩니다.

그때, 랏타빨라 장로의 친가의 하녀가 지난밤에 남은 죽을 버리려고 했다. 그래서 랏타빨라 장로는 그 하녀에게 말했다.

"여인이여, 버릴 것이라면, 여기 나의 발우에 부어 주오."

랏타빨라 장로의 친가의 하녀는 지난밤에 남은 죽을 랏타빨라 장로의 발우에 부으면서, 그의 손과 발과 음성의 특징을 알아보았다nimittaṃ aggahesi. 그래서 랏타빨라 장로의 친가의 하녀는 랏타빨라 장로의 어머니가 있는 곳을 찾았다. 랏타빨라 장로의 어머니에게 가까이 다가가서 말했다.

"마님, 아십니까? 아드님, 랏타빨라 장로님이 오셨습니다."

"얘야, 네 말이 진짜라면, 너의 노예 신분을 면해 주겠다."

즉 랏타빨라 장로가 오랜 세월이 지나 머리 모양, 옷 등 완전히 다른 모습으로 나타났으나 하녀가 그를 알아볼 수 있었던 이유는 그녀가 그의 변하지 않은 채 나타나는 표상 즉, 특징들을 기억하고 있었기 때문입니다. 또 같은 『맛지마 니까야』의 「뽀딸리야경」에서 집주인은 어떤 이의 외양적 특징을 '니밋따'라 칭한다고 했습니다.[95)]

둘째, 원인·근거의 의미로 쓰인 것은 마음의 선 혹은 불선의 원인과 관련이 있습니다. 다시 말하면 표상은 단순히 긍정적인 의미로만 쓰이는 것이 아니라 부정적인 의미로도 쓰입니다. 『앙굿따라 니까야』의 「표상경Nimitta sutta(A2:8:1)」을 보겠습니다.

비구들이여, 표상이 있기 때문에 나쁜 불선법들이 일어난다. 표상 없이는 나쁜 불선법들이 일어나지 않는다. 바로 그 표상을 버림으로써 나쁜 불선법들은 일어나지 않는다.

「묻고 답함의 큰경mahāvedallasutta(MN43)」에서는 표상 없는 마음의 해탈animittāya cetovimuttiyā에 대해 설명하면서 세 가지 오염의 뿌리인 탐rāgo·진doso·치moho를 표상을 만드는 것nimittakaraṇo으로 지적하고 있습니다.[96] 이러한 세 가지 표상을 만드는 것, 즉 탐·진·치에서 벗어나기 위하여 수행자들은 감각기관의 절제를 위한 수행을 닦아야 합니다. 그래서 「앗사뿌라의 큰경」에서는

이런 감각기관의 절제에 대한 가르침을 따라 수행자는 해로운 영향과 마주하는 것을 피하기 위해 감각대상의 표상nimitta에서 지내면 안 된다. 비구들이여, 더 닦아야 할 것이란 어떠한 것인가? 우리는 감각기관의 기능들에서 감각기관의 문을 닦을 것이다. 눈으로 형상을 볼 때 표상을 취하지nimittaggāhī 않고, 부차적 특징을 취하지 않는다nānubyañjanaggāhī. 만약 눈의 기능을 잘 다스리지 않으면, 탐욕·근심·악하고 불선의 상태가 그를 공격할 것이므로, 그렇게 절제의 길을 따르고, 눈의 기능을 보호하고, 눈의 기능을 수호할 것이다.[97]

『상윳따 니까야』의 「말룽꺄뿟따경Mālukyaputtasutta(SN35.78)」에서 세존께서 말룽꺄뿟따에게 "사띠를 잊어버리고 애정의 표상piyanimitta에 마음을 기울이면 괴로움dukkha이 쌓이고 열반은 멀어진다"고[98] 하셨습니다. 이와 같이 표상은 단순히 선한 담마에서만 나타나는 것이 아니

라 불선의 담마에서도 나타납니다.

② 표상과 삼매

표상nimitta과 삼매의 계발과 관련하여 『상윳따 니까야』의 「요리사경 Sūdasutta(SN47.8)」을 보겠습니다.

> 그것은 무슨 이유인가? 비구들이여, 그것은 바로 그 현명하고 경험 많고 솜씨 좋은 요리사가 자기 주인의 표상nimitta을 얻었기 때문이다 uggaṇhāti. 비구들이여, 이와 같이 여기 현명하고 경험 많고 능숙한 비구는 몸에서 몸을 계속 관찰하며, 열렬히·분명히 통찰하고, 사띠하면서, 세계의 탐욕과 괴로움을 제거하며 지낸다. 그와 같이 몸에서kāye 몸을 계속 관찰하며 지내므로, 마음은 삼매에 들고, 오염들은 사라진다. 그는 그것에서 표상을 얻는다. 느낌에서vedanāsu … 마음에서citte … 담마에서dhammesu 담마를 계속 관찰하며, 열렬히·분명히 통찰하며, 사띠하면서, 세계의 탐욕과 괴로움을 제거하며 지낸다. 그와 같이 담마에서 담마를 계속 관찰하며 지내므로, 마음은 삼매에 들고, 오염들은 사라진다. 그는 그것에서 표상을 얻는다uggaṇhāti.[99)]

위의 「요리사경」에서, 요리사는 음식을 먹는 주인의 표상들(음식을 먹을 때 일어나는 여러 가지 현상들)을 잘 관찰하여 음식을 만드는데 반영하고 금전 등의 대가를 얻었습니다. 마찬가지로 수행자는 4념처에서 일어나는 여러 현상들(표상)을 잘 관찰하면 그 대가로 마음은 삼매에 들고 오염들은 사라지며 결국에는 열반을 증득하게 될 것입니다.

요리사가 주인이 음식을 먹을 때 모습을 관찰하는 것을 수행자가 4념처에서 일어나는 여러 현상들을 관찰하는 것에, 그에 대한 금전 등의 대가를 받는 것을 마음이 삼매에 들고 오염들이 제거되는 것에 비유했습니다.

수행자는 사띠빳타나 수행에서 순간순간 일어나는 여러 가지 신호, 즉 표상을 관찰해야 합니다. 이러한 관찰을 경전에서는 '이와 같이 알고 이와 같이 본다evaṃ jānāti evaṃ passati', '계속 관찰한다anuassati' 또는 '통찰한다pajānāti' 등의 표현을 씁니다. 그러나 이 관찰은 고정된 표상을 따라가거나 하나의 대상을 잡고 그것만을 취하는 노력을 하는 것이 아닙니다. 지금 여기에서 끊임없이 일어났다가 사라지는 몸, 느낌, 마음, 담마를 알고 보며, 계속 관찰하고, 열렬히, 분명히 통찰하여 완전히 알고 두루 알게 됨으로써 위빳사나의 지혜가 드러나게 되는 것입니다. 만약 어떤 수행자가 이 때 나타난 하나의 표상을 취하여 그것을 대상으로 유지시키는 수행을 하게 되면 그때부터는 사띠빳타나 수행이 아니라 표상을 관념화하여 그 대상에 집중하는 삼매수행이 됩니다.

여기에서 다시 한번 초선의 정형구를 되새겨 보기를 바랍니다. 세존께서는 경전 속의 수많은 선정에 관한 정형구에서 같은 구절을 반복하십니다. 즉, "감각적 욕망에서 벗어나고vivicceva 불선의 담마를 멀리하여, 위딱까하고savitakkaṃ 위짜라하며savicāraṃ, 벗어남에서 생겨난vivekajaṃ 희열과 행복pītisukhaṃ이 함께하는 첫 번째 선정…"에서 보는 바와 같이 선정을 성취하기 위해 어떤 대상을 잡거나 따라가라고 하지 않으셨습니다. 그러므로 '표상을 얻는다uggaṇhāti'는 '주시의 대상에서 일어나는 표상을 계속 관찰한다.'는 의미입니다. 주석서에는 이를 '나의 수행에서 수순 또는 고뜨라부gotrabhū, 種性 [100]를 밀착하여 머묾을 아는 것[101]'이라고 하였습니다.

앞에서도 서술했듯이 표상은 선과 불선의 담마 모두가 대상이 되며 위딱까의 대상 역시 불선의 담마가 대상이 될 수도 있습니다.[102] 표상은 위빳사나 수행에 있어서 관찰의 대상이며 이런 관찰은 '전반부의 위빳사나로서 사띠빳타나[103]'라고 주석서에는 쓰고 있습니다.

> 비구들이여, 높은 마음을adhicittamanuyuttena 닦는 비구는 적절하게 세 가지 표상에 마음을 기울여야 한다manasi kātabbaṃ. 적절하게 삼매의 표상samādhinimittaṃ에 마음을 기울여야 한다. 적절하게 노력의 표상paggahanimittaṃ에 마음을 기울여야 한다. 적절하게 평온의 표상upekkhānimittaṃ에 마음을 기울여야 한다.

> 비구들이여, 만약 높은 마음을 닦는 비구가 오직 삼매의 표상만을 마음에 기울이면 그의 마음은 자칫 게을러질 수 있다. 비구들이여, 만약 높은 마음을 닦는 비구가 오직 노력의 표상만을 마음에 기울이면 그의 마음은 자칫 들떠버릴 수 있다. 비구들이여, 만약 높은 마음을 닦는 비구가 오직 평온의 표상만을 마음에 기울이면 그의 마음은 번뇌를 멸하기 위하여 자칫 바르게 삼매에 들지 않을 수 있다.

비구들이여, 그러나 높은 마음을 닦는 비구가 적절하게 삼매의 표상을 … 노력의 표상을 … 평온의 표상을 마음에 기울이면 그때 그의 마음은 부드럽고 적합하고 빛나고 부서지지 않고 번뇌를 멸하기 위하여 바르게 삼매에 든다.

「표상경」에서는 세 가지 표상, 즉 삼매의 표상samādhinimitta, 노력의 표상paggahanimitta, 평온의 표상upekkhānimitta을 들고 있습니다. 이것은 수행자의 노력으로 자연스럽게 얻어지는 표상을 적절히 통찰하라는 의미입니다. 또 『상윳따 니까야』의 「걸식경Piṇḍolyasutta(SN22.80)」을 살펴보겠습니다.

비구들이여, 이와 같이 출가한 훌륭한 가문의 아들이 탐욕을 일으켜 감각적 쾌락에 자극적으로 물들어 마음에 분노를 품으면 마음이 악하게 물들고 사띠를 잃어버리고 분명히 통찰하지 못하게 되고 삼매에 들지 못하여 마음이 산란해지고 감각기능을 통제하지 못한다. 비구들이여, 마치 시체를 태우기 위해 만든 장작의 양끝을 거슬리고 장작의 중간에 쇠똥을 바른 것은 마을에서 목재로 사용할 수 없고 숲에서도 목재로 사용할 수 없는 것과 같다. 비구들이여, 이와 같은 사람은 재가에서 사용할 수도 없고 사문의 지위도 누릴 수 없다고 나는 말한다.

비구들이여, 세 가지의 불선의 위딱까akusalavitakkā가 있다. 감각적 욕망의 위딱까kāmavitakko, 성냄의 위딱까byāpādavitakko, 위해의 위딱까vihiṃsāvitakko이다.

비구들이여, 이들 세 가지 불선의 위딱까를 어떻게 남김없이 소멸시키는가? 네 가지 사띠빳타나에 마음을 잘 확립하여 유지하면서 표상 없는 삼매animittaṃ vā samādhiṃ를 닦는다.

비구들이여, 이처럼 표상 없는 삼매를 수행하는 것은 참으로 훌륭하다. 비구들이여, 표상 없는 삼매를 반복적으로 수행하면 많은 성과와 공덕이 있다.

「걸식경」에서 세존께서는 표상 없는 삼매를 언급하면서 결국 삼매의 완성은 표상이 없어져야 함을 가르치십니다. 모든 현상의 '무상'이라는 본성에 대한 통찰은 표상 없음animitta을 계발하는 것에 목적이 있습니다. 영원하다는 관념 또는 표상은 고유한 특성sabhāva lakhaṇa과 보편적 특성sāmañña lakkhaṇa에 대한 통찰로 제거할 수 있는데 이러한 표상 없음에 대한 통찰은 보다 높은 단계의 수행 즉 표상 없는 삼매에 기초하며 결국 표상 없는 삼매는 해탈을 의미합니다. 이것은 『상윳따 니까야』의 「표상 없음에 대한 질문경animittapañhāsutta(SN 40.9)」에서 목갈라나가 설명한 표상 없는 마음의 삼매에서 잘 나타나 있습니다.

"표상 없는 마음의 삼매, 표상 없는 마음의 삼매라고 하는데, '표상 없는 마음의 삼매란 어떠한 것인가?'라는 생각이 일어났습니다. 그때 스님들이여, 나는 이와 같이 '여기 비구가 모든 표상을 마음에 떠올림이 없이 표상이 없는 마음의 삼매를 성취하여 머무릅니다. 이것을 표상 없는 마음의 삼매라고 한다'라고 생각했습니다.

스님들이여, 나는 모든 표상을 마음에 떠올림이 없이 표상이 없는 마음의 삼매를 성취하여 머물렀습니다. 스님들이여, 그때 나는 이러한 상태에 머물렀으나 표상에 이어지는[nimittānusāri] 윈냐나[viññāṇa]가 지속되었습니다.

스님들이여, 이때에 세존께서는 신통력으로 내게 다가와, 이와 같이 '목갈라나여, 바라문 목갈라나여, 표상 없는 마음의 삼매를 게을리 하지 말라. 표상 없는 마음의 삼매를 마음에 확립하라. 표상 없는 마음의 삼매에 마음을 통일하라. 표상 없는 마음의 삼매에 마음을 집중하라'고 말씀하셨습니다. 스님들이여, 마침내 나는 모든 특징에 마음을 기울이지 않음으로써 표상 없는 마음의 삼매를 성취했습니다."[104]

③ 청정도론의 표상

그런데 이와 같은 표상[nimitta]에 대한 경전 상의 서술과 달리 『청정도론』에서는 삼매에 대한 다른 관점의 서술이 나옵니다. 먼저 『청정도론』에서는 삼매를 근접 삼매[upacārasamādhi]와 본 삼매[appanasamādhi]로 나누고 있습니다. 그러나 '근접 삼매'라는 표현은 경전에서는 볼 수 없으며, 『청정도론』에서조차 '근접 삼매'는 초선에 들기 전 준비의 마음이며 초선에게 '틈 없는 조건[anantarapaccayo]'이라 하고 있습니다.[105] 그렇다면 왜 『청정도론』에서 '근접 삼매'라는 표현을 쓰는 것일까요?

한편 『청정도론』에서, 마음 닦음 즉 삼매 계발을 완전히 하기 위하여 이미 얻은 닮은 표상patibhāganimaitta을 확장하여야 하며, 이 확장하는 두 가지 단계bhūmiyo로 근접upacāra과 본appana(삼매)을 들고 있으나[106] 이에 대응하는 표상에 대한 서술에서, 닮은 표상patibhāganimaitta만을 들고 있습니다.

위의 여러 경전 구절에서 본 바와 같이 표상은 마음으로부터 일어나는 표시일 뿐이고 일어났다가 사라지는 현상일 뿐입니다. 이러한 표상의 성질을 정신과 물질로 나누어 통찰하려는 것은 위빳사나 수행에서 지혜를 계발하는 단계의 것입니다.[107]

④ 집중과 초선의 다른 구성요소들과의 관계

집중ekaggatā은 보편적인 마음작용으로서, 그것은 마음을 대상에[108] 하나로 모읍니다. 그것은 산만함이 없는 특성, 산만함을 제거하는 역할을 하며, 동요하지 않음으로 나타나며, 가까운 원인은 행복sukha입니다.

선정의 요소로서 마음집중은 항상 선한 대상을 지향하며 불선한 영향, 특히 감각적인 욕망이라는 장애를 물리칩니다. 선정에 장애가 없기 때문에, 집중은 이전부터 지속되어온 집중의 노력에 근거하여 특별한 힘을 얻습니다.

위딱까vitakka는 마음을 대상에 향하게 하며 위짜라vicāra는 마음을 계속해서 대상에 고정시킵니다. 이에 더하여 벗어남에서 생겨난

vivekajaṃ 희열pīti과 행복sukha은 대상에 마음을 밀착시키고자 하는 노력을 쉽게 만들어 주며 장애들에 의해 산만해지지 않음으로써 마음은 더욱더 대상에 쉽게 밀착하게 됩니다. 수행자의 정진의 노력이 처음에는 힘이 많이 들었지만 희열과 행복이 함께하면서 마음이 대상에 밀착함은 점점 강화됩니다. 집중은 마치 지붕의 꼭대기처럼 다른 선정 요소들의 위에 위치합니다.[109)]

그러나 초선을 성취한 수행자가 섣불리 제2선을 향해 달려가서는 안 됩니다. 초선에서 선정의 각 구성요소를 차분히 그리고 확실히 통찰해야 합니다. 세존께서는 그러한 수행자를, 아직 자신의 목초지에도 익숙하지 않으면서 새로운 목초지로 나갔다가 산속에서 길을 잃어버리는 어리석은 소에 비유하였습니다. 그 소는 이제 먹을 것도, 마실 것도 없고, 집으로 돌아가는 길도 잃어 버린다[110)]고 하셨습니다.

다섯 가지 능숙함

『청정도론』에서 초선에 든 수행자는 다섯 가지 능숙함pañca vasiyo [111)]을 얻도록 노력해야 한다고 하는데, 다섯 가지 능숙함은 전향의 능숙함āvajjanavasī, 듦의 능숙함samāpajjanavasī, 머묾의 능숙함adhiṭṭhānavasī, 나옴의 능숙함vuṭṭhānavasī, 반조의 능숙함paccavekkhaṇavasī입니다.[112)]

전향의 능숙함이란, 각각의 선정의 구성요소들에서, 원하는 만큼 마음을 향하게 할 수 있는 힘입니다. 듦의 능숙함이란 선정에 빨리 들어갈 수 있는 힘입니다. 머묾의 능숙함이란, 원하는 시간만큼 선정에 머무를 수 있는 힘입니다. 나옴의 능숙함은, 어려움 없이 선정에서 벗어나는 힘을 말합니다. 반조의 능숙함이란, 선정의 구성요소들을 세밀히 조사하는 힘입니다. 그러나 이러한 다섯 가지 능숙함은 경전에서는 언급되지 않습니다. 이것은 선정을 전문적으로 수행하는 이들을 대상으로 한 가르침입니다. 사띠빳타나 수행을 통하여 사띠를 확립하여 열반을 성취하고자 하는 이는 이러한 선정을 전문적으로 닦는 수행보다는 사띠를 강하게 확립함으로써 초선의 고요하지 않음을 통찰하면서 자연스럽게 제2선정을 성취해야 합니다.

2) 제2선정

초선의 선정에는 명료함과 고요함이 부족한데 이는 위딱까와 위짜라에 의해 지속적으로 방해를 받기 때문입니다. 위딱까와 위짜라는 평화롭고 미세한 제2선정dutiyaṃ jhāna을 얻기 위해서 버려야 할 방해물입니다. 『청정도론』에서는 이 상태를 "마치 수면에 잔물결이 이는 것과 같다"[113]라고 표현하였습니다. 제2선정을 얻기를 원하는 수행자는 초선의 결함을 반조하게 됩니다. 두 번째 선정dutiyaṃ jhāna, 즉 색계 2선의 경전 속의 정형화된 서술을 살펴보겠습니다.

> 또한 비구들이여, 여기서 비구는 위딱까와 위짜라를 그치고vūpasama, 안으로 분명히 고요하며sampasādanaṃ 마음이 하나로 집중되고ekodibhāvaṃ, 위딱까가 없고 위짜라도 없는, 삼매에서 생겨나는 희열과 행복이라는 두 번째 선정을 성취하여 머무른다.[114]

수행자의 선정이 성숙해지면 위딱까와 위짜라는 버려지며 희열·행복·집중만 남게 되므로 제2선정으로 들어갑니다. 제2선정에서는 원래의 다섯 선정 요소 중 두 요소가 버려지고 세 요소가 남습니다. 즉 상대적으로 거친 담마인 위딱까와 위짜라의 요소가 버려지면서 더욱 미세하고 평화로운 상태에 이릅니다. 『맛지마 니까야』의 「앗사뿌라의 큰경mahāassapurasutta(MN39)」에서는 이때의 몸을 다음과 같이 표현하고 있습니다.

> 그는 그의 몸을, 벗어남에서 생겨나는 희열과 행복이 흐르게 하고abhisandeti 넘치게 하고parisandeti 가득 채우고paripūreti 퍼지게 함으로써paripphrarati, 그의 몸의 어느 곳도 벗어남에서 생겨나는 희열과 행복으로 퍼지지 않음apphuṭaṃ이 없다. 예를 들면, 비구들이여, 물이 샘솟는 호수는 동쪽에도 물이 유입되는 곳이 없고, 서쪽에도 물이 유입되는 곳이 없고, 남쪽에도 물이 유입되는 곳이 없고, 북쪽에도 물이 유입되는 곳이 없고, 하늘이 때맞춰 비를 내리지 않아도, 그 호수에서는 차가운 물이 샘솟아 호수에 차가운 물이 흐르고, 넘치고, 가득 채워질 것이다. 비구들이여, 이와 같이 이 몸을 삼매에서 생겨나는 희열과 행복으로 흐르게 하고 넘치게 하고 가득 채움으로써, 그의 몸의 어느 곳도 삼매에서 생겨나는 희열과 행복으로 가득 차지 않은 곳이 없게 된다.[115)]

위딱까와 위짜라가 가라앉을 때 마음은 평화롭게 되고, 수행자는 보다 깊은 내적인 확신을 얻습니다. 이것을 세존께서는 분명한 고요

sampasādo라고 하셨습니다. 이 분명한 고요는 2선에서 새롭게 만들어진 담마의 요소가 아닌 색계 2선의 마음의 상태에 대한 것입니다. 이러한 각 선정의 이동과정은 두 선정 사이의 확실한 구분이 있습니다. 수행자는 이 구분에 대한 명확한 앎이 있어야 합니다. 『맛지마니까야』의 「발걸음따라경」을 살펴보겠습니다.

> 그에게 두 번째 선정의 담마인, 안으로 분명한 고요·희열·행복·마음의 집중cittekaggatā·접촉·느낌·산냐·의도·마음·의욕·결정·정진·사띠·평온·주의를 기울임 이러한 담마들이 차례차례 일어나는 대로 통찰되었다. 이러한 담마들이 차례로 구성되었다. 그 담마들은 분명한 앎으로 일어났으며, 명백하게 이해되었으며, 확실히 머물다 사라졌다. 그는 이와 같이 통찰했다. '진정 이와 같이 담마들은 존재하지 않았지만 생겨났고, 존재하였다가 사라졌다'라고.[116]

3) 제3선정

세 번째 선정, 즉 색계 3선의 정형화된 경전 속의 서술을 살펴보겠습니다.

> 또한 비구들이여, 여기서 비구는 희열이 사라지고virāgā, 평온에upekkhako 머무르며 사띠와 분명히 통찰함과sampajāno 몸에서 행복을 경험한다paṭisaṃvedeti. 고귀한 이들이 그것을 말하기를, '평온·사띠·행복의 세 번째

선정을 성취하며 머무른다'라고.[117]

제3선정을 얻기 위해 수행자는 역시 제2선의 결함을 반조하게 됩니다. 제2선정에서는 희열에 의한 불안정함이 있습니다. 희열은 평온함을 방해하기 때문에 수행자는 제2선정의 불완전함을 알게 되고 무관심해지며 보다 성숙된 평화와 고요를 원합니다. 제3선정에서는 희열이 사라지고 초선에서 있었던 다섯 가지 선정의 요소 중 행복과 집중, 두 가지 요소만 남게 됩니다. 『맛지마 니까야』의 「앗사뿌라의 큰경mahāassapurasutta(MN39)」에서는 이때의 몸을 다음과 같이 표현하고 있습니다.

그는 이 몸을 희열 없는 행복으로 흐르게 하고 넘치게 하고 가득 채움으로써, 그의 몸의 어느 곳도 희열 없는 행복으로 가득 차지 않은 곳이 없게 된다. 비구들이여, 예를 들어, 청련이 핀 연못이나 홍련이 핀 연못이나 백련이 핀 연못에서 청련이나 홍련이나 백련은 물 가운데서 생겨나고, 물 가운데서 성장하고, 물에서 나오지 않고, 물속에 잠겨 자라는데, 그것들의 꼭지에서 뿌리에 이르기까지 차가운 물이 흐르게 되고 넘치게 되고 가득 채워지므로, 그 어떠한 청련이나 홍련이나 백련이라도 차가운 물로 가득 채워지지 않는 것이 없을 것이다.
비구들이여, 이와 같이 이 몸을 희열 없는 행복으로 흐르게 하고 넘치게 하고 가득 채움으로써, 그의 몸의 어느 곳도 희열 없는 행복으로 가득 차지 않은 곳이 없게 된다.[118]

『맛지마 니까야』의 「발걸음따라경」의 내용은 다음과 같습니다.

> 그에게 세 번째 선정의 담마로 행복과 사띠와 분명한 통찰과 마음의 집중·접촉·느낌·산냐·의도·마음·의욕·결정·정진·사띠·평온·주의를 기울임, 이러한 담마들이 차례로 구성되었다. 그 담마들은 분명한 통찰로 일어났으며, 명백하게 이해되었으며, 확실히 머물다 사라졌다. 그는 이와 같이 통찰했다. '진정 이와 같이 담마들은 존재하지 않았지만 생겨났고, 존재하였다가 사라졌다'라고.[119)]

제3선정은 앞의 두 요소 외에 선정 요소에 포함되지 않는 세 가지 추가적인 요소를 지니고 있습니다. 그것은 평온함, 사띠[sato]와 분명한 앎[sampajāno]입니다. 평온함[upekkhako]은 5온 중 상카라[saṇkhāra]의 무더기에 속하는 것으로 괴롭지도 즐겁지도 않은 느낌과는 구별하여야 합니다. 그러므로 제3선정에서 평온함은 행복과 공존합니다.

또한 제3선정에는 사띠와 분명한 앎이 있는데 사띠는 수행 대상을 기억하는 것, 다시 말하면 대상이 흐트러지지 않고 마음속에서 지속적으로 유지되는 것을 뜻합니다. 분명한 앎은 대상을 자세히 관찰하고 망상에서 벗어나 대상의 본성을 파악하는 지혜 또는 이해의 측면입니다. 이 두 요소는 초선과 제2선정에서도 존재하지만, 제3선정을 성취하면서 이전의 상대적으로 거친 담마들이 버려지면서 부각됩니다. 이 두 가지는 특히 희열로 회귀하는 것을 피하기 위해 필요합니다. 『담마상가니』의 주석서에서는 이것을 어미 소에게서 떨어진 아기 소에 비유를 하였습니다.

> 젖을 빠는 어린 소가 어미 소에게서 떨어져 보호 받지 못한 채 남게 되면, 다시 그 어미 소를 찾아가게 된다. 마치 그와 같이 사띠sato와 분명한 통찰sampajāno로 보호받지 못하면 선정의 행복은 그 자연스런 동료인 희열로 돌아오는 경향이 있다.[120)]

4) 제4선정

제3선정에 든 수행자는 행복으로 인해 즐거운 느낌만 존재함을 알고 있지만 이전의 경험에 의하여 현재 존재하지는 않지만 즐거움과 근심somanassadomanassa이 있음을 알며 이 선정의 결함을 알게 됩니다. 그러면, 수행자는 행복을 버리며, 결국 그에게 여전히 남아 있는 담마들은 즐겁지도 괴롭지도 않은 느낌인 평온과 집중만이 존재함을 통찰합니다. 네 번째 선정, 즉 색계 4선catuttham jhāna의 정형화된 경전 속의 서술을 살펴보겠습니다.

> 또한 비구들이여, 여기서 비구는 행복을 버리고 괴로움을 버려서, 이전의 즐거움과 근심somanassadomanassa을 가라앉히고atthaṅgamā, 괴로운 느낌도 없고 즐거운 느낌도 없는, 평온upekkhā과 사띠sati와 청정pārisuddhi의 네 번째 선정을 성취하며 머무른다.

『맛지마 니까야』의 「앗사뿌라의 큰경mahāassapurasutta(MN39)」에서는 이때의 몸을 다음과 같이 표현하고 있습니다.

그는 이 몸을 청정한 마음과 순수한 마음으로 가득 채우고 앉으며, 그의 몸의 어느 곳도 청정한 마음과 순수한 마음으로 가득 차지 않은 곳이 없다. 예를 들어, 비구들이여, 어떤 사람이 흰 옷을 머리까지 덮고 앉아 있다면, 그의 몸의 어느 곳에도 흰 옷으로 가득 차지 않은 곳이 없을 것이다. 비구들이여, 이와 같이 그는 이 몸을 청정한 마음과 순수한 마음으로 가득 채우고 앉으며 그의 몸의 어느 곳도 청정한 마음과 순수한 마음으로 가득 차지 않은 곳이 없다.[121)]

『맛지마 니까야』의 「발걸음따라경」에는 다음과 같이 나옵니다.

그에게 네 번째 선정의 담마는, 평온, 괴로운 느낌도 없고 즐거운 느낌도 없는 고요함, 마음의 생각이 사라짐, 사띠와 청정함, 마음의 집중, 접촉·느낌·산냐·의도·마음·의욕·결정·정진·사띠·평온·주의를 기울임, 이러한 담마들이 차례로 구성되었다. 그 담마들은 분명한 앎으로 일어났으며, 명백하게 이해되었으며, 확실히 머물다 사라졌다. 그는 이와 같이 통찰했다. '진정 이와 같이 담마들은 존재하지 않았지만 생겨났고, 존재하였다가 사라졌다'라고.[122)]

색계 4선정에 도달한 수행자에게 존재하는 선한 담마의 요소들은 평온, 괴로운 느낌도 없고 즐거운 느낌도 없는 고요함, 마음의 생각이 사라짐, 사띠와 청정함, 마음의 집중cittekaggatā, 접촉, 느낌, 산냐, 의도, 마음, 의욕, 결정, 정진, 사띠, 평온, 주의를 기울임입니다. 이곳의 접촉, 느낌, 산냐 등은 형상의 산냐rūpasañña, 부딪힘의 산냐들paṭighasañña, 그외 모든 종류의 산냐nānattasañña들입니다. 색계 4선에 도달한 수행자에게 다섯 감각기관이 작용하지 않는다고 생각하는 것은 허구입니다. 『청정도론』에서는 다음과 같은 비유를 들고 있습니다.

> 마치 초승달이 대낮에도 존재하지만 햇빛과 밝은 하늘 때문에 보이지 않는 것과 같다. 그러나 제4선정에서 괴롭지도 즐겁지도 않은 느낌의 지원을 얻은 평온은 한밤중의 초승달과 같이 빛을 발할 것이고 사띠와 다른 관련된 상태들을 정화시킵니다.[123]

색계 선정의 경우, 초선에서 제2선정으로 가기 위해 위딱까와 위짜라를 버려야 하고, 제2선정에서 제3선정으로 가기 위해 희열을 버려야 하며, 제3선정에서 제4선정으로 가기 위해 행복이라는 즐거운 느낌에서 괴로운 느낌도 없고 즐거운 느낌도 없는, 평온upekkhā과 사띠sati와 청정pārisuddhi으로 대체해야 합니다. 색계 선정은 이와 같이 고요함을 향하기 위하여 초선을 구성한 선정의 요소들을 버리는 과정입니다. 이것은 수행이 진전됨에 따라 자연스럽게 거침에서 미세함으로, 즐거운 느낌에서 괴롭지도 즐겁지도 않은 느낌, 즉 평온으로 향하기를 원하기 때문입니다.

5) 무색의 증득

무색āruppa은 '아루빠arūpa'에서 파생된 단어로 '물질이 아닌'의 의미입니다. 이것은 'ā' + 'ruppa'의 합성어입니다. 'ā'는 '~에 속한, ~로 향하는'의 의미이며, 'ruppa'는 'rūpa'가 아닌, 즉 '형상 또는 물질이 아닌'의 뜻입니다. 그러므로 무색은 '형상 또는 물질이 아닌 것에 속하는'의 의미입니다.[124)]

『맛지마 니까야』의 「의심 없는경Apaṇṇakasutta(MN60)」[125)]에서는, 무색의 세계가 존재함을 믿고 그런 곳에 나기를 원한다면 물질에 속하는 담마들을 혐오하고, 벗어나고, 소멸하게 하여 증득해야 한다고 합니다.

> 무릇 신들이 무색의 산냐로 이루어지고 내가 의심함이 없이 그런 곳에 태어나 존재하고자 한다면, 정말로 물질로 만들어진 몽둥이를 잡는 것, 칼을 드는 것, 투쟁, 싸움, 논쟁, 언쟁, 이간, 거짓말을 함에, '분명히 그것은 무색의 경지에서는 존재하지 않는다'라고 본다. 그는 이와 같이 고찰하여, 이와 같이 색의 경지를rūpānaṃyeva 혐오하고, 벗어나고, 소멸하게 하여 성취한다.[126)]

이들이 '무색계' 또는 '형태 없는'이라는 명칭을 갖는 것은 이전 각각의 색계 선정단계에서 그에 대응하는 정신 혹은 물질로 이루어진 표상이 나타났으며 수행자는 이렇게 나타나는 표상을 사띠하면서 선정을 성취하며 머물렀기 때문입니다. 그러나 무색의 경지에서는 더 이상 나타나는 표상은 없습니다. 이곳에서 수행자는 이미 성취한 색계 4선의 토대 위에서 오히려 대상을 찾습니다. 그래서 색계 선정에서는 '성취하여 머무른다'는 표현을 썼지만, 무색의 경지에서는 '증득samāpanno'이라는 표현을 씁니다.

'공무변처ākāsānañcāyatana'는 제4선정에서 여전히 남아 있는 미세한 표상을 제거하여 '무한한 공간ananto ākāso'을 대상으로 합니다. '식무변처viññāṇañcāyatana'는 '무한한 공간'이라는 대상을 넘어서 '무한한 식viññāṇa, 識'으로, '무소유처ākiñcaññāyatana'는 식무변처의 '무한한 식'이라는 대상을 넘어서서 '아무것도 없음natthi kiñcī'으로 향합니다. '비상비비상처nevasaññānāsaññāyatana'는 '아무것도 없음'이라는 '대상'을 극복하여 '상도 아니고 상이 아님도 아닌nevasāññañāsāñña' 것을 대상으로 합니다. 『청정도론』에서는 이를 동일한 사람이 만든 두껍고, 가늘고, 보다 가늘고, 아주 가는 각각의 실로 짠 같은 치수의 네 가지 천의 비유를 들어 설명하고 있습니다.[127]

경전에는 이런 무색의 경지를 설명하는 구절이 많이 있으며 누구를 대상으로 무색의 경지를 설명하는가에 따라 설명 방식에 다소의 차이는 있습니다. 아래에서 정형적인 경전의 구절을 살펴보겠습니다.

> 다시 비구는 완전히 형상의 산냐rūpasañña를 극복하고 부딪힘의 산냐들paṭighasañña을 가라앉혀 모든 종류의 산냐nānattasañña에 주의를 기울이지 않음으로써 '무한한 공간ananto ākāso'이라는 '공무변처'를 성취하여 머무릅니

다. 다시 비구는 '공무변처'를 완전히 극복하고 '무한한 식'이라 하는 '식무변처'를 성취하여 머무릅니다. 다시 비구는 '식무변처'를 완전히 극복하고 '아무것도 없음'이라고 하는 '무소유처'를 성취하여 머무릅니다. 다시 비구는 '무소유처'를 완전히 극복하고 '비상비비상처'를 성취하여 머무릅니다.[128]

이에 덧붙여 『맛지마 니까야』의 「발걸음따라경」에는 무색의 경지에서 존재하는 담마들에 대해 상세하게 서술하고 있습니다.

그에게 공무변처의 담마로서 공무변처의 산냐[ākāsānañcāyatanasaññā], 마음의 집중과 접촉·느낌·산냐·의도[cetanā]·마음·의욕·결정·정진·사띠·평온·주의를 기울임, 이러한 담마들이 발걸음 따라 정렬되었고 이러한 담마들이 분명하게[viditā] 일어났으며, 분명하게 확립되었으며, 분명하게 사라졌다. 그는 이와 같이 통찰했다. '과연 이러한 상태들은 존재하지 않았지만 생겨났고, 존재했지만 사라졌다[paṭiventī]'라고. 그는 그러한 담마에 친근하지 않고, 빠져들지 않고, 집착하지 않고, 묶이지 않고, 구속되지 않고, 계박되지 않고, 자유로운 마음으로 지냈다. 그는 '이것이 최고의 벗어남이다'라고 통찰했다. 그러나 그는 '더욱 널리 닦아야 할 것이 있다'라고 생각했다.

다시 비구들이여, 사리뿟따는 '공무변처'를 완전히 극복하고 '무한한 식[viññāṇa, 識]'이라 하는 '식무변처[viññāṇañcāyatana]'를 ~식무변처의 담마로서 식무변처의 산냐~ '아무것도 없음[natthi kiñcī]'이라 하는 '무소유처[ākiñcaññāyatana]'

를 ~무소유처의 담마로서 무소유처의 산냐~

다시 비구들이여, 사리뿟따는 '무소유처'를 완전히 극복하고 '비상비비상처'를 성취하여 머무른다. 그는 그러한 성취로 사띠하며sati 일어났다. 그러한 성취에서 사띠하며 일어나서 이제는 소멸하고 변해버린 과거의 담마를 이와 같이, '과연 이러한 상태들은 존재하지 않았지만 생겨났고, 존재했지만 사라졌다'라고 계속 관찰했다. 그는 이러한 상태와 관련하여 친근하지 않고, 빠져들지 않고, 집착하지 않고, 묶이지 않고, 구속되지 않고, 계박되지 않고, 자유로운 마음으로 지냈다. 그는 '이것이 최상의 벗어남이다'라고 통찰했다. 그러나 그는 '더욱 널리 닦아야 할 것이 있다'라고 생각했다.[129)]

당연하게도 무색의 경지에서는 각각에 대응하는 공무변처의 산냐, 식무변처의 산냐, 무소유처의 산냐가 다른 선한 담마들과 함께 존재합니다. 그러나 '비상비비상처'에서는 다른 무색의 경지와는 달리 산냐가 존재하지 않으며 단지 사띠하는 마음만 존재합니다.

6) 상수멸의 증득과 멸진의 증득

이러한 무색의 경지와 구별하여야 할 경지로 상수멸saññāvedayitanirodha과 멸진nirodha의 증득samāpatti이 있습니다.[130)] 상수멸은 앞의 『맛지마 니까야』의 「발걸음따라경」에서 사리뿟따가 관찰한 담마의 내용을 보면 알 수 있듯이, 산냐와 이에 따르는 느낌이 아주 미세하게 남아 있던 수행자가 이들마저도 소멸시킨 경지입니다. 그러나 네 가지 무색의 경지를 증득한 수행자가 모두 이것을 거치는 것은 아닙니다. 무색의 경지를 증득하여도 열반을 증득하지 못할 수 있으며 열반을 증득하는 경우 그 전에 '상수멸'의 증득을 경험할 수도 있고 경험하지 못할 수도 있습니다. 그러나 '상수멸'을 증득한 수행자는 이어서 바로 열반의 증득으로 나아갑니다. 『맛지마 니까야』의 「문고 답함의 작은 경cūḷavedallasutta(MN 44)」에는 이 증득에 관하여 잘 표현되어 있습니다. 경전을 보겠습니다.

"존귀한 여인이여, 어떻게 하면 상수멸의 증득saññāvedayitanirodhasamāpatti이 있습니까?"

"도반 위사까여, 상수멸을 증득한 자에게는 '나는 상수멸을 증득할 것이다'라든가 '나는 상수멸을 증득한다'라든가 '나는 상수멸을 증득했다'라든가 하는 이와 같은 생각이 일어나지 않습니다. 그는 그와 같은 상태로 이끌어지도록 그렇게 이전에 마음을 닦은 것입니다."

"존귀한 여인이여, 상수멸을 증득한 자에게 어느 것이 제일 먼저 소멸합니까, 신체의 형성입니까, 언어의 형성입니까, 마음의 형성입니까?"

"도반 위사까여, 상수멸을 증득한 자에게 먼저 언어의 형성이 소멸하고 그 후에 신체의 형성이 소멸하고 그 후에 마음의 형성이 소멸합니다."

"존귀한 여인이여, 어떻게 하면 상수멸의 증득에서 나옵니까?"

"도반 위사까여, 상수멸을 증득한 자에게는 '나는 상수멸의 증득에서 나올 것이다'라든가 '나는 상수멸의 증득에서 나온다'라든가 '나는 상수멸의 증득에서 나왔다'라든가 하는 이와 같은 생각이 일어나지 않습니다. 그는 이와 같은 상태로 이끌어지도록 이전에 그렇게 마음을 닦은 것입니다."

"존귀한 여인이여, 상수멸의 증득에서 나온 자에게 어느 것이 제일 먼저 생겨납니까? 신체의 형성입니까, 언어의 형성입니까, 마음의 형성입니까?"

"도반 위사까여, 상수멸의 증득에서 나온 자에게 먼저 마음의 형성이 생겨나고 그 후에 신체의 형성이 생겨나고 그 후에 언어의 형성이 생겨납니다."

"존귀한 여인이여, 상수멸의 증득에서 나온 비구는 어떤 접촉을 경험합니까?"

"도반 위사까여, 상수멸의 증득에서 나온 비구는 세 가지 접촉, 즉 공suññato의 접촉, 표상 없음animitto의 접촉, 바람 없음appaṇihito의 접촉을 경험합니다."

"존귀한 여인이여, 상수멸의 증득에서 나온 비구의 마음은 어떤 곳으로 기울고, 어떤 곳으로 향하고, 어떤 곳으로 나아갑니까?"

"도반 위사까여, 상수멸의 증득에서 나온 비구의 마음은 멀리 떠남으로 기울고, 멀리 떠남으로 향하고, 멀리 떠남으로 나아갑니다."[131]

'멸진의 증득nirodhasamāpatti'은 마음citta과 마음 작용cetasika이 순서대로 소멸하여 담마들이 일어나지 않는 것을 말합니다. 오직 여덟 가지 증득을 얻은 아나함과 아라한들만 멸진의 증득을 성취할 수 있습니다.[132]

이상으로 선정에 관한 설명을 마무리하면서 덧붙일 것이 있습니다. 세존께서는 사띠와 분명한 통찰을 강조하셨고, 선정을 성취한 수행자에게는 항상 열반의 증득에 대해 이야기하셨습니다. 이때 가장 기본이 되는 선정은 색계 선정입니다. 열반의 증득은 선정과 관련하여 세 가지 경우가 있습니다.

첫째, 색계 4선의 성취 후 열반을 증득하는 경우,

둘째, 색계 선정과 무색의 경지를 거쳐 열반을 증득하는 경우,

셋째, 색계 선정, 무색의 증득과 상수멸까지 증득한 후 열반을 증득하는 경우입니다.

그러므로 수행자는 가장 기본이 되는 색계 선정의 성취에 힘을 쏟아야 합니다. 이 색계 선정을 성취하기 위하여 수행자는 대상에 집중하려 마음을 그것에 모으려고 하는 것보다 오히려 한 발 물러선 기분으로 긴장을 풀고 사띠를 강하게 확립하여 단지 대상의 일어남과 사라짐을 관찰하고 통찰하는 수행을 하여야 합니다. 이러한 수행이 사띠를 확립하는 사띠빳타나 수행입니다.

3. 일곱 가지 깨달음의 요소

수행자가 다섯 가지 장애를 버리고 사띠를 확립시키며 그로 인해 일어나는 선정을 성취해 나가면 일곱 가지 깨달음의 요소가 확연히 나타납니다. 일곱 가지 깨달음의 요소^sambojjhaṅga^에는 사띠

의 깨달음의 요소[satisambojjhaṅga], 담마를 조사하는 깨달음의 요소[dhammavicayasambojjhaṅga], 정진의 깨달음의 요소[vīriyasambojjhaṅga], 희열의 깨달음의 요소[pītisambojjhaṅga], 고요함의 깨달음의 요소[passaddhisambojjhaṅga], 삼매의 깨달음의 요소[samādhisambojjhaṅga], 평온의 깨달음의 요소[upekkhāsambojjhaṅga]가 있습니다. 『맛지마 니까야』의 「사띠 확립경[satipaṭṭhānasutta(MN10)]」을 살펴보겠습니다.

> 비구들이여, 또한 여기서 비구는 일곱 가지 깨달음의 요소라는 담마에 대해 담마를 계속 관찰하여 머무른다. 비구들이여, 어떻게 여기서 비구는 일곱 가지 깨달음의 요소 가운데 담마에 대해 담마를 관찰하는가? 비구들이여, 여기서 비구가 안으로 사띠의 깨달음의 요소가 있다면 '나에게 안으로 사띠의 깨달음의 요소가 있다'라고 분명히 통찰하고, 안으로 사띠의 깨달음의 요소가 없다면 '나에게 안으로 사띠의 깨달음의 요소가 없다'라고 분명히 통찰하고, 아직 생겨나지 않은 사띠의 깨달음의 요소가 생겨난다면 생겨나는 대로 그것을 분명히 통찰하고, 이미 생겨난 사띠의 깨달음의 요소가 닦여져 원만해지면 닦여져 원만해지는 대로 그것을 분명히 안다.
>
> 안으로 담마를 조사함의 깨달음의 요소가 있다면 ~, 정진의 깨달음의 요소가 있다면 ~, 희열의 깨달음의 요소가 있다면 ~, 고요함의 깨달음의 요소가 있다면 ~, 삼매의 깨달음의 요소가 있다면 ~, 평온의 깨달음의 요소가 있다면 '나에게 안으로 평온의 깨달음의 요소가 있다'라고 분명히 통찰하고, 안으로 평온의 깨달음의 요소가 없다면 '나에게 안으

로 평온의 깨달음의 요소가 없다'라고 분명히 통찰하고, 아직 생겨나지 않은 평온의 깨달음의 요소가 생겨난다면 생겨나는 대로 그것을 분명히 통찰하고, 이미 생겨난 평온의 깨달음의 요소가 닦여져 원만해지면 닦여져 원만해지는 대로 그것을 분명히 안다.

이와 같이 그는 안으로 담마에 대해 담마를 관찰하며 머물고, 밖으로 담마에 대해 담마를 관찰하며 머물고, 안팎으로 담마에 대해 담마를 관찰하며 머무른다. 일어남의 담마를 계속 관찰하며 담마에서 머무르며, 사라짐의 담마를 계속 관찰하며 담마에서 머무르며, 일어남과 사라짐의 담마를 계속 관찰하며 담마에서 머무른다. 단지 그에게 '담마가 있다'라고 하는 사띠가 확립된다. 그는 지혜와 사띠를 위하여 어떤 세계에도 의존하지 않고 집착하지 않고 머무른다. 비구들이여, 바로 이와 같이 비구는 일곱 가지 깨달음의 요소에서 담마에 대해 담마를 계속 관찰하며 머무른다.[133]

1) 사띠의 깨달음의 요소satisambojjhaṅga:

8정도의 가장 중요한 요소이며, 수행의 실제에서 가장 핵심입니다. 우리의 몸·느낌·마음·법의 현상의 '일어나고 사라지는' 과정과 그 내용을 알아차려서 관찰하는 것을 말합니다. 이러한 수행으로 존재의 '있는 그대로'의 실상을 깨달아가게 됩니다.

2) 담마를 조사하는 깨달음의 요소dhammavicayasambojjhaṅga:

몸·느낌·마음·법의 현상이 '일어나고 사라지는' 과정과 그 내용을 알아차려서 관찰하는 동안 그것들의 현상을 통하여 존재들의 본성인 무상無常·고苦·무아無我의 3법인과 연기법을 깨달아가는 것을 말합니다.

3) 정진의 깨달음의 요소vīriyasambojjhaṅga:

깨달음을 위한 수행에서 졸음, 나태 그리고 무기를 극복하며, 부지런히 성실하게 힘을 쏟으며 수행해 나가는 것을 말합니다.

4) 희열의 깨달음의 요소pītisambojjhaṅga:

앞서 서술한 선정의 구성요소 중 희열을 말합니다. 그러나 희열이 존재하는 한 마음이 평온에 들 수 없으므로 이 환희심에 집착하게 되면 수행의 진전은 없게 된다는 점을 명심하여야 합니다.

5) 고요함의 깨달음의 요소passaddhisambojjhaṅga:

수행 과정에서 3선정에 들어서면 색계 2선에서 남아 있던 희열이 없어집니다. 희열로 인해 상대적으로 고요하지 못하던 수행자의 마음은 즐거운 느낌만 존재하는 행복의 느낌과 함께 고요함passaddhi이 일어납니다. 2선정에서 더욱 정진하면 몸은 매우 가뿐하여 가벼워지고, 마음은 더욱더 맑아지면서 삼매가 매우 깊어집니다. 그러면 주위가 고요해지고 적적해집니다. 그러나 이 경계를 집착하게 되면 또한 수행은 앞으로 나아가지 못합니다.

6) 삼매의 깨달음의 요소samādhisambojjhaṅga:

몸·느낌·마음·법의 현상이 '일어나고 사라지는' 과정과 그 내용을 알아차려서 관찰하는 동안 마음이 관찰하는 대상에서 벗어나지 아니하고 견고하게 밀착되어 삼매를 이루는 것을 말합니다.

7) 평온의 깨달음의 요소upekkhāsambojjhaṅga:

수행 과정에서 3선정에서 더 나아가 4선정으로 들어가면 행복한 느낌에서도 자유로워지고, 고요함에서도 나와 어떠한 현상을 접해도 좋아함과 싫어함이 없이 초연한, 이전과는 다른 평온한 상태가 옵니다. 이것을 상카라의 평온이라 하며 이곳에서 일어나는 지혜를 상카라의 평온의 지혜라고 합니다.

4. 진리

진리sacca, 諦라는 단어는 경전에서 여러 뜻으로 사용됩니다. 이 단어의 의미를 명확히 하기 위하여 『숫따니빠따』의 「논쟁에 대한 작은경 cūḷabyūhasutta(KN5.50)」을 보겠습니다.

883. "어떤 사람들이 '진리는 하나이다'라고 하는데, 다른 사람은 그것을 두고 '공허하고 거짓이다'라고 말합니다. 이와 같이 그들은 다투며 논쟁합니다. 어째서 사문들은 동일하게 말하지 않는 것입니까?"

884. "진리는 하나일 뿐, 둘은 없습니다. 아는 사람은 그들과 다투는 일이 없습니다. 각기 다른 진리를 찬양하므로 사문들이 동일한 것을 말하지 않는 것입니다."

885. "논쟁에 익숙한 이들은, 왜 다양한 진리를 말하는 것입니까? 진리들이 들음이 많고 다양하기 때문입니까? 또는, 그들이 사상들을 따르고 있는 것입니까?"

886. [세존] "어떤 세계에서 다양하고 수많은 '항상하다niccāni'는 산냐의 saññāya 진리들은saccāni 없습니다. 여러 가지 견해로 생각하고 고찰하여, '진리이다. 거짓이다'라고 두 가지로 말하는 것입니다.[134]

위의 경전 884번 게송에서 '진리'라고 했을 때, 진리는 '궁극적인 진리'인 '열반'과 '도magga'의 의미로 사용되었으며, 883, 885번 게송에서는 '견해의 진리'라는 의미로 사용되었습니다. 특히 견해와 관련하여 8정도의 바른 견해sammādiṭṭhi가 강조되며 이에 상대되는 삿된 견해, 즉 유신견sakkāyadiṭṭhi, 有身見, 의심vicikicchā, 疑, 계율과 의식에 대한 취착sīlabbataparāmāso, 戒禁取을 묶어 세 개의 족쇄tīṇi saṃyojanāni라고 하며 진리의 흐름에 든 이, 수다원과를 성취하여 증득한 이의 수준에서 버려진다고 하였습니다.

『상윳따 니까야』의 56묶음인 '진리 상윳따saccasaṃyutta'의 진리는 '열반'과 '도magga'를 말하며, 더 구체적으로는 '4성제catunnaṃ ariyasaccā, 四聖諦'를 의미합니다. '진리 상윳따'의 「초전법륜경dhammacakkappavattanasutta(SN56.11)」은, 세존께서 녹야원에서 다섯 비구에게 처음으로 진리의 바퀴를 굴리셨다는 의미에서 '초初', '전법륜轉法輪'이며, 다음과 같이 4성제에 대한 바른 이해가 곧 '바른 깨달음sammāsambodhi'임을 말씀하신 경전입니다. 경전을 보겠습니다.

> 비구들이여, 이 네 가지 고귀한 진리에 대해 '있는 그대로 봄의 지혜yathābhūtaṃ ñāṇadassana'가 나에게 아주 분명하지 않았다면, 비구들이여, 나는 천신·마라·범천·사문과 브라만·인간·천인의 세계에서 위없는 바른 깨달음anuttaraṃ sammāsambodhi을 깨달았다고 공언하지 않았을 것이다. 하지만 비구들이여, 이 네 가지 고귀한 진리에서 '있는 그대로 봄의 지혜'가 나에게 아주 분명하게 되었기 때문에, 비구들이여, 나는 천신·마라·범천·사문과 브라만·인간·천인의 세계에서 위없는 완전한 깨달음을 깨달았다는 확신이 나에게 생겨났다.[135)]

'바른 깨달음'이란, "일체 모든 것은 항상 변하며(無常), 그것은 괴로움(苦)이며, 실재한다고 할 만한 실체가 없다(無我)는 것입니다." 그러나 일체 모든 것이 홀로 독립적으로 존재하는 것은 아니며 상호 의존적으로 관계를 맺으며 존재합니다.

'바른 깨달음'의 구체적인 내용은 4성제catunnaṃ ariyasaccā, 四聖諦와 8정도ariyo aṭṭhaṅgiko maggo, 八正道입니다. 4성제란 네 가지의 고귀한 진리라는 의미이며, 이 네 가지란,

① 괴로움의 고귀한 진리(dukkhaṃ ariyasacca, 苦聖諦)

② 괴로움의 발생의 고귀한 진리(dukkhasamudayaṃ ariyasacca, 集聖諦)

③ 괴로움의 소멸의 고귀한 진리(dukkhanirodhaṃ ariyasacca, 滅聖諦)

④ 괴로움의 소멸에 이르는 고귀한 진리(dukkhanirodhagāminī paṭipadā ariyasacca, 道聖諦)입니다.

세존께서는 삶의 본질적인 '고통', 즉 우리의 삶이 본질적으로 '괴롭다dukkha, 苦'는 것, 그러나 그 고통에 머물지 않고 원인을 알아 진정으로 그것으로부터 벗어나는 방법에 대하여 가르치셨습니다. 이들은 질병, 질병의 원인, 질병의 치료, 질병의 치료 방법에 비유될 수 있습니다. 아래에서 계속 각각의 진리에 대하여 살펴보겠습니다.

1) 괴로움의 고귀한 진리

4성제의 첫 번째 진리인 괴로움의 고귀한 진리dukkhaṃ ariyasacca, 苦聖諦는 삶에서 인간의 처지에 대해서뿐만 아니라 일체의 유정물有情物들

에게도 그대로 적용되는 결론입니다. 이 결론을 받아들인다는 것은 우리들이 지닌 삶에 대한 일상적인 견해를 재조정한다는 의미입니다. 삶을 본질적인 고통으로 보는 관점은 대상과 관계 맺는 가치관을 바꾸게 될 것입니다. 경전을 보겠습니다.

> 비구들이여, 괴로움의 고귀한 진리는 이와 같다. 태어남이 괴로움dukkha이며, 늙음이 괴로움이며, 병듦이 괴로움이며, 죽음이 괴로움이며, 슬픔·비탄·통증·비애 그리고 절망도 괴로움이며, 싫어하는 사람과 만나는 것도 괴로움이며, 좋아하는 사람과 헤어지는 것도 괴로움이다. 간단하게 말해서 5온에 대한 집착이 모두 괴로움이다.[136)]

먼저 '괴로움' 혹은 '고통'으로 번역되는 '두카dukkha'를 설명하겠습니다. '두카'는 'du' + 'kha'로 나누어지는데, 'du'는 '나쁜, 저열한, 하찮은kucchita'의 뜻이고 '√kha'는 '하늘 혹은 허공ākāsa'의 빈 공간을 의미하는 말로 '텅 빈tuccha'의 뜻입니다. 여기서 '텅 빈'이란 '어리석은 이가 바라는 고정되고 아름다운 행복한 나의 존재는 없다'는 뜻입니다. 그러므로 '두카'는 '나쁘고', '비었다'라는 의미입니다.[137)]

네 가지 고귀한 진리에서 이 괴로움에 대한 것을 첫 번째로 말씀하신 것은 진단과 처방을 위한 필수 단계이기 때문입니다. 이것은 의사나 심리상담자가 환자에게 지금 병에 걸려 있다고 말해 주는 것과 같습니다. 병을 치료하기 위해서는 환자가 지금 병이 있다는 것을 우선 인식해야 합니다.

이 부분을 지적하며 흔히 다른 종교나 철학에서는 불교의 인생관을 기본적으로 비관주의, 염세주의로 보는 시각이 있습니다. 만약 세존의 가르침이 이 괴로움에 대한 진리로 끝난다면 그와 같은 부정적 해석도 타당하리라 생각할 수 있습니다. 그러나 불교는 그 괴로움의 본질을 명확하게 이해하여 괴로움으로부터 벗어나 완전한 자유로움을 증득하는 것을 최고의 목표로 함을 명심해야 합니다. 이 삶의 괴로움에 대하여 경전을 근거로 보다 구체적으로 살펴보겠습니다.

> 비구들이여, 태어남[jāti]이란 무엇인가? 그러그러한 중생들이 저러저러한 중생의 세계에 태어남, 발생, 나타남, 존재함, 무더기들이 분명해짐[pātubhāvo], 감각장소[āyatana]를 가짐[paṭilābho]. 비구들이여, 이것을 일러 태어남이라고 한다.
>
> 비구들이여, 늙음[jarā]이란 무엇인가? 그러그러한 중생들이 저러저러한 중생의 세계에서 늙음, 나이를 먹는 것, (이빨이) 빠짐, 흰머리가 생김, 주름진 피부, 수명이 다함, 감각기관들의 기능이 다함. 비구들이여, 이것을 일러 늙음이라고 한다.
>
> 비구들이여, 죽음[maraṇa]이란 무엇인가? 그러그러한 중생들이 저러저러한 중생의 세계에서 끝남, 없어짐, 부서지고 사라짐, 죽음, 일생의 종결, 다섯 가지 무더기의 해체, 생명 기관의 끊어짐. 비구들이여, 이것을 일러 죽음이라고 한다.
>
> 비구들이여, 슬픔[soko]이란 무엇인가? 이러이러한 손실과 고통스러운 일들과 부딪힘으로써 생겨나는 슬픔, 걱정, 놀람, 내적인 슬픔, 내적인 재

난. 비구들이여, 이것을 일러 슬픔이라고 한다.

비구들이여, 비탄[paridevo]이란 무엇인가? 어떤 사람이 빠져 있는 이런저런 손실과 고통스러운 일들 때문에 울부짖고 비탄해하면서 재난의 상태, 비탄의 상태에 있는 것. 비구들이여, 이것을 일러 비탄이라고 한다.

비구들이여, 괴로움[dukkha]이란 무엇인가? 육체의 괴로움, 육체적인 통증[asāta], 육체의 접촉에서 일어나는 괴롭고 아픈 느낌. 비구들이여, 이것을 일러 괴로움이라고 한다.

비구들이여, 정신적 괴로움[domanassa]이란 무엇인가? 마음작용[cetasika]의 괴로움, 마음작용의 통증, 마음의 접촉에서 일어나는 괴롭고 아픈 느낌. 비구들이여, 이것을 일러 정신적인 괴로움이라고 한다.

비구들이여, 절망[upāyāso]이란 무엇인가? 이런저런 손실과 고통스러운 일들과 부딪힘으로써 생겨나는 실의, 절망, 실의에 빠져 있는 상태, 절망에 빠져 있는 상태. 비구들이여, 이것을 일러 절망이라고 한다.

비구들이여, 사랑스럽지 않은 것[appiyehi]을 만나는 괴로움이란 무엇인가? 여기 좋아하지 않고 불쾌하고 혐오하는 형상·소리·냄새·맛·접촉의 담마들이 있다. 이들은 싫어함의 감각적 욕망, 불쾌의 감각적 욕망, 질색함의 감각적 욕망, 유가안은으로부터 멀어짐의 감각적 욕망 등과 함께 모두 연결되고 만나고 합쳐져 섞여진다. 이것을 일러 비구들이여, 사랑스럽지 않은 것을 만나는 괴로움이라 한다.

비구들이여, 사랑스러운 것[piyehi]을 만나지 못하는 괴로움이란 무엇인가? 여기 즐겁고 사랑스럽고 매력적인 형상·소리·냄새·맛·접촉의 담마들이 있다. 이들은 원함의 감각적 욕망, 좋아함의 감각적 욕망, 편안함의 감각적 욕망, 유가안은의 감각적 욕망, 어머니·아버지·형제·자매·친구·동료·친척 등과 함께 모두 연결되지 않고 만나지 않고 합쳐지지 않고 섞여지지 않는다. 이것을 일러, 비구들이여, 사랑스러운 것을 만나지 못하는 괴로움이라 한다.

비구들이여, 어떤 것이 원하지만 얻지 못하는 괴로움인가? 태어나게 되어 있는 중생에게 다음과 같은 바람이 있다고 하자. '아, 태어남의 고통을 받지 않았으면, 더 이상 태어나지 않았으면', 늙음·병듦·죽음·슬픔·비탄·통증·비애 그리고 절망이 닥쳤을 때, '아, 이러한 괴로움을 받지 않았으면, 더 이상 이러한 괴로움들이 생겨나지 말았으면' 하는 바람이 생겨날 것이다. 하지만 단순히 구하고 바란다고 해서 문제가 해결되는 것은 아니다. 비구들이여, 이것이 원하는 것을 얻지 못하는 괴로움이다.

비구들이여, 간단히 말해서 다섯 가지 무더기에 대한 취착이 괴로움이다. 다섯 가지 무더기에 대한 취착의 괴로움이란 무엇인가? 그것들은 물질 무더기에 대한 취착[rūpupādānakkhandho, 色取蘊], 느낌 무더기에 대한 취착[vedanupādānakkhandho, 受取蘊], 산냐 무더기에 대한 취착[saññupādānakkhandho, 想取蘊], 상카라 무더기에 대한 취착[saṅkhārupādānakkhandho, 行取蘊], 윈냐나 무더기에 대한 취착[viññāṇupādānakkhandho, 識取蘊]이다.[138)]

태어남은 괴로움입니다. 아기가 태어나는 과정의 육체적 고통을 시작으로 삶의 괴로움은 시작됩니다. 태어나자마자 세상을 향해 우는 것은 태어남에 대한 환희의 표현만은 결코 아닐 것입니다. 태어남 자체를 이렇게 '괴로움'으로 바라보는 관점에 대하여 지나치게 비관적인 태도가 아니냐고 할지도 모릅니다. 이것은 결코 태어남의 긍정적인 면을 부정하려는 것이 아닙니다. 인간으로 태어나는 다행스러움과 희망적인 면은 분명히 산처럼 어마어마합니다. 그러나 그 이면에 도사리고 있는 부정적인 면을 놓쳐서는 안 됩니다.

> 그대는 보지 못했는가. 이 세상에서 80세, 90세, 100세가 된 남자나 여자들을. 허약하고 허리는 지붕처럼 아래로 굽어 있고, 지팡이에 의지해서 금방이라도 쓰러질 듯 걸음을 걷고, 젊은이의 기운이 없어진 지는 벌써 오래된, 이는 빠져 버렸고, 백발이 성성한 머리도 드문드문 남아 있거나 그나마 없는, 때가 낀 사지에 피부는 주름져 있는 노인들을. 그리고 그대는 생각해 본 적이 없는가. 그대도 역시 이처럼 늙게 되리라는 사실을. 그대는 늙음을 피할 수 없다는 사실을.
> 그대는 보지 못했는가. 이 세상에서 병들어 괴로워하며, 병상에서 비탄에 빠져 있으며, 자신의 배설물 속에서 뒹굴고 있는 남자나 여자가 다른 이들에 의해서 들것에 들려져서 병상에 눕혀져 있는 모습을. 그리고 그대는 생각해 본 적이 없는가. 그대도 역시 이처럼 병들게 되리라는 사실을. 그대도 병들어 쓰러지는 것을 피할 수 없다는 사실을.
> 그대는 보지 못했는가. 이 세상에서 죽은 지 하루, 또는 이틀, 또는 사흘이 된 남자나 여자의 시신이 부어오르고, 색깔은 검푸르게 되어 완전히 썩어 있는 모습을. 그리고 그대는 생각해 본 적이 없는가. 그대도 역시 이처럼 죽게 되리라는 사실을. 그대도 죽어 쓰러지는 것을 피할 수 없다는 사실을.[139)]

늙음에 대하여 괴로워하는 것은 인지상정人之常情인 것 같습니다. 대부분의 사람들은 자기 자신이 젊음을 잃어가는 것을 상심합니다. 병듦은 분명히 고통스럽습니다. 나이가 들어감에 따라 아무리 건강한 사람이라도 소소하게 혹은 심각하게 병마에 속수무책으로 당하며 살아가므로 괴로움을 겪을 수밖에 없습니다.

죽음은 괴로움 중의 괴로움입니다. 한 인간이 일생을 통해 이루어 왔던 모든 것, 즉 가족·지위·신분·명예·재산 그리고 기대와 바람, 뿐만 아니라 자기의 정체성인 '자아'를 잃어버리는 죽음을 맞이한다면, 실로 어느 누구라도 하늘이 무너져 내린 듯할 것입니다. 그것은 괴로움 중의 괴로움입니다.

인생에 회한이 많은 사람뿐만 아니라 인생을 제법 충실하게 산 사람도 죽음은 괴로움으로 다가옵니다. 태어난 존재는 반드시 소멸할 수밖에 없습니다. 일어난 것은 반드시 사라집니다. 죽음은 어떤 사람이라 할지라도 피해 갈 수 없습니다.

이와 같은 예들은 우리가 정신적으로나 육체적으로나 일상생활에서 겪는 경험적 고통의 형태로서 가장 분명하게 느끼는 괴로움이니 더 이상의 설명이 필요하지 않을 것입니다.

원하는 것을 가지지 못하는 것은 괴로움입니다. 원하는 것을 가지게 되었다 해도 괴로움은 사라지지 않습니다. 왜냐하면 하나를 얻었으면 그것과 연장선상에 있는 다른 어떤 것을 또 가지고 싶어 하기 때문입니다. 뿐만 아니라 원하는 것을 가지지 못했을 때는 자기 자신은 '주체'이고 가지고 싶은 대상은 '객체'였습니다. 그런데 그것을 획득하는 순간, 그것이 너무나 가지고 싶었기 때문에 강한 집착과 애착이 반드시 일어납니다. 이제는 그것이 '주체'가 되고 '나'는 '객체'로 전락하고 말아 내면적인 괴로움은 더욱 깊어집니다.

사랑하는 사람을 만나지 못하는 것은 괴로움입니다. 그러나 대개의 경우는 사랑하는 사람을 만나지 못합니다. 뿐만 아니라 마주하기 싫은 사람과 더불어 살 수밖에 없는 것이 우리 삶입니다. 이것 또한 괴로움 중에 중요한 부분입니다.

이상의 내용을 다시 살펴보면, '괴로움'은 가벼운 불만족에서 절망에 이르기까지, 가벼운 감정적인 느낌에서 뼈저린 고뇌에 이르기까지 모든 면에서 정신적·물질적인 괴로움을 다 포함하는 것으로 이해해야 합니다.

육체는 무상하지 않은 부분이 없으므로 불안정하고 끊임없이 변화하고 있는, '비실재'라는 본질적인 성품에서 오는 고입니다. 마음 또한 항상 욕망, 불만, 성냄, 초조, 불안, 걱정스러움, 갈등 속에 있으므로 그것 자체로 괴로움입니다. 그런데 우리는 '괴로움'의 반대가 행복이라고 흔히 생각하는데 그 행복마저도 괴로움의 종자種子를 품고 있어 고통으로부터 벗어나 자유롭지 못합니다.

왜냐하면 행복을 흥분 속에서 반응하고 있으므로 평안에 머물고 있지 못하기 때문입니다. 뿐만 아니라 '행복'도 일반적으로 그 반대 개념인 '고통'과 상대적으로 개념화될 때 성립될 뿐이지 행복 그 자체로 절대적인 경계로 있지 못합니다. 그러므로 즐거움이니 고통이니 하는 것은 대조를 이루어 상대적인 것으로 서로를 전제로 하지 않고는 경험되지 않는 그런 개념들일 뿐입니다.

불교는 완전무결하고 변하지 않는 영원성을 가진, 그리고 순수하고 절대적인 행복이란 존재하지 않는다고 단정합니다. 행복은 단지 마음을 조건으로 하여 성립할 뿐입니다. 그 이유는 이러한 고통인 괴로움의 발생을 다루는 '괴로움의 발생'의 고귀한 진리에서 검토될 것입니다.

이제 우리는 세존께서 "일체가 다 괴로움이다"라고 하셨을 때의 괴로움의 의미는 우리가 일반적으로 생각하는 감각적인 느낌의 괴로움을 의미하는 것이 아니라 보다 근원적인 면의 괴로움을 말하고 있다는 것을 알 수 있습니다. 그 어떤 괴로운 느낌, 즐거운 느낌, 그리고 괴롭지도 즐겁지도 않은 느낌일지라도 그것은 '덧없는 것'이기 때문에, 마침내 변하여 가고 바뀌어 가는 것입니다. 그래서 결국은 늙고, 병들고, 죽음에 이르거나, 번뇌하는 상태에 이르게 마련인 것이 삶이라고 할 때, '삶은 괴로움'이라는 단언은 반박할 여지가 없는 진리입니다.

삶에서 경험하는 괴로움은 관념적이거나 추상적 사실이 아니라 구체적이고 실제적 사실입니다. 그 누구도 피할 수 없는 사건으로부터 오는 경험적인 사실입니다. 그럼에도 불구하고 젊은이는 늙음에 대해서 고려하지 아니하고, 건강한 자들은 병든 환자에 대해서 생각해 보지 아니하고, 사랑하는 자는 이별의 고통을 전제하지 아니하고, 미워하고 있는 자는 대상을 사랑했던 흔적을 바탕에 두고 있지 아니합니다. 다만 지금의 즐거움의 흥분 속에 휘말리어 떠내려가고 있을 뿐입니다. 그래서 상황이 변하면 그것 자체로 괴로움에 휘말리고 맙니다. 그리고 대부분의 사람들은 괴로움의 반대가 '즐거움'이라 상정하고는 그 절대적인 즐거움을 붙잡으려고 한평생을 바칩니다.

우리는 평소에는 거친 무상함만을 느끼며 보다 섬세하고 본질적인 무상함을 보지 못합니다. 수행이 어느 정도 진행되어 무상의 적나라함이 보이기 시작하면 무상함 그 자체가 고통이라는 법이 실로 가슴에 저며 들게 됩니다. 우리가 이 괴로움의 고귀한 진리의 진실한 의미가 가슴 깊이 저며 들어올 때, 그래서 어떻게 하든지 이 생에서 이 고통에서 벗어나 참다운 행복을 향하여 나아가리라는 생각이 미칠 때, 비로소 진실한 인생의 의미가 자리하면서 수행의 필요성과 그 유용함에 감사하며 정진할 수 있게 될 것입니다. 이러한 연유에서 불교의 지혜와 수행은 삶이 그 자체로 고苦임을 느끼고, 그것을 직시하는 것에서부터 시작됩니다.

2) '괴로움의 발생'의 고귀한 진리 dukkhasamudayaṃ ariyasacca, 集聖諦

비구들이여, 무엇이 '괴로움의 발생'의 고귀한 진리인가? 그것은 다시 태어남으로 인도하고 ponobbhavikā, 즐거움과 탐욕이 함께하는 nandīrāgasahagatā,

이곳 저곳에서 즐기는 것 그것이 갈애[taṇhā, 渴愛]이다. 이것은 감각적 욕망에 대한 갈애[kāmataṇhā], 존재에 대한 갈애[bhavataṇhā], 존재하지 않음에 대한 갈애[vibhavataṇhā]를 말한다.

그러면 비구들이여, 이 갈애는 어디에서 생겨나며, 어디에 머물러 있는가? 어떤 세계의 원하는 형상, 좋아하는 형상이 있는 곳이면 갈애는 생겨나고 그곳에 머무른다. 세계의 어떤 것이 원하는 형상, 좋아하는 형상인가? 눈은 세계의 원하는 형상, 좋아하는 형상이다. 그것에서 갈애가 생겨나고 머무른다. 귀는 세계의 ~, 코는 세계의 ~, 혀는 세계의 ~, 몸은 세계의 ~, 마음[mano]은 세계의 원하는 것, 좋아하는 것이다. 그것에서 갈애가 생겨나고 머무른다.

형상[rūpā]은 세계의[loke] ~, 소리는, 냄새·맛·감촉·담마는 세계의 원하는 것, 좋아하는 것이다. 그것에서 갈애가 생겨나고 머무른다. 눈의 윈냐나[cakkhuviññāṇa]는 세계의 ~, 귀의 윈냐나는 세계의 ~, 코의 윈냐나는 세계의 ~, 혀의 윈냐나는 세계의 ~, 몸의 윈냐나는 세계의 ~, 마음의 윈냐나[manoviññāṇa]는 세계의 원하는 것, 좋아하는 것이다. 그것에서 갈애가 생겨나고 머무른다.

눈의 접촉[cakkhusamphasso]은 세계의 ~, 귀의 접촉은 세계의 ~, 코의 접촉은 세계의 ~, 혀의 접촉은 세계의 ~, 몸의 접촉은 세계의 ~, 마음[mano]의 접촉은 세계의 원하는 것, 좋아하는 것이다. 그것에서 갈애가 생겨나고 머무른다.

눈의 접촉으로부터 일어나는[cakkhusamphassajā] 느낌은 세계의 ~, 귀의 접촉으로부터 일어나는 느낌은 세계의 ~, 코의 접촉으로부터 일어나는 느

> 낌은 세계의 ~, 혀의 접촉으로부터 일어나는 느낌은 세계의 ~, 몸의 접촉으로부터 일어나는 느낌은 세계의 ~, 마음[mano]의 접촉으로부터 일어나는 느낌은 세계의 원하는 것, 좋아하는 것이다. 그곳에서 갈애가 생겨나고 머무른다.
>
> 형상의 산냐[rūpasaññā]는 세계의 … 형상의 의도[rūpasañcetanā]는 세계의 … 형상에 대한 갈애[rūpataṇhā]는 세계의 … 형상에 대한 위딱까[rūpavitakko]는 세계의 … 형상에 대한 계속 위짜라[rūpavicāro]는 세계의 … 담마에 대한 계속 위짜라[dhammavicāro]는 세계의 원하는 것, 좋아하는 것이다. 그곳에서 갈애가 생겨나고 머무른다. 이것을 일러, 비구들이여, '괴로움의 발생'의 고귀한 진리라고 한다.[140)]

일체는 '원인과 결과'가 조건 지어져 일어났다가 사라지므로 이것이 곧 괴로움입니다. 이 괴로움의 원인이 괴로움의 발생의 고귀한 진리입니다. 괴로움의 발생의 진리는 의사가 환자의 병에 대해 내리는 진찰내용이라고 할 수 있습니다. 세존께서는 괴로움의 발생의 원인을 '갈애'라고 하였습니다.

갈애 중에 가장 기본적인 것이 감각적인 욕망에 대한 갈애입니다. 감각적 욕망이란 여섯 가지 감각기관, 그 대상, 윈냐나, 접촉 그리고 느낌 등에서 즐거움을 얻고자 하는 욕망을 말하는데, 한 대상을 받아들임으로부터 시작하여 그로 인한 각종 생각들이 전개되어 나가는 마음의 작용 모두가 해당됩니다.

존재에 대한 갈애란 각 감각기관의 '대상'이 항상하는 실체로서 실재한다고 생각하는 '상견nicca saññā, 常見'과 함께 일어나는 갈애를 말합니다.

존재하지 않음에 대한 갈애란 각 감각기관의 '대상'은 끊어지고 멸한다는 '단견'과 함께 일어나는 갈애를 말합니다. 이것은 일종의 허무주의적 입장으로, 모든 존재 일반은 허구라고 상정하고, 자기 자신 또한 지금 임시적으로 있는 허상이며, 그러므로 의미 없는 것으로 보아 무(無)로 돌아가려는 욕망입니다.

위의 입장과 다르게 존재의 세계에 따라 갈애를 나누는 방법이 있습니다. 존재의 세계는 욕계欲界, 색계色界 그리고 무색계無色界의 세 가지가 있으며 이 세계에 따라, 욕계에 존재하고자 하는 갈애, 색계에 존재하고자 하는 갈애, 무색계에 존재하고자 하는 갈애로 분류하기도 합니다.

이 갈애로 인하여 다시 태어나는 존재가 되는데 이 과정을 세존께서는 연기paṭiccasamuppāda, 緣起의 가르침으로 말씀하셨습니다. 연기란 모든 정신·물질 현상의 조건성에 관한 법칙으로, 이것은 무상·고·무아와 함께 불교의 바른 이해와 실천에 필수불가결한 것입니다. 이 연기에 대한 경전의 내용을 보겠습니다.

비구들이여, 무엇이 연기인가? 비구들이여 무명을 조건으로 상카라들이 있다. 상카라들을 조건으로 윈냐나가, 윈냐나를 조건으로 정신·물질이, 정신·물질을 조건으로 여섯 감각장소가, 여섯 감각장소를 조건으로

> 접촉이, 접촉을 조건으로 느낌이, 느낌을 조건으로 갈애가, 갈애를 조건으로 취착이, 취착을 조건으로 존재가, 존재를 조건으로 태어남이, 태어남을 조건으로 늙음·죽음과 근심·탄식·육체적 괴로움·정신적 괴로움·절망이 있다. 이와 같이 모든 괴로움의 무더기가 일어나며, 비구들이여, 이것을 연기라 한다.[141]

먼저 무명 등의 각각의 담마들을 특성lakkhaṇa 등으로 알아보겠습니다. 무명은 지혜 없음의 특성, 미혹하게 만드는 역할, 덮음chādana으로 나타나며, 번뇌āsava가 가까운 원인입니다. 상카라는 형성하는 특성, 쌓는 역할, 의도cetanā로 나타나며, 무명이 가까운 원인입니다. 윈냐나는 인식vijānana의 특성, 앞서가는 역할, 재연결paṭisandhi로 나타나며, 상카라 또는 토대vatthu와 대상ārammaṇa이 가까운 원인입니다. 정신은 기울임의 특성, 결합의 역할, 분리할 수 없음avinibbhoga으로 나타나며, 윈냐나가 가까운 원인입니다. 물질은 변화의 특성, 흩어지는 역할, 결정할 수 없는 것abyākata으로 나타나며, 윈냐나가 가까운 원인입니다.

여섯 감각장소는 장소āyatana의 특성, 보는 등의 역할, 토대와 문이라는 것으로 나타나며, 정신·물질이 가까운 원인입니다. 접촉은 닿는 특성, 부딪치는 역할, 함께 만남saṅgati으로 나타나며, 여섯 감각장소가 가까운 원인입니다. 느낌은 경험하는 특성, 대상을 맛보는 역할, 즐거움과 괴로움으로 나타나며, 접촉이 가까운 원인입니다.

갈애는 원인hetu의 특성, 즐기는 역할, 불만족이라는 것으로 나타나며, 느낌이 가까운 원인입니다. 취착은 잡는gahaṇa 특성, 풀지 않는 역할, 강한 갈애와 사견으로 나타나며, 갈애가 가까운 원인입니다. 존재는 업kamma과 업의 과보kammaphala가 특성, 존재를 일으키는 역할, 선·불선·결정할 수 없음으로 나타나며, 취착이 가까운 원인입니다.[142)]

태어남은 이런저런 존재에서 처음으로 생겨남의 특성, 대가를 받는niyyātana 역할, 과거의 존재로부터 여기에 출현함으로 나타나거나 다양한 괴로움으로 나타납니다.[143)]

무명avijjā, 無明 등의 담마들을 부연 설명하자면, 무명은 괴로움의 진리 등의 4성제와 연기와 연기된 담마들에 대한 지혜 없음aññāṇā입니다.

'무명을 조건으로 상카라들이 있다'에서 상카라들saṅkhārā, 行이란 무명에 따라 지은 욕계의 선과 불선의 20가지 의도cetanā, 색계의 5가지 선한 의도, 무색계의 네 가지 의도를 말하는 것으로 모두 29가지 의도들입니다.

'상카라들을 조건으로 윈냐나viññāṇa, 識'에서, 윈냐나란 눈의 윈냐나 등 다섯 가지 감각기관의 윈냐나와 의근mano의 윈냐나로 여섯 가지 윈냐나가 있습니다. 이들 여섯 가지 윈냐나는 각각 선한 과보의 마음과 불선의 과보의 마음이 있습니다. 이들은 다섯 가지 감각기관의 윈냐나는 10가지, 의근의 윈냐나는 22가지로 모두 32가지 세간의 윈냐나가 있게 됩니다.

'윈냐나를 조건으로 정신·물질nāmarūpa, 名色'에서 정신은 느낌 등의 세 가지 무더기를 말하며, 물질은 네 가지 근본물질cātumahābhūtiko, 四大과 20가지 파생물질을 말합니다. 이 물질은 여러 기준에 의해서 분류할 수 있는데 정신이 분리할 수 없음으로 나타난다고 했던 것과 같이 물질도 분리 가능 여부에 따라 분리할 수 없는avinibbhoga 물질과 분리할 수 있는 물질로 나누어 볼 수 있습니다. 분리할 수 없는 물질은 네 가지 근본물질, 색깔·냄새·맛·영양소ojā를 말합니다. 또한 물질은 첫째, 각각의 존재들이 거주하는 세계 즉 욕계·색계·무색계의 세계별로 고찰해야 하며, 둘째, 각 존재들의 재연결과 그 후의 전개과정으로 나누어 고찰해 보아야 합니다.

'정신·물질을 조건으로 여섯 감각장소'에서는 각각의 정신과 물질이 세 가지 세계에서 재연결과 전개과정으로 나누어 각각 고찰해 보아야 합니다.

'여섯 감각장소를 조건으로 접촉phasso, 觸'에서 접촉이란 앞서 설명한 32가지 윈냐나에서처럼 32가지의 접촉이 있습니다.

'접촉을 조건으로 느낌vedana, 受'에서 느낌이란 눈 등의 감각기관의 문에 따라 여섯 가지로 볼 수 있으며 89가지 마음과 관련되어 있으므로 89가지의 느낌이 있습니다.

'느낌을 조건으로 갈애taṇhā, 愛'에서 갈애는 대상에 따라 '형상에 대한 갈애, 소리·냄새·맛·감촉·법에 대한 갈애'라고 여섯 가지 갈애를 설하셨고 그 갈애 가운데서 각각의 갈애가 일어나는 형태에 따라 다시 ① 감각적 욕망에 대한 갈애, ② 존재에 대한 갈애, ③ 존재하지 않음에 대한 갈애의 세 가지로 나누었습니다. 여섯 가지 갈애, 각각의 형태에 따른 세 가지 갈애, 즉 18가지 갈애가 존재하게 됩니다. 이들은 안과 밖으로 다시 적용되어 36가지가 있게 되고, 여기에

다시 과거·미래·현재의 시간까지 더해져 108가지의 갈애가 있게 됩니다.[144)]

'갈애를 조건으로 취착'에서 취착은 감각적 욕망에 대한 취착, 견해에 대한 취착, 계율과 의식에 대한 취착, 자아의 교리에 대한 취착의 네 가지가 있습니다. 아비담마에서는 앞서 이야기한 갈애와 취착에 대해 더욱 구체적이고 세밀한 분석을 하고 있습니다.

'취착을 조건으로 존재bhavo, 有'에서 존재란 업으로서의 존재kammabhavo, 業有와 재생으로서의 존재upapattibhavo, 生有를 말합니다. 업으로서의 존재는 '업이 존재를 만든다'는 결과를 의미하는 인습적 표현에 의한 존재를 의미합니다. 존재를 만드는 업에서는 '의도'가 가장 중요한 담마입니다. 재생으로서의 존재는 업에서 생긴 무더기khandha, 蘊를 말합니다. 이는 욕계 존재, 색계 존재, 무색계 존재, 산냐가 있는 존재, 산냐가 없는 존재, 비상비비상의 존재, 한 가지 무더기의 존재, 네 가지 무더기의 존재, 다섯 가지 무더기의 존재가 있습니다.[145)]

'존재를 조건으로 태어남jāti, 生'에서 태어남이란 전생의 업, 다시 말하면 존재有에 의해서 일어난 새로운 생명의 일어남을 의미합니다. '태어남을 조건으로 늙음·죽음과 근심·탄식·육체적 괴로움·정신적 괴로움·절망이 있다'에서 늙음 등은 앞서 설명한 '괴로움의 고귀한 진리'를 참조하십시오.

이 연기는 시간적 연속관계의 체계라기보다는 서로 의존되어 맞물려 있는 조건을 이루는 체계로서 '원인과 결과'라는 의존의 실상을 설명해 줍니다. 이 연기의 고리 체계를 끊는 것은 '갈애'와 '무명'에서만 가능한데 이들은 동시에 의존적으로 존재하면서 서로를 지탱해 주고 있는 지배적인 두 심리적 요인입니다.

보통 사람들은 무명無明으로 인해 무상無常·무아無我라는 존재의 있는 그대로의 실상을 이해하지 못하고 있습니다. 그들은 세상의 존재들이 보이는 대로 소박하게 실재하며 지속·유지되는 것으로 생각하고 그것들을 즐기려 하는 갈애를 만들어 냅니다. 갈애로 말미암아 보통사람들은 어떤 것은 얻으려 하고, 어떤 것은 싫어하고, 혐오하며 피하려 하거나 없애버리려 합니다. 이처럼 무명은 갈애와 연결되어 있으므로 갈애로 인하여 정신적 번뇌가 늘어나면 무명도 깊어지고, 번뇌가 줄어들면 무명도 엷어집니다. 무명으로부터 상카라, 윈냐나, 정신 물질, 여섯 감각기관, 이들이 대상과 접촉하여 느낌이 일어나게 됩니다.

윈냐나부터 느낌까지는 과거의 순환고리에 해당합니다. 이들 다섯 요소들은 과거에 형성된 업에 의해 조건 지어진 것들인데, 느낌에서 '의지'가 작용합니다. 느낌에 대한 반응은 자기 성향이 개입되어 그 대상을 즐거운 것으로 받아들이고 그것을 갈망하는 반응을 드러내게 됩니다.

이는 어떤 방식으로 행위를 이끌어가겠지만, 만약 도덕적인 의식이 그 행위가 바람직하지 못한 것이라고 판단할 경우, 의지작용은 그 행위를 억제할 수 있습니다. 뿐만 아니라 갈망 그 자체도 약화시키거나 없애버릴 수도 있습니다. 그렇게 되면 연기의 다음 단계인 갈애[愛], 집착[取], 생성[有]의 연결 고리는 끊어질 수 있습니다. 이것은 인간이 각자의 운명을 능동적으로 이끌 수 있다는 것을 명확하게 설명해 주는 대목입니다.

이상에서 보면, 연기과정은 절대 원인 결정론도 아니고 절대 자유의지론도 아닙니다. 다만 연기의 과정은 제 조건들의 상호의존관계로서, 이 관계는 선행과 악행의 양 갈래 중에서 개인이 선택할 수 있는 자유의지에 따라 좌우됩니다. 이 자유의지의 선택에 의해 각자는 스스로 자기 재생의 성격을 결정할 수 있습니다. 모든 유정의 존재들은 이 자유의지의 선택으로 인하여 생에서 고苦를 피할 수 없습니다. 자기가 다시 타고날 '삶의 성품'을 자기가 스스로 결정해야 하기 때문에 결단의 고뇌는 어쩔 수 없는 것이고, 이 고뇌가 곧 고가 됩니다. 다음 생의 자신의 삶의 성품은 바로 지금 행하고 있는 행동·말·의식의 갈애에 달려 있는 것입니다.

세존께서는 이렇게 말씀하셨습니다.

> 대해(大海)도 고갈되어 물 한 방울도 남지 않는 때가 올 것이다. 그리고 이 대지도 불에 타서 파괴되어 온전히 사라져버릴 날이 올 것이다. 하지만 어리석음[無明]에 가려져, 갈애에 빠져 생사의 굴레에서 이리저리 바쁘게 헤매고 다니는 중생들의 괴로움은 다할 날이 없을 것이다.[146]

불교는 인간의 인식을 넘어선 초월적인 실재자를 부정하고, 인식의 주체 즉 '나'를 중심으로 일체를 파악하는 종교입니다. 따라서 불교는 나의 주위를 둘러싸고 있는 환경, 상황 그리고 대상에서 오는 괴로움보다는 그런 것들과 관계를 맺고 있는 '나'라는 구조로부터 오는 괴로움에 일차적인 관심을 가지고 있습니다.

3) '괴로움의 소멸'의 고귀한 진리dukkhanirodhaṃ ariyasacca, 滅聖諦

비구들이여, '괴로움의 소멸'의 고귀한 진리란 무엇인가? 탐욕을 버림에 의한, 저 갈애의 남김 없는 소멸, 떠남, 완전한 파기, 해탈, 무집착, 이것을 '괴로움의 소멸'의 고귀한 진리라고 한다.

그러면 비구들이여, 이 갈애는 어디에서 버려지며, 어디에서 소멸해 버리는가? 이 세상에서 즐거운 대상, 즐길 만한 대상이 있는 곳에서 이 갈애는 버려지고 소멸한다. 이 세상에서 눈·귀·코·혀·몸·마음이 즐겁고 즐길 만한 대상이라면 그 곳에서 이 갈애는 버려지고, 소멸한다.

보이는 것·들리는 것·냄새·맛·육체의 촉감·마음속의 현상들[六境]이 즐겁고 즐길 만한 대상이라면 그 곳에서 이 갈애는 버려지고 소멸한다.

그리고 여섯 가지 인식작용, 여섯 가지 접촉, 여섯 가지 접촉에서 생긴 느낌, 여섯 가지 표상작용, 여섯 가지 의지작용, 여섯 가지 갈애, 여섯 가지 거친 사색작용, 여섯 가지 미세한 사색작용이 즐길 만한 대상이라면 그 곳에서 이 갈애는 버려지고 소멸한다.[147)]

존재의 세계가 원인과 결과의 관계로 연기된 세계라면, 결과를 없애기 위해서 원인을 제거하면 된다는 것은 논리적으로 자명한 일입니다. 조건 속에서 존재하는 것이 곧 괴로움이며, 그것의 원인이 갈애·욕망이라면, 괴로움에서 완전히 벗어나기 위해서 그것들의 원인인 갈애·욕망을 소멸한다면 괴로움에서 벗어날 수 있다는 의미입니다. 생사의 괴로움이 무명에 의존된 것이라면, 무명에서 벗어나면 그 괴로움을 근본적으로 극복할 수 있습니다.

갈애와 탐욕이 없어지면 집착인 취착이 없어지고, 취착이 없어지면 존재가 없어지고, 존재가 없어지면 태어남이 없을 것입니다. 태어남이 없다면 당연히 병듦과 늙음·죽음·슬픔·비탄·고통·절망이 없을 것입니다. 이와 같이 괴로움의 전체 무더기가 없을 것입니다.

우리에게 경험된 세계는 항상 지속하는 것처럼 보이고, 또한 자아와 같은 영속적 존재가 있는 것처럼 보이지만, 존재의 있는 그대로의 실상에 대한 지혜 통찰을 통해, 존재는 사실 다수의 원인과 조건에 의존된 허구와 환영으로, 궁극적으로 무상하고, 무상하므로 괴로우며, 무상하고 괴로우므로 실체성이 없는 성품을 지니고 있다는 것을 깨달음으로써 괴로움으로부터 완전히 벗어날 수 있습니다. 이 완전한 벗어남을 열반이라고 합니다. 세존께서는 이 열반을 다음과 같이 표현하고 있습니다.

> 실로 이것은 평온이며, 수승한 것이며, 모든 조건 지어진 것들[諸行]의 종식이며, 모든 존재의 의지처의 파기이며, 갈애의 소멸이며, 탐욕의 없음이며, 그침nirodha이며, 열반nibbāna이라고 한다.[148)]

열반이란 '고苦의 끝남'입니다. 열반은 형성함을 그친다는 의미이며, 의존적인 관계의 고리를 끊는다는 의미이기도 합니다. 이는 마치 활활 타고 있는 불이 한창 타다가 연료 공급이 중단되거나 공기가 차단되어 꺼진 경우를 말합니다. 이 불이란 갈애인데 보다 구체적으로는 탐욕·성냄·어리석음[無知]의 세 갈래의 불길입니다. 이 불이 타기를 멈추게 되면 윤회의 흐름에서 벗어나 더 이상 태어나지 않게 됩니다.

열반을 성취한 이들을 네 쌍·여덟 분의 성자들cattāri purisayugāni, aṭṭha purisapuggalā, 四雙八輩이라 하며 구체적으로 '수다원sotāpanno·수다원과를 실현하여 증득한 이sotāpattiphalasacchikiriyāya paṭipanno, 사다함sakkhadagami·사다함과를 실현하여 증득한 이sakadāgāmiphalasacchikiriyāya paṭipanno, 아나함anagami·아나함과를 실현하여 증득한 이anāgāmiphalasacchikiriyāya paṭipanno[149], 아라한arahan·아라한과를 실현하여 증득한 이arahattaphalasacchikiriyāya paṭipanno'라 하였습니다. 이러한 성자들 중, 아라한 이전의 성자들을 아직 더 닦을 것이 남아 있다는 의미에서 유학sekha, 有學이라 하며, 아라한은 더 이상 닦을 것이 없으므로 '무학'이라고 합니다. 이와 비슷한 개념으로 유여열반有餘涅槃과 무여열반無餘涅槃이 있는데, 유학이 성취한 열반을 유여열반, 무학 즉 아라한이 성취한 열반을 무여열반 또는 구경열반 또는 반열반Parinibbāna, 般涅槃이라고 합니다. 『맛지마 니까야』의 「고빨라까의 작은경cūḷagopālakasutta(MN 34)」에서는 이들 성인들을 우기에 갠지스강을 건너는 소무리들에 비유했습니다. 즉 수다원을 어른 소의 보호가 필요한 연약한 아기 소vacchakā에, 사다함을 큰 송아지vacchatarā, 그리고 아나함을 힘센 소, 아라한을 지도자 소usabhā gopitaro goparināyakā에 비유하였습니다.[150]

이렇게 열반을 증득한 이들을 달리 부르는 말이 있습니다. 『디가 니까야』의 「상기띠경saṅgītisutta(DN33)」에서는 일곱의 공양 받을 만한 분puggalā dakkhiṇeyyā이라 하며 『맛지마 니까야』의 「끼타기리경kīṭāgirisutta(MN70)」에서는 일곱 분sattime puggalā이라 간단히 칭하기도 합니다. 이들은 두 길로 해탈한 분ubhatobhāgavimutto, 兩面解脫, 반야로 해탈한 분paññāvimutto, 慧解脫, 몸으로 깨달은 분kāyasakkhi, 견해를 증득한 분diṭṭhippatto, 믿음으로 해탈한 분saddhāvimutto, 담마를 따르는 분dhammānusārī, 믿음을 따르는 분saddhānusārī입니다.

수행자가 무상에 마음을 기울여 큰 확신으로 믿음의 기능saddhindriya을 얻어 첫 번째 열반을 증득하게 되면, 그는 '수다원 도'를 증득하게 되는데, 이러한 분을 '믿음을 따르는 분'이라고 합니다.

이 '믿음을 따르는 분'이 계속 수행을 해서 나머지 여섯 가지 도와 과의 단계, 즉 수다원 과, 사다함 도와 과, 아나함 도와 과, 아라한 도의 단계에 있는 분들을 '믿음으로 해탈한 분'이라고 합니다. 이 '믿음으로 해탈한 분'이 무색계 선정의 증득없이 아라한과를 얻게 되면 이러한 분을 '반야로 해탈한 분'이라고 합니다.

수행자가 괴로움dukkha에 마음을 기울여 큰 평안passaddhi으로 삼매의 기능samādhindriya을 얻어 첫 번째 열반을 증득하여 '수다원 도'를 증득할 때 역시 '믿음을 따르는 분'이 됩니다. 이 후 나머지 여섯 가지 도와 과의 단계에서 '믿음으로 해탈한 분'이 되며, 이 분이 마지막 아라한과를 얻게 되면 '반야로 해탈한 분'이 됩니다.

수행자가 무아에 마음을 기울여 큰 지혜로 '반야의 기능paññindriya'을 얻어 첫 번째 열반을 증득하게 되면, 그는 '수다원 도'의 순간에 '담마를 따르는 분'이 됩니다. 나머지 여섯 단계에서 '견해를 증득한 분'이 되며, 마지막 최고의 아라한과를 얻으면서 그는 '반야로 해탈한 분'이 됩니다.

수행자가 8가지 해탈aṭṭha vimokkhā [151]을 몸으로 체득하여 머물면서 반야의 눈으로 아주 미세한 번뇌가 남아 있음을 봅니다. 8가지 해탈이란 무색계 선정과 상수멸의 경지까지 구족한 것을 말합니다. 즉 선정을 구족하신 분을 '몸으로 깨달은 이'라고 합니다.

위의 유학들, 즉 '견해를 증득한 분diṭṭhippatto, 믿음으로 해탈한 분saddhāvimutto, 담마를 따르는 분dhammānusārī, 믿음을 따르는 분saddhānusārī' 들과 '몸으로 깨달은 분' 그리고 '반야로 해탈한 분'이 무색계 선정을 구족하고 아라한과를 얻으면 '두 길로 해탈한 분'이 됩니다. 이렇게 '두 길로 해탈한 분'보다 더 높은 경지는 없습니다.

아라한은 범천을 포함한 모든 세계에서 최고의 공양받을 만한 분이십니다. 그는 모든 번뇌가 소멸한 위대한 분이시며, 마지막으로 몸을 받은 분이며, 짐을 내려 놓으신 분이시며, 스스로 이익이 되시는 분이시며, 열가지 존재의 족쇄들을 완전히 소멸시킨 분이시며, 다섯가지 무더기들에서 바른 깨달음으로 해탈한 분이십니다. 아라한은 '나는 아라한이다.'라는 마음이 생기며 다음과 같은 해탈의 지혜vimuttamiti ñāṇa가 생깁니다.

부서진 태어남이여, 완전한 범행brahmacariya이로다! 일을 마쳤으니 더 이상 돌아오지 않네.[152)]

상기한 열반이라는 '깨달음'의 완성을 뜻하는 거창한 지표는 차치하고라도, 우리는 '욕망'이라는 불길을 가라앉힘으로써 일상적인 현실에서 항상 마주치는 삶의 구체적인 부정적 양상들, 말하자면 성냄·불안·초조·질투·시기·두려움·지루함·안절부절못함 등의 괴로움으로부터 벗어날 수 있습니다. 그리하여 삶의 한가운데서 어떠한 대상과 마주하더라도 부정적인 성향과 족쇄에서 벗어나 평온의 상태에 있을 수 있습니다.

4) 괴로움의 소멸에 이르는 고귀한 진리 dukkhanirodhagāminī paṭipadā ariyasacca, 道聖諦

이 네 번째 고귀한 진리는 괴로움에서 완전히 벗어나는 길이며, 평온과 평안 그리고 평화를 성취하는 길이며, 종국에는 해탈·열반을 실현하는 구체적인 방법으로서의 길입니다. 그것이 바로 8정도八正道입니다. 또한 이 8정도가 곧 중도中道입니다.

중도란 서로 대립하는 양극단에서 벗어나는 것을 말하는데, 예를 들면 거문고 줄이 느슨하면 소리가 나지 않고 지나치게 팽팽하면 끊어지듯이, 괴로움에서 완전히 벗어나기 위해서는, 한 극단인 감각적 욕망의 길은 '순수하지 못하고, 상스럽고, 저열하고, 천하고, 이롭지 못한 것'이며, 다른 한 극단은 육체적 고행의 길로, '몸과 마음이 고통스럽고, 순수하지 못하고, 헛되고, 이롭지 못한 것'이니 따르지 말아야 한다는 것입니다. 이 양극단을 버린 중도는 '사람들이 잘 이해할 수 있게 하여 평화로, 통찰로, 완전한 지혜로, 종국에는 열반으로 이끌어주는 길'이라고 세존께서는 말씀하십니다. 경전의 구절을 살펴보겠습니다.

> 비구들이여, 출가자는 양극단을 따르지 않는다. 양극단은 무엇인가? 감각적 욕망에 빠진 사람은 저열하고, 속되고, 고귀하지 못하고, 이로움을 얻지 못하는 자이다. 또한 고행을 일삼는 것은 고통스럽고, 고귀하지 못하고, 이로움을 얻지 못한다. 여래는 이 양극단을 버리고 보는 눈을 생

겨나게 하고, 앎을 생겨나게 하고, 깨달음을 이루게 하고, 열반을 얻게 하는 중도를 발견하였다.

그 중도란 무엇인가? 그것은 여덟 가지 고귀한 길이다. 곧 바른 견해, 바른 사유, 바른 말, 바른 행위, 바른 생업, 바른 정진, 바른 사띠, 바른 삼매이다.
비구들이여, 이것이 여래가 발견한 보는 눈을 생겨나게 하고, 앎을 생겨나게 하고, 깨달음을 이루게 하고, 열반을 얻게 하는 중도이다.[153)]

세존께서는 수행을 위한 중도 이외에, 존재 일반의 실재와 비실재인 유무有無의 중도, 인과의 자기 원인과 타자 원인을 부정하는 자타自他의 중도, 영원주의와 허무주의(단멸)의 중도, 조건적 발생의 연기에 대한 동일성과 차별성인 일이一異의 중도, 인과관계의 근접성에 대한 옴來과 감去의 중도, 발생과 소멸의 중도를 설파하셨습니다.

이 중도의 구체적 실현을 위한 방법이 8정도입니다. 나그네가 가보지 못한 미지의 곳에 가려면 그 목적지에 인도해 줄 지도가 필요하듯이, 우리가 고통으로부터 벗어나 자유라는 목적지에 이르기 위한 바른 길을 제시해 주는 지도가 필요할 것입니다. 이 8정도가 바로 그 지도입니다.

세존께서는 8정도를 앞에서 본 경전과 같이 항상 일정한 순서에 따라 말씀하셨습니다. 이를 다른 방식, 즉 계sīla, 戒 · 정samādhi, 三昧 · 혜paññā, 般若의 항목으로 묶어 볼 수도 있습니다. ① 계의 묶음은 바른 말

sammāvāca, 바른 행위sammākammanta, 바른 생업sammāājīva, ② 선정의 묶음은 바른 정진sammāvāyāma, 바른 사띠sammāsati, 바른 삼매sammāsamādhi, ③ 지혜의 묶음은 바른 견해sammādiṭṭhi, 바른 사유sammāsaṅkappa입니다. 세존께서 8정도를 항상 일정한 순서에 따라 말씀하신 데는 이유가 있으므로 아래에서 그 순서에 따라 서술해 나가겠습니다.

바른 견해

① 견해diṭṭhi

바른 견해를 이야기하기 전에 먼저 견해에 대하여 이야기하겠습니다. 디티히diṭṭhi는 '√dṛṣ:보다'가 어원이며 견해, 관점, 믿음, 이론 등의 의미입니다. 이와 유사하게 쓰이는 단어로 '닷사나dassana'가 있습니다. '닷사나'는 동사 '닷사띠dassati(보다)'의 명사형으로 '봄'이라는 의미로 디티히와 같이 '견해, 관점'의 뜻입니다. '보다'라는 뜻을 가진 단어 중에 '빳사띠passati'를 주목할 수 있는데 이 단어는 경전에서 'evaṃ jānāti evaṃ passati이와 같이 알고 이와 같이 본다'의 형식으로 많이 쓰입니다.

세존께서는 아는 것과 보는 것을 동시에 말씀하시면서 바르게 알고 바르게 봄을 강조하셨습니다. 삿된 견해micchādiṭṭhi에서 벗어나기 위하여 바르게 알고 바르게 보는 것은 당연한 것이지만 우리들은 대상을 인식할 때부터 이미 오류에 빠지게 됩니다. 세존께서는 대상에 대한 인식의 오류를 '왜곡vipallāsa, 顚倒'이라는 말씀으로 표현하시는데 아래에서 '왜곡'과 그 왜곡이 일어나는 인식의 과정, 그로 인해 삿된 견해를 가지게 되는 과정까지 경전에 근거하여 서술하겠습니다.

② 인식의 오류와 왜곡

우리는 대상을 보고 듣고 냄새 맡고 맛보고 피부로 접촉하며 인식합니다. 이 과정에서 인식되는 대상과 그 대상과 접촉하는 눈·귀·코·혀·몸(피부) 등의 감각기관과 안식·이식·비식·설식·신식·의식이 관계를 맺어 인식이 성립됩니다. 이 인식과정에서 대부분의 사람들에게 대상은 보고 듣고 냄새 맡고 맛보고 피부로 접촉해서 인식한 대로 거기에 고유한 특성과 형상을 지닌 채 '실재'하며, 그 대상들이 감각기관과 접촉하여 아무런 간섭 없이 감각기관에 의해 인식된다고 생각하거나 그 대상들이 감각기관과 접촉하여 일어나는 표상을 통해 인식된다고 의심 없이 받아들이고 있습니다.

일반적으로 우리는 자연, 즉 대상은 외계에 실재하며 그것은 감각기관에 의하여 그것의 '있는 그대로의 실상'을 인식한다는 소박한 실재론을 의심 없이 받아들이며 살고 있습니다. 그리고 대부분의 사람들은 앞으로도 그러한 소박한 실재론의 의식구조를 안고 사물과 주위 사람들과 관계를 맺어 가치를 판단하고 의사결정을 하며 살아갈 것입니다. 예를 들면,

지금 여러분 앞에 있는 볼펜을 보십시오. 처음 순간에는 그것이 '볼펜'이라든가, '내'가 그것을 보고 있다든가 하는 판단이 일어나지 않습니다. 따라서 그것은 단지 '~것'에 지나지 않습니다. 그 다음 순간 '이것은 검은색 수성펜이다'라고 분별하여 판단할 때, 다시 말하

면 단지 '~것'을 언어를 매개로 하여 '검은색 수성펜'이라고 인식하고 의미를 부여할 때 비로소 '~것'이 '실재하는 수성펜'이 됩니다. '~것'이 '검은색 수성펜'이라는 의미 있는 존재로 알게 된 것입니다.

나타난 대상을 이처럼 '언어'로써 인식하는 것은 대상과 언어가 결합하여 그 표상이 사물로써 외재화[外在化]된 것으로, 이것이 대상입니다. 그런데 여기서 놓치지 말아야 할 것은 그 '대상을 아는 것'이 밖에 존재하고 있는 '~것'의 있는 그대로의 모습이 아니라는 것입니다. 그 대상은 나의 관점이라는 안경을 통한 관념화된 대상입니다. 그것은 언어를 비롯한 각종 가치체계에 의한 관념으로 추상화된 허망한 것일 뿐입니다. 이렇게 보면 일반적인 사람에게 비춰진 현상적인 존재는 허망분별에 지나지 않습니다.

인식의 오류와 관련하여 왜곡이 있습니다. 『앙굿따라 니까야』 넷의 모음 「왜곡경[vipallāsasuttaṃ(AN4.49)]」을 보겠습니다.

> 비구들이여, 네 가지 산냐[saññā, 想]의 왜곡, 마음의 왜곡[cittavipallāsā], 견해의 왜곡[diṭṭhivipallāsā]이 있다. 무엇이 넷인가?
>
> 비구들이여, 무상에 대해서 항상하다는 산냐의 왜곡, 마음의 왜곡, 견해의 왜곡이 있다. 비구들이여, 괴로움에 대해서 행복이라는 산냐의 왜곡, 마음의 왜곡, 견해의 왜곡이 있다. 비구들이여, 무아에 대해서 '자아가 있다'라는 산냐의 왜곡, 마음의 왜곡, 견해의 왜곡이 있다. 비구들이여, 부정[asubha, 不淨]한 것에 대해서 깨끗하다는 산냐의 왜곡, 마음의 왜곡,

견해의 왜곡이 있다.

비구들이여, 이러한 네 가지 산냐의 왜곡, 마음의 왜곡, 견해의 왜곡이 있다.

즉, '무상·고·무아·부정asubha, 不淨'을 '항상하고, 즐겁고, 자아가 있고, 깨끗하다'라고 각각 산냐의 왜곡, 마음의 왜곡, 견해의 왜곡이 있습니다. 이러한 왜곡과 관련하여 경전에서 말하는 인식의 과정을 살펴보겠습니다.

『맛지마 니까야』에 「꿀떡경madhupiṇḍikasutta(MN18)」과 「짱끼경caṅkīsutta(MN95)」이 있습니다. 「꿀떡경」에서 세존께서는 대상이 감각기관을 통해 인식되고 그로 인해 생각들이 전개되는 과정을 말씀하시고, 「짱끼경」에서는 이렇게 인식된 것에 영향을 끼치는 다섯 가지 요인들을 일일이 말씀하십니다. 「꿀떡경」과 「짱끼경」의 관련된 내용을 구체적으로 살펴보겠습니다.

스님들avuso, 시각과 형상을 조건으로 안식이 생겨나고, 그 세 가지가 모여서 접촉이 있고, 접촉을 조건으로 느낌이 있고, 그 느껴진 것을 인식하고sañjānāti, 인식한 것을 위딱까하고vitakketi, 위딱까한 것을 전개하고papañceti, 그 전개된 것, 그것을 토대로 그에게 과거·미래·현재의 안식과 형상에서 전개되는 산냐와 상카라papañcasaññāsaṅkhā가 일어납니다.[154]

「꿀떡경」에서는 대상을 지각한 후 일어나는 생각들(사량, 분별)에 초점을 맞추고 있습니다. 즉 감각기관을 통한 대상의 지각 후 일어나는, '위딱까', '전개', 그리고 '전개되는 산냐와 상카라'의 단계를 말하며 생각이 일어나는 과정을 구체적으로 서술하고 있습니다. 즉 대상을 인식한 후 상과 행이 일어나기까지 '위딱까', '전개'의 두 요소를 더 이야기하는 것이 이미 서술한 연기와 다른 점입니다. 「꿀떡경」의 표현이 사고가 전개, 확장되는 모습을 구체적으로 보여주고 있습니다.

이러한 사고의 전개과정에 여러 가지 요소들이 개입하여 인식의 오류 혹은 견해가 생기게 되는데, 이에 대해 구체적으로 설명하고 있는 경전이 바로 「짱끼경」입니다. 「짱끼경」에서는,

> 바라드와자여, 그대는 먼저 믿음에 관하여 언급했고 지금은 전승에 관하여 언급했습니다. 바라드와자여, 이와 같은 다섯 가지의 현상은 지금 여기에서 두 종류의 과보가 있습니다. 다섯 가지란 어떠한 것입니까? 믿음saddhā, 즐김ruci, 전승anussavo, 현상에 대한 지속적 위딱까ākāraparivitakko, 견해를 즐김diṭṭhinijjhānakkhanti입니다. 바라드와자여, 이와 같은 다섯 가지의 담마들은 지금 여기에서 두 종류의 과보를 갖습니다. 바라드와자여, 바르게 믿더라도 그것이 공허한 것, 거짓된 것, 허망한 것이 되기도 하고, 바르게 믿지 않더라도 그것이 실재하는 것, 사실인 것, 진실한 것이 되기도 합니다.[155]

이와 같이 다섯 가지 요소들이 사고에 지속적으로 영향을 끼칩니다. 이들은 사고에 긍정적 영향을 끼치기도 하고 부정적 영향을 끼치기도 합니다. 그러나 긍정적이든 부정적이든 양자 모두 과보를 일으킨다는 점에서는 공통적입니다. 이러한 인식의 오류 때문에 결국 삿된 견해를 가지게 됩니다.

이렇듯 대부분의 사람들은 대상을 인식함에 있어 본질적으로 오류를 만들어낼 수밖에 없습니다. 이러한 잘못된 판단과 분별된 인식으로 대상에 가치를 부여하고 의지를 결정하는 한 진정한 행복을 지향하는 바람직한 삶으로 나아가지 못하는 것은 당연합니다.

수행을 하는 것은 이러한 인식의 오류로부터 벗어나 주관적 편견들을 제거하여 존재의 있는 그대로의 실상을 보는 것입니다. 있는 그대로의 실상을 보기 위해서는 대상을 대할 때 반드시 관점, 즉 관념이 끼어들지 않은 상태에서 인식해야 합니다. 다시 말하면 즐겁지도 괴롭지도 않은 중립의 상태에서 대상을 지각해야 한다는 것입니다. 이것을 '평등심에서 대상을 본다'라고 말합니다. 이 중립의 상태에서 그것을 유지하여 인식할 수 있는 방법이 사띠빳타나 수행입니다.

③ 바른 견해

네 가지 진리를 투철히 알기 위하여 수행자의 열반을 대상으로 한, 무명의 성향을 뿌리 뽑는 반야의 눈paññācakkhu을 바른 견해sammādiṭṭhi라고 합니다. 바른 견해는 바르게 봄의 특성을, 요소를 드러내는 역할을, 무명의 어둠을 걷어냄으로 나타납니다.[156] 세존께서는 8정도에서 바른 견해를 제일 먼저 말씀하셨고, 「정견경Sammādiṭṭhisutta(MN 9)」은 사리뿟따 비구에 의해 설해진 바른 견해에 관한 대표적인 경전입니다. 「갈애의 형성에 관한 큰경Mahātaṇhāsaṅkhayasutta(MN 38)」에서 사띠 비구Sāti bhikkhu의 사견, 「논쟁할 수 없는 경Apaṇṇakasutta(MN 60)」에서 브라만들을 상대로 한 바른 견해에 대한 가르침 등등 이들 이외에도 수많은 곳에서 바른 견해의 중요성에 대해서 반복하여 가르치고 계십니다. 먼저 네 가지 진리에 대한 투철한 앎을 설명한 경전의 구절을 보겠습니다.

> 비구들이여, 바른 견해란 무엇인가? 비구들이여, '괴로움'에 대해서 아는 것, '괴로움의 발생'에 대해서 아는 것, '괴로움의 소멸'에 대해서 아는 것, '괴로움의 소멸에 이르는 길'에 대해서 아는 것, 이것을 바른 견해라고 한다.[157)]

고통으로부터 온전히 벗어나기 위해서는 무엇보다 먼저 존재의 본성에 대한 통찰이 이루어지지 않으면 안 됩니다. 이것이 바른 견해입니다. 경전에서는 우선 4성제를 바로 아는 것이 바른 견해라고 설하고 있습니다. 이 중에서도 특히 괴로움의 진리에 대한 통찰에 주목해야 합니다. 삶이 괴로움이라는 것은 존재의 실상입니다. 병의 실상을 알지 못하고는 그 원인도 치유도 불가능하듯이 괴로움을 알지 못하고는 그것의 원인도 소멸도 소멸의 방법도 알지 못합니다.

그렇다면 왜 삶이 괴로움인가? 그것은 조건 지어진 것은 무상하기 때문입니다. 그러므로 존재하는 것은 모두 무아입니다. 이 무상·

고·무아를 분명하게 아는 것이 바른 견해입니다. 수행은 존재의 실상이 무상·고·무아이며, 연기적으로, 상호 의존적으로 관계를 맺으며 존재하고 있음을 이해하는 것입니다. 그러면 그것이 지혜가 되어 모든 탐욕이 제거되어 고통으로부터 완전히 벗어날 수 있습니다.

'열반을 대상으로 한다'는 구절은 열반을 성취하는 네 가지 경우, 즉 수다원sotāpatti, 사다함sakadāgāmi, 아나함anāgāmi, 아라한arahatta의 도를 성취하는 때에 바른 견해가 나타남을 말합니다. 「무애해도paṭisambhidāmagga」[158]에는 다음의 구절이 있습니다.

> 수다원도를 성취하는 때에sotāpattimaggakkhaṇe '본다'라는 입장에서 바른 견해가 삿된 견해에서 나타나며, 그 삿된 견해를 따라 나타나는 오염원들과 무더기들에서 나타나며, 밖으로는 모든 표상에서 나타난다. 그러므로 양쪽으로부터 일어남과 사라짐의 반야가 '도의 지혜'라고 말한다. ~. 사다함도를 성취하는 때에 '본다'라는 입장에서 바른 견해가 삿된 견해에서 나타나며, ~~. 아나함도를 성취하는 때에 '본다'라는 입장에서 바른 견해가 삿된 견해에서 나타나며, ~~. 아라한 도를 성취하는 때에 '본다'라는 입장에서 바른 견해가 삿된 견해에서 나타나며, ~~. 고요하다는 의미에서 바른 삼매sammāsamādhi가, 존재의 탐욕, 비존재의 탐욕, 자만, 들뜸, 무명, 자만의 성향, 존재에 대한 탐욕의 성향, 무명의 성향으로부터 나타나며, 그것들을 따라 나타나는 오염원들과 무더기들에서 나타나며, 밖으로는 모든 표상에서 나타난다. 그러므로 양쪽으로부

터 일어남과 사라짐의 반야를 '도의 지혜'라고 말한다.[159)]

즉 각각의 네 가지 도의 성취 순간에는 삿된 견해를 버리고 '봄dassana'이라는 바른 견해가 먼저 나타나며 이후에 열반을 성취하게 됩니다.

'무명의 성향을 뿌리 뽑는'이란 선kusala, 善함과 불선akusala, 不善에 대해서 바르게 아는 것을 의미할 뿐만 아니라 반복하여 일어남으로 성향이 되고 족쇄가 되어버린 불선의 담마들을 '봄'으로 버리는 것을 의미합니다.

스님들이여, 고귀한 제자는 불선과 불선의 원인에 대해서 통찰하고, 선善과 선의 원인에 대해서 통찰한다. 스님들이여, 바로 이와 같은 이유에서 고귀한 제자는 바른 견해가 있는 것이며, 진리에 대해서 흔들리지 않는 청정함을 갖추고 있는 것이며, 이 정법에 이른 것이다.
스님들이여, 불선과 불선의 뿌리란 무엇인가? 생명을 해치는 것은 불선이다. 주지 않는 것을 취하는 것은 불선이다. 잘못된 성적인 관계를 갖는 것은 불선이다. 거짓말을 하는 것은 불선이다. 남을 이간시키는 말을 하는 것은 불선이다. 거친 말을 하는 것은 불선이다. 꾸며서 하는 말을 하는 것은 불선이다. 탐욕은 불선이다. 악의는 불선이다. 삿된 견해는 불선이다. 이 열 가지 법을 온전하지 못한 행위의 길이라고 한다.
스님들이여, 불선의 뿌리란 무엇인가? 탐욕이 불선의 뿌리이고, 성냄이 불선의 뿌리이며, 어리석음이 불선의 뿌리이다.

스님들이여, 선이란 무엇인가? 생명을 해치지 않는 것은 선이다. 주지 않는 것을 취하지 않는 것은 선이다. 잘못된 성적인 관계를 갖지 않는 것은 선이다. 거짓말을 하지 않는 것은 선이다. 남을 이간시키는 말을 하지 않는 것은 선이다. 거친 말을 하지 않는 것은 선이다. 꾸며서 하는 말을 하지 않는 것은 선이다. 탐욕이 없는 것은 선이다. 악의가 없는 것은 선이다. 바른 견해는 선이다. 스님들이여, 이 열 가지 법을 온전한 행위의 길이라고 한다.

스님들이여, 선의 뿌리가 무엇인가?

탐욕이 없음이 선의 뿌리이고, 성냄이 없음이 선의 뿌리이며, 어리석음이 없음이 선의 뿌리이다.[160)]

바른 견해란 어떤 절대적인 견해를 갖는 것을 의미하는 것이 아닙니다. 그것은 독단적인 견해에 대한 중도를 의미합니다. 독단적인 견해는 자신의 견해만 옳고 나머지는 모두 잘못이라는 견해를 말합니다. 그런 잘못된 확신은 자기와 다른 의견을 가진 사람에게 상처를 줄 것입니다. 이에 반하여 전혀 어떤 견해도 갖지 않는다면 상황에 대처할 어떤 수단도, 잣대도, 판단의 근거도 갖지 않게 되어 운신을 할 수 없을 것입니다. 어둠을 향해 쏘아 댄 화살은 누군가를 다치게 할 수도 있을 것입니다. 이 두 가지 견해에 반해 바른 견해는 인간에게 가능한 한 모든 지식을 포괄적으로 숙고하고, 인간과 인간을 둘러싸고 있는 자연에 이로운 방향으로 사용할 수 있는 견해를 말합니다.

바른 사유

바른 사유sammāsaṅkappa란 바른 견해를 가진 이가 삿된 사유를 부수고 마음을 열반으로 향하여 고정시키는 것입니다. 바른 마음을 고정시키는 것이 특성이며, 향하게 함의 역할이며appanāraso, 삿된 사유의 버림으로 나타납니다.[161] 경전을 보겠습니다.

> 비구들이여, 바른 사유란 무엇인가? 감각적인 욕망이 없는 마음가짐, 나쁜 의도가 없는 마음가짐, 남을 해치려는 의도가 없는 마음가짐, 이것이 바른 사유이다.[162]

바른 사유란 탐욕과 애욕에서 벗어나고, 잔인성에서 벗어나고, 악한 마음에서 벗어나서 항상 대상에 대하여 사랑하는 마음과 연민의 정으로 대하는 마음을 지니는 것을 말합니다. 바른 견해를 통해서만 바른 사유가 나옵니다. 또한 역으로 바른 사유를 지녀야만 바른 견해를 가질 수 있다는 것을 명심해야 합니다.

바른 말

그렇게 보고 위딱까하는 자vitakkayato가 삿된 말을 절제하는 것이 바른 말sammāvāca입니다. 이것은 정사유와 연결되어 있고 삿된 말버릇을 부숩니다. 이것은 차지함이 특성이며pariggahalakkhaṇā 절제하는 역할을 합니다. 삿된 말을 버림으로써 나타납니다.[163]

비구들이여, 두 가지의 바른 언어가 있다. 세간의 바른 언어와 출세간의 바른 언어이다.

거짓말을 삼가는 것, 이간질하는 말을 삼가는 것, 거친 말을 삼가는 것, 쓸데없는 말을 삼가는 것, 이것을 세간의 바른 언어라고 한다. 세간의 바른 언어에는 좋은 결과가 생긴다. 하지만 세간의 바른 언어에는 번뇌가 남아 있다.

거짓말, 이간질하는 말, 거친 말, 쓸데없는 말을 삼가며, 멀리하고, 없애버리고, 하나하나 제거하면서, 고귀한 마음을 지니고, 번뇌가 없는 마음을 지니며, 고귀한 도와 관련된 바른 언어가 있다. 이것을 출세간의 바른 언어라고 한다.

잘못된 언어를 잘못된 언어로 아는 것, 바른 언어를 바른 언어로 아는 것, 이것을 바른 이해라고 한다. 잘못된 언어를 삼가고 바른 언어를 행하는 것, 이것을 바른 노력이라고 한다. 마음 챙겨 잘못된 언어를 삼가고, 마음 챙겨 바른 언어를 행하는 것, 이것을 바른 사띠라고 한다. 이처럼 세 가지 바른 덕목이 바른 언어와 동반된다.[164]

삶에서 언어는 매우 중요합니다. 대상에 대해서 정확하게 인식한 후, 그것을 정확하게 표현하여 전달하는 핵심적인 역할을 하는 것은 언어입니다. 이와 같이 삶에서 너무나 중요한 역할을 하고 있는 언어를 바르게 사용하지 못하는 원인은 첫째는 욕망의 노예가 된 자기중심주의에 바탕을 둔 이기심이며, 둘째는 존재에 대하여 있는 그대로의 실상을 모르는 무지입니다.

바른 말을 하는 것은 매우 중요합니다. 어떤 사람이 몸으로 누군가를 해치지 않고도, 말로써 잘못된 생각이나 믿음을 주어 그를 파멸로 이끌 수 있기 때문입니다. 어린아이에게 잘못된 생각을 심어주면 그는 결국 잘못된 인생을 살게 될 것입니다. 언어의 도덕성은 진실과 타당성을 요소로 합니다. 평온에 안주하는 현자는 선한 것을 말하고 악한 것을 말하지 않습니다. 진실을 이야기하고 거짓을 말하지 않습니다. 그는 인간을 구속하고 종속하는 것에 대해서는 말하지 않습니다.

나의 이익과 나의 명예를 지키기 위해서 거짓말을 해서는 안 됩니다. 진실만을 말해야 합니다. 진실된 말은 언제나 상대방으로부터 신뢰를 받습니다. 항상 진실한 말만 함으로써 늘 보호 속에 있게 될 것입니다.

이간질하는 말, 다른 사람을 중상하는 말을 해서는 안 됩니다. 양쪽의 다툼과 오해의 원인이 되기 때문입니다. 이간질하는 말 대신에 양쪽을 화합시키는 말을 함으로써 서로 간의 화합을 도와야 합니다.

거친 말을 하지 말아야 합니다. 상대방에게 거친 말을 하는 것은 무기보다 더 큰 상처를 줍니다. 상대를 배려하기 이전에 거친 말을 사용함으로써 자신의 인격을 스스로 천하게, 상스럽게 만듭니다. 점잖고 정중하고, 친절한 말씨가 자기 자신의 인격을 돋보이게 하는 가장 기본적인 방법입니다. 더 나아가 우애 있고, 자비로 가득 찬 말을 하여야 합니다.

쓸데없는 말을 삼가야 합니다. 헛되고 무책임하고 어리석은 잡담을 삼가야 합니다. 무의미한 말을 늘어놓는 것은 다만 지루함을 달래기 위한 시간 죽이기에 불과한 삶의 양식입니다.

바른 행위

그렇게 절제하는 자가 살생 등을 절제하는 것이 바른 행위 sammākammanta입니다. 이것은 '바른 말'과 연결되어 있고 삿된 행위를 끊어버립니다. 이것은 나쁜 행위를 부숩니다. 이것은 일어나게 함이 특성이며 절제하는 역할을 합니다. 삿된 행위를 버림으로 나타납니다.[165]

> 살생을 삼가는 것, 도둑질을 삼가는 것, 삿된 음행을 삼가는 것, 이를 세간의 바른 행위라고 한다. 세간적인 바른 행위는 좋은 결과가 생긴다. 하지만 번뇌가 남아 있다.
>
> 살생·도둑질·삿된 음행을 삼가며, 멀리하고, 없애버리고, 하나하나 제거하면서 고귀한 마음을 지니고, 번뇌가 없는 마음을 지니며, 고귀한 도와 관련된 바른 행위가 있다. 이것을 출세간의 바른 행위라 한다.
>
> 잘못된 행위를 잘못된 행위로 아는 것, 바른 행위를 바른 행위로 아는 것, 이것을 바른 이해라고 한다. 잘못된 행위를 삼가고 바른 행위를 하는 것, 이것을 바른 노력이라고 한다. 마음을 챙겨 잘못된 행위를 삼가고, 마음을 챙겨 바른 행위를 하는 것, 이것을 바른 사띠라고 한다. 이처럼 세 가지 바른 덕목이 바른 행위에 동반된다.[166]

바른 행위란 진실로 생명이 있는 존재를 죽이지 아니하고, 도둑질과 횡령을 하지 아니하는 것은 물론, 더 나아가 주지 않는 것을 갖지 아니하고, 부모·형제·자매·친척의 보호를 받고 있는 여인(남자), 결혼한 여인(남자), 약혼 중인 여인(남자), 범죄자, 다른 사람의 연인 등과는 성적인 관계를 하지 않아야 합니다. 또한 정신을 흐리게 하는 약물은 중병 치료를 목적으로 할 경우를 제외하고는 절대 복용해서 안 되며 술에 대해서도 매우 절제해야 합니다. 이것들은 감각적 쾌락을 불러오게 하는 요인이며, 올바른 판단을 가로막는 요인이며, 건강을 해치게 하는 주요인이기 때문입니다.

바른 생계

바른 말과 바른 행위가 청정해지도록 삿된 생업으로부터 절제함이 바른 생계sammāājīva입니다. 이것은 바른 말과 바른 행위와 연결되어 있고, 음모 등을 끊습니다. 이것은 깨끗이 함이 특성이며 합리적인 생계를 일으키게 하는 역할을 합니다. 삿된 생계를 버림으로써 나타납니다.[167]

사회생활에서 우리의 삶을 어떤 생계수단으로 꾸려갈 것인가에 관련된 요소인 정어와 정업의 확장입니다. 다시 말하면 정어나 정업을 어기는 생활수단으로 생업을 이어나가지 말라는 의미입니다. 예를 들면 인간 거래, 무기 거래, 주류와 마약 거래, 독극물 거래 등으로 생계수단을 삼지 말라는 것입니다. 다시 말하면 다섯 가지 계를 어기는 직업으로 생업을 삼지 말라는 의미가 됩니다. 다섯 가지 계는,

① 생명이 있는 것을 죽이지 말 것

② 주지 않는 물건을 갖지 말 것

③ 부도덕한 음욕행위를 하지 말 것

④ 거짓말을 하지 말 것

⑤ 정신을 흐리게 하는 약물이나 술을 마시지 말 것

어떤 사람이 상기上記한 것을 대상으로 하지 않고, 사기나 속임수에 의하지 않고 정당한 노력으로 재산을 벌어들였다면, 그는 쓰는 기쁨과 빚 없음에서 오는 자유스러움의 기쁨과 비난받을 일 없는 기쁨을 누릴 수 있을 것입니다. 이런 사람은 기꺼이 자기가 가진 것을 다른 사람에게 나누어 주고 베푸는 자비로운 사람일 것입니다.

바른 정진

바른 말, 바른 행위, 바른 생계라 불리는 계의 땅에 굳건히 서 있는 자의 노력이 바른 정진sammāvāyāma입니다. 이것은 그것에 걸맞고 그것과 연관되었으며 게으름을 물리칩니다. 붙잡는 것paggaha이 특성lakkhaṇo이며 해로운 것을 일어나지 않게 하는 역할을 합니다. 삿된 정진을 버림으로 나타납니다.[168]

『맛지마 니까야』의 「진리에 대한 분석경saccavibhaṅgasutta(MN141)」에서는 사리뿟따가 세존을 대신하여 진리sacca에 관하여 말씀하시는데 이 경의 바른 정진에 관한 내용을 보겠습니다.

스님들이여, 바른 정진이란 어떠한 것입니까? 스님들이여, 여기 비구가 아직 생겨나지 않은 악하고pāpaka 불선의 담마들이 생겨나지 않도록 의욕을 일으키고 노력하고vāyamati 정진vīriya을 시작하고 마음을 다잡아 매진하고, 이미 생겨난 악하고 불선의 담마들을 제거하기 위하여 의욕을 일으키고 노력하고 정진을 시작하고 마음을 다잡아 매진하고, 아직 일어나지 않은 선한 담마를 일으키기 위하여 의욕을 일으키고 노력하고 정진을 시작하고 마음을 다잡아 매진하고, 이미 생겨난 선한 담마를 유지하여 혼란하지 않게 하고 더욱 증장시키고 계발하여 성취하며 의욕을 일으키고 노력하며 정진을 시작하고 마음을 다잡아 매진한다. 스님들이여, 이것을 일러 바른 정진이라고 합니다.[169)]

바른 사띠

바른 사띠sammāsati는 수행자가 그의 마음에 잊지 않음이 바른 사띠입니다. '확립(강하게 세움)upaṭṭhāna'이 특성이며, '부주의함이 없음'의 역할이고asammussanarasā, 삿된 사띠를 버림micchāsatippahāna으로 나타납니다.[170)] 바른 사띠는 사띠빳타나 수행의 근간이 되는 것입니다. 자기 자신의 몸·느낌·마음·법이 일어나고 사라지는 현상을 사띠하며 통찰하는 것을 말합니다.

조건에 따라 발생하는 존재에 대해 확실성을 가지고 단언할 길은 없으며, 그런 까닭에 절대적으로 옳은 예상이란 성립할 수 없습니다. 그렇다면 존재에 대해 그른 판단을 하지 않기 위해서는 그래서 부정적인 상황에 놓여 있지 않기 위해서는, 마음을 깨어있게 하여 지속적으로 사띠하는 수밖에 없습니다.

위에서 말한 바른 노력으로 정진하는 자가 대상에 대해 그의 마음을 놓치지 않고 알아차리는 것이 '바른 사띠'입니다. 바른 사띠는 다음 항목인 바른 삼매와 자연스럽게 연결됩니다. 그리하여 무지의 안목을 존재의 있는 그대로의 양상을 순수하게 인지하게 하는 법의 마당으로 나아가게 됩니다.

바른 삼매

수행자의 마음이 수승한 사띠로 보호될 때 마음의 하나됨이 바른 삼매sammāsamādhi입니다. 이것은 마음이 흩어지지 않음이 특성이며 집중의 역할을 하며 삿된 삼매를 버림으로 나타납니다.[171)]

올바른 사띠가 되면 순간 삼매가 일어나고 순간 삼매가 연속되어 이어지면 선정禪定에 이르게 됩니다. 그 선정의 상태가 바른 삼매입니다. 한 사띠가 일어났다가 사라지고, 다음 사띠가 일어났다가 사라지고, 또 그 다음 사띠가 일어났다가 사라지는 것이 이어져 바른 사띠가 끊이지 않고 지속되면 자연스럽게 마음집중의 상태인 정정正定의 선정 상태가 됩니다. 이 상태가 깊어져서 평등심의 상태가 되면 법을 깊이 들여다보게 되어 존재의 실상을 경험하게 되고 지혜의 증득으로 나아가서 마침내 욕망으로부터 점차 벗어나게 되는 것입니다.

7장_

맺는말

이 세상에 '싫다' 혹은 '좋다'의 감정을 느끼는 생물의 수가 얼마나 되겠습니까? 아마 헤아릴 수 없이 많을 것입니다. 그야말로 부지기수입니다. 그 중에 인간의 수는 얼마나 될까요? 통계에 포함되지 않은 숫자를 다 합한다고 하더라도 80억을 넘지는 않을 것입니다. 그러면 우리 각자 각자는 무한대 분의 80억의 확률적 존재입니다. 확률이 거의 '영'인 희귀한 존재로서 지금, 여기에 이렇게 살고 있는 것입니다.

존귀한 존재로 태어나 아무 성장 없이 욕심만을 키우면서 바둥거리며 살다가 죽어가기에는 이 존엄한 생이 너무나 억울하고 무의미합니다. 그러므로 지속 가능한 성장 속에서 이 존엄한 생을 의미 충만하게 살다가 미련 없이 멋지게 이 세상을 떠나기 위해서 수행을 비켜가서는 안 됩니다.

그런데 우리의 삶에서 문제를 만드는 근본적인 요인은 각자의 내면에 있습니다. 대부분의 사람들이 살아가는 일반적인 삶의 모습은 '도피'로 가득 차 있습니다. 여기서 '도피'라고 말한 것은 자기 자신의 삶의 '문제'로부터 외면하고 회피하는 것입니다. 사람들이 일상생활을 할 때 자신의 내면에서 항상 어떤 문제가 일어나고 있습니다. 이를테면,

- 생활의 유용함을 위한 것이 전혀 아닌 어떤 물건을 갖고 싶은 욕망
- 습관적으로 기어오르는 감각적 욕망
- 부도덕한 성적인 충동
- 나의 뜻을 따라주지 않는 자에 대한 미워하는 마음
- 나의 기호에 맞지 않는 것에 대한 짜증스러움
- 같은 일 혹은 분위기의 반복에서 오는 지루함
- 자극이 없는 일상의 따분함과 수많은 자극으로부터 오는 공허함
- 남들이 이루고 있는 것들에 대한 부러움과 시기심
- 다른 사람들을 좇아가지 못하는 현실에 대한 초조와 불안감

등등 이루 헤아릴 수 없을 만큼 많은 문제점들이 자신의 내부에서 항상 일어납니다. 그런데 대부분 사람들은 이러한 문제점들이 내면에서 일어났을 때 그러한 자신의 성향이 '문제점'이라고 사고해 보려고 하지 않습니다. 이와 같은 문제들이 일어났을 때 다만 외부의

조건을 충족시키는 것이 그 문제를 해결하는 것이며 또한 인생을 성공적으로 사는 것으로 생각합니다.

이와 같은 일반적인 삶이 도피적이고, 소극적이고, 외면하는 삶이라면, '수행'이란 삶의 문제를 적극적으로 맞이하여 그 본질적인 내면의 핵심을 파헤쳐 진정한 행복에 대한 본질적인 해답을 찾아내는 삶의 방식이라고 말할 수 있겠습니다. 삶의 문제로부터 도망가거나 외면하거나 어떻게 되겠지 하며 막연하게 기다리지 않고, 오히려 문제 안으로 들어가서 직접적·적극적으로 그것을 해결하고 타파하여 마침내는 자유롭고 평온 속에서 사는 삶의 방식입니다. 이러한 삶의 태도가 적극적인 삶의 양식입니다. 뿐만 아니라 이렇게 자기 자신의 내면의 문제를 해결하지 않고는 인생에서 진정하게 성장하지는 못합니다.

현재 자기 자신의 문제를 이해하는 것이 곧 자기 자신의 본질을 이해하는 것이 됩니다. 자기 자신에 대한 깊은 이해 없이는 실제로 삶에서 진정한 성장은 있을 수 없습니다. 삶에서 진정한 성장은 변환을 전제로 가능합니다. 일시적인 평온과 삼매·고요함·축복은 고무적이지만 그것만으로는 삶의 분명한 변환을 가져오지 못합니다. 자기 변환을 위한 최선의 길은 자기 자신을 깊이깊이 알고 이해하는 공부가 우선입니다. 이렇게 자신을 바로 알고 이해하는 공부가 위빳사나 수행입니다. 그러므로 우리는 이 수행을 해야만 합니다.

우리는 생을 충만하게, 보람되게 능동적으로 살아야 합니다. 그리고 고통으로부터 벗어나 자비와 연민으로 가득한 자유로운 삶을 살아야 합니다. 그래서 이 생에서, 마침내 죽음을 거부하지 않고 죽음을 삶의 일부로 경험하면서 평온과 평화 속으로 나아가야 합니다.

이렇게 살기 위해서 세존의 가르침인 4성제와 8정도가 우리에게 등대와 같은 역할을 해 줄 것입니다. 우리는 4성제와 8정도를 삶의 지침으로 삼아서, 이 혼란한 삶을 무의미에서 의미 충만으로, 멈춤과 방황에서 성장과 성숙으로 나아가는 능동적인 인생을 향하는 삶을 살아야 할 것입니다.

미주

1) 5온 즉 물질의 무더기[rūpakhandha, 色蘊], 느낌의 무더기[vedanākhandha, 受蘊], 산냐의 무더기[saññākhandha, 想蘊], 상카라의 무더기[saṇkhārākhandha, 行蘊], 윈냐나의 무더기[viññāṇakhandha, 識蘊]에서 산냐[saññā]를 상[想], 지각 또는 인식 등으로, 형성[saṇkhārā]을 행 또는 형성으로, 윈냐나[viññāṇa]를 마음, 식[識] 또는 의식[意識]으로 번역하기도 하는데 번역된 단어가 통일되지 않아 혼란스러우므로 빨리어 단어를 그대로 쓴다.

2) 위빳사나의 지혜란 위빳사나 수행 중 경험하는 중요한 지혜의 단계를 말하는데, 『청정도론』에는 열여섯 가지, 『아비담마타상가하』에는 열 가지 위빳사나 지혜를 말하고 있다. 『아비담마타상가하』의 수순하는 지혜가 『청정도론』의 8가지 도와 과의 지혜에 해당한다. 이를 표로 정리하면 다음과 같다.

	청정도론		아비담마타상가하	
			명상의 智慧	sammasanañāṇa
1	일어남 사라짐 관찰의지혜	udayabbayānupassanāñāṇa	일어남 사라짐의 智慧	udayabbayañāṇa
2	무너짐을 관찰하는 지혜	bhaṅgānupassanāñāṇa	무너짐의 智慧	bhaṅgañāṇa
3	공포로 나타나는 지혜	bhayatupaṭṭhānañāṇa	공포의 智慧	bhayañāṇa
4	위험함을 관찰하는 지혜	ādīnavānupassanāñāṇa	위험의 智慧	ādīnavañāṇa
5	역겨움을 관찰하는 지혜	nibbidānupassanāñāṇa	역겨움의 智慧	nibbidāñāṇa
6	해탈하고자 하는 지혜	muñcitukamyatāñāṇa	해탈하기를 願하는 智慧	muccitukamyatāñāṇa
7	깊이 숙고하여 관찰하는 지혜	paṭisaṅkhānupassanāñāṇa	깊이 숙고하는 智慧	paṭisaṅkhāñāṇa
8	상카라의 평온의 지혜	saṅkhārupekkhāñāṇa	상카라의 平穩의 智慧	saṅkhārupekkhāñāṇa
9	수다원도의 지혜		隨順하는 智慧	anulomañāṇa
10	수다원과의 증득의 지혜			

11 사다함도의 지혜

12 사다함과의 증득의 지혜

13 아나함도의 지혜

14 아나함과의 증득의 지혜

15 아라한도의 지혜

16 아라한과의 증득의 지혜

무너짐을 관찰하는 지혜[bhaṅgānupassanāñāṇa]의 무너짐을 의미하는 '방가[bhaṅga]'는 경전에 자주 나오는 파괴를 뜻하는 '카야[khaya]'와 '쇠퇴'를 뜻하는 '와야[vaya]'를 모두 포괄하는 의미이다. 깊이 숙고하여 관찰하는 지혜의 '빠티상카[paṭisaṅkhā]'의 '깊이 숙고함'은 깨달음의 일곱 가지 요소의 계발과 관련하여 많이 나오는 단어이다. 상카라의 평온의 지혜[saṅkhārupekkhāñāṇa]에서 '상카루뻬카[saṅkhārupekkhā]'는 니까야에 온전한 표현이 등장하지 않으나 『맛지마 니까야』의 「호흡에 대한 사띠경[ānāpānassatisutta(MN118)]」에 깨달음의 일곱 가지 요소 중 평온의 요소를 일으키는 집중된 마음으로 '앗쥬뻭키따[ajjhupekkhitā]'의 표현으로 등장한다.(Miii, p.86)

3) VM, p.229

4) yasmā ca tadeva āgamma tassā cāgādayo honti, kāmaguṇālayesu cettha ekopi ālayo natthi, tasmā "cāgo paṭinissaggo mutti anālayo"ti vuccati. tayidaṃ santilakkhaṇaṃ, accutirasaṃ, assāsakaraṇarasaṃ vā, animittapaccupaṭṭhānaṃ, nippapañcapaccupaṭṭhānaṃ vā. (VM. p.507)

5) 'suppaṭipanno bhagavato sāvakasaṅgho, ujuppaṭipanno bhagavato sāvakasaṅgho, ñāyappaṭipanno bhagavato sāvakasaṅgho, sāmīcippaṭipanno bhagavato sāvakasaṅgho, yadidaṃ cattāri purisayugāni, aṭṭha purisapuggalā. esa bhagavato sāvakasaṅgho āhuneyyo pāhuneyyo dakkhiṇeyyo añjalikaraṇīyo, anuttaraṃ puññakkhettaṃ lokassā' (M i, p.37 등)

6) 비구들이여, 여기 어떤 사문이나 바라문은 사유가요, 분석가이다. 그는 추론하고 분석을 계속 반복하여 스스로 이렇게 말한다. "자아와 세계는 영원하니 황량한 벌판과 같고 산의 정상과 같고 성문의 기둥과 같이 견고하다. idha, bhikkhave, ekacco samaṇo vā brāhmaṇo vā

takkī hoti vīmaṃsī, so takkapariyāhataṃ vīmaṃsānucaritaṃ sayaṃ paṭibhānaṃ evamāha — 'sassato attā ca loko ca vañjho kūṭaṭṭho esikaṭṭhāyiṭṭhito." (D i, p.16)

7) '위딱까vitakka'를 국내의 번역서들은 '일으킨 생각' 또는 '주시'로 번역하고 있다. 이는 색계 초선의 성취와 관련하여 오해를 일으킬 수 있는 번역이라고 생각한다. 그러므로 본서에서는 이러한 오류를 피하기 위해서 'vitakka'를 빨리어 발음 그대로 '위딱까'로 표기한다.

8) '산자나띠sañjānāti'는 국내에서 '인식하다(『청정도론』 2권, p.402)', '알다' 또는 '지각하다'로 번역된다.

9) '위자나띠vijānātī'는 '자세히 알다(『청정도론』 2권, p.402)', '이해하다'로 번역된다.

10) '빠자나띠pajānāti'는 '통찰하다' 또는 '꿰뚫어 알다' 등으로 번역된다.

11) VM, p.437

12) 요가케미yogakkhemī는 '요가yoga'와 '케미khemī'의 합성어이다. '요가'는 경전에서 '묶임, 집착' 또는 '수행'의 의미이며, '케미khemī'는 '구경의 안전 혹은 평화를 즐기는 이'의 의미이다. 여기서 '요가'는 수행의 의미로 쓰였으며 '케미'는 '케마khema(평화, 고요)'를 즐기는 사람을 뜻하는 남성 단수명사이다. 이를 한문경전에서 유가안은瑜伽安隱, Yogakhema으로 번역했다.

13) sabbe dhammā nālaṃ abhinivesāyā

14) '아빈냐abhiññā'는 일반적으로 '초월지 또는 신통'으로 번역되는데, 경전에서 위빳사나 수행과 관련하여 언급되는 '아비자나띠'와 구별하여 경전에서 이해해야 하는 경우가 많다. 이 '아빈냐'는 신통과 관련하여 언급되는데, 세간의 초월지와 출세간의 초월지가 있다. 첫째 세간의 초월지는 삼매에 의해서 얻어지는데 다섯 가지가 있다. 1. 신통변화iddhividhā; 『청정도론』에는 열 가지의 신통변화를 들고 있다. 2. 천이통dibbasota; 3. 타심통cetopariyañāṇa; 남의 마음을 아는 지혜, 4. 숙명통pubbenivāsānussati; 전생을 기억하는 지혜, 5. 천안통dibbacakkhu; 죽음과 다시 태어남을 아는 지혜, 둘째 출세간의 초월지는 누진통sabbāsavakkhaya이라고도 하며 모든 번뇌를 부순 것을 말하며 이상 여섯 가지의 초월지를 일컬어 '찰아빈냐chaḷabhiññā'라고 한다.

15) abhiññāpaññā ñātaṭṭhena ñāṇa(paṭi, p.1)

16) katamā ñātapariññā? phassaṃ jānāti — ayaṃ cakkhusamphasso, ayaṃ sotasamphasso, ayaṃ ghānasamphasso, ayaṃ jivhāsamphasso, ayaṃ kāyasamphasso, ayaṃ manosamphasso, ayaṃ adhivacanasamphasso, ayaṃ paṭighasamphasso, ayaṃ sukhavedanīyo phasso, ayaṃ dukkhavedanīyo phasso, ayaṃ adukkhamasukhavedanīyo phasso, ayaṃ kusalo phasso, ayaṃ akusalo phasso, ayaṃ abyākato phasso, ayaṃ kāmāvacaro phasso,

ayaṃ rūpāvacaro phasso, ayaṃ arūpāvacaro phasso, ayaṃ suññato phasso, ayaṃ animitto phasso, ayaṃ appaṇihito phasso, ayaṃ lokiyo phasso, ayaṃ lokuttaro phasso, ayaṃ atīto phasso, ayaṃ anāgato phasso, ayaṃ paccuppanno phassoti jānāti passati — ayaṃ ñātapariññā. (KN Nidd I, 2. guhaṭṭhakasuttaniddeso)

17) pariññāpaññā tīraṇaṭṭhena ñāṇa(paṭi, p.1) 결정의 통달지를 '조사의 통달지'라고도 번역한다.

18) katamā tīraṇapariññā? evaṃ ñātaṃ katvā phassaṃ tīreti. aniccato dukkhato rogato gaṇḍato sallato aghato ābādhato parato palokato ītito upaddavato bhayato upasaggato calato pabhaṅguto adhuvato atāṇato aleṇato asaraṇato rittato tucchato suññato anattato ādīnavato vipariṇāmadhammato asārakato aghamūlato vadhakato vibhavato sāsavato saṅkhatato mārāmisato jātijarābyādhimaraṇadhammato sokaparidevadukkhadomanassupāyāsadhammato saṃkilesadhammato samudayato atthaṅgamato assādato ādīnavato nissaraṇato tīreti — ayaṃ tīraṇapariññā. (KN Nidd I, 2. guhaṭṭhakasuttaniddeso)

19) pahānapaññā pariccāgaṭṭhena ñāṇa(paṭi, p.1)

20) katamā pahānapariññā? evaṃ tīrayitvā saññāya chandarāgaṃ pajahati vinodeti anabhāvaṃ gameti. vuttampi hetaṃ bhagavatā — "yo, bhikkhave, saññāya chandarāgo, taṃ pajahatha. evaṃ sā saññā pahīnā bhavissati ucchinnamūlā tālāvatthukatā anabhāvaṃ katā āyatiṃ anuppādadhammā"ti — ayaṃ pahānapariññā. (KN, Nidd I, 2. guhaṭṭhakasuttaniddeso)

21) VM, p.693

22) VM, p.85

23) '윗자vijja'는 영지靈知 또는 명지明知로 번역된다

24) 빤냐paññā, 般若는 반야 또는 통찰지로 번역된다.

25) Miii, p.289

26) A i , p.61

27) paññavā hoti, udayatthagāminiyā paññāya samannāgato, ariyāya nibbedhikāya sammā dukkhakkhayagāminiyā. (M I , p.356)

28) kusalacittasampayuttaṃ vipassanāñāṇaṃ paññā (VM, p.436)

29) 대림 스님의 『청정도론』 2, p.570 등에서 확립의 뜻으로 쓰고 있다.

30) 국내에서는 '마음챙김', '알아차림', '새김', '각성', '깨어 있음', '마음지킴' 등으로 번역하고 있으며, 영역에서는 보통 'mindfulness' 나 'awareness'로, 한역에서는 주로 '염念'이나 '수의守意'로 번역한다.

31) 5욕이란 다섯 가지 감각기관이 대상을 취하려는 욕망을 말하는 것이다. 이와 달리 유교사상을 근간에 둔 동양사상에서는 재물욕[財物慾]·명예욕[名譽慾]·식욕[食慾]·수면욕[睡眠慾]·색욕[色慾]을 말하고, 7정이란 기쁨[喜]·성냄[怒]·근심[憂]·두려움[懼]·사랑[愛]·미움[憎]·욕심[欲]을 말한다.

32) 아비담마에서는 기능을 22가지로 분류하고 있다. ① 눈의 기능[cakkhundriya], ② 귀의 기능[sotindriya], ③ 코의 기능[ghānindriya], ④ 혀의 기능[jivhindriya], ⑤ 몸의 기능[kāyindriya], ⑥ 마노의 기능[manindriya], ⑦ 여자의 기능[itthindriya], ⑧ 남자의 기능[purisindriya], ⑨ 생명의 기능[jīvitindriya], ⑩ 즐거움의 기능[sukhindriya], ⑪ 괴로움의 기능[dukkhindriya], ⑫ 정신적 즐거움의 기능[somanassindriya], ⑬ 정신적 괴로움의 기능[domanassindriya], ⑭ 평온의 기능[upekkhindriya], ⑮ 믿음의 기능[saddhindriya], ⑯ 정진의 기능[vīriyindriya], ⑰ 사띠의 기능[satindriya], ⑱ 삼매의 기능[samādhindriya], ⑲ 반야의 기능[paññindriya], ⑳ 구경의 지혜를 가지려는 기능[anaññātaññassāmītindriya], ㉑ 구경의 지혜의 기능[aññindriya], ㉒ 구경의 지혜를 구족한 자의 기능[aññātāvindriya]

33) vayadhammā saṅkhārā appamādena sampādethā

34) Dii, p.156

35) Aii, p.15

36) Aii, p.16

37) Aii, p.16

38) Aii, p.17

39) '빤냐뻬띠[paññāpetī]'는 동사 '빠자나띠[pajānāti]'의 사역동사이다.

40) 여기서 18가지의 물질이란 고유의 성질을 지닌 구체적인 물질[nipphannarūpa]을 말한다. 아비담마에서는 이것에 10가지의 추상적인 물질[anipphannarūpa]을 더해 28가지 물질이 있다고 한다. 또 물질을 여러 가지 기준에 의하여 분류할 수 있지만 가장 기본이 되는 분류는 근본 물질인 4대[mahābhūtarūpa]와 파생된 물질[upādārūpa]로 나누는 것이다. 분리할 수 있는지 여부에 따라 분리할 수 있는 물질[vinibhoga]과 분리할 수 없는 물질[avinibhoga]로 나눈다. 분리할 수 없는 물질은 순수한 8원소[suddhaṭṭaka]라 하며 4대, 형상·냄새·맛·영양소[oja]이다. 순수한 8원소[suddhaṭṭaka]는 깔라빠 명상과 관련하여 반드시 숙지하여야 하는 것이다.

41) VM, p.278

42) '바왕가[bhavaṅga]'는 바와[bhava](존재) + 앙가[aṅga](상태, 요소)의 합성어로 '존재의 요소' 또는 '존재의 상태'라는 의미이다. '바왕가'는 니까야에서는 등장하지 않으며 후대의 아비담마를 다룬 논서에서 주로 등장하는 단어이다. 국내의 『아비담마타상가하』를 번역한 책들에서 바왕가를 '생의 연속체(『아비담마해설서 1』, p.365, 강종미)', '잠재의식(『아비담마길라잡이』 상, 각묵 스님)' 등으로 번역하고 있다.

아비담마 삐타카의 일곱 번째 논서인 「빳타나 빠까라나Paṭṭāna pakaraṇa」에 '인식과정에서 속행에 선행하는 것'의 의미로 쓰인다.(bhavaṅgaṃ āvajjanāya. kiriyaṃ vuṭṭhānassa. arahato anulomaṃ phalasamāpattiyā. Patt ii, p.34 등)
B.C 1세기경의 「밀린다왕문경Milindapañho」에서 나가세나 존자는 밀린다왕이 꿈과 잠에 대해 질문하자, "어떤 사람이 깊은 잠에 빠지면 그의 몸은 비록 살아 있지만 마음은 작용을 멈추는 상태가 되는데, 이 상태의 마음을 바왕가에 들어간다"라고 답했다.(Mil, p.299) 이와 관련하여 주목할 만한 내용이 『맛지마 니까야』의 「큰 묻고 답함경」에 나온다. 이 경에서 마하꼿티따 장로가 사리뿟따 장로에게 '상수멸을 증득한 사람'과 '죽은 사람'의 차이를 질문하자 사리뿟따 장로는 둘 모두 몸kāya · 입vacī · 마음citta의 형성saṅkhārā은 멈추어 가라앉았으나 상수멸을 증득한 이에게는 생명력āyu, 체온usmā, 기능들indriyāni은 멈추고 부서지지 않고 남아 있음이 차이라고 대답한다. (M i, p.296)
특히 『아비담마타상가하』에서는 바왕가를 인식과정을 다룬 장vīthiparicchedo에서 감각기관이 대상을 받아들이기 전 마음의 찰나적인 작용을 '바왕가의 흐름bhavaṅgasota'이라 하며, '지나간 바왕가', '바왕가의 동요', '바왕가의 끊어짐'으로 나누어 설명하고 있다.(Tasmā yadi ekacittakkhaṇātītakaṃ rūpārammaṇaṃ cakkhussa āpāthamāgacchati, tato dvikkhattuṃ bhavaṅge calite bhavaṅgasotaṃ vocchinditvā tameva rūpārammaṇaṃ āvajjantaṃ pañcadvārāvajjanacittaṃ uppajjitvā nirujjhati)
초기 니까야에서는 바왕가라는 단어는 보이지 않고 단순히 윈냐나의 흐름viññāṇasota 등의 표현만 보이다가 후대의 각 부파들의 마음의 분석에 대한 이론적 대응의 필요에 의해서 윈냐나의 존재를 유지시키는 요소의 측면이 바왕가로 적용되어졌다는 의견이 있다(EBiii, p.19)

43) 아비담마에서는 마음을 다양한 각도에서 세밀하게 분석을 하는데 그 중에서 대상을 인식하는 과정을 'vīthi'라고 한다. 이 인식과정에서는 여섯 가지의 모임을 알아야 하는데, 토대·문·대상·마음·인식과정이다. 이들 중 다섯 가지 감각기관이라는 문을 통해서 인식되는 것과 마음mano이라는 문을 통해서 인식되는 것으로 크게 나누어 볼 수 있는데, 전자를 오문인식과정pañcadvāravīthi, 후자를 의문인식과정manodvāravīthi이라고 한다. '의문전향manodvārāvajjana'이란 '의문인식과정'에서 대상과 관계 없는 바왕가의 흐름이 끊어지고 대상을 향해 마음이 움직이는 것을 말한다.

44) VM, p.137

45) M i, p.56

46) '이 몸속에는 머리카락, 몸털, 손톱, 이빨, 피부, 살, 근육, 뼈, 골수, 신장, 심장, 간장, 늑막, 비장, 폐, 창자, 장간막, 위장, 배설물, 뇌수, 담즙, 가래, 고름,

피, 땀, 지방, 눈물, 임파액, 침, 점액, 관절액, 오줌이 있다.' 'atthi imasmiṃ kāye kesā lomā nakhā dantā taco maṃsaṃ nhāru aṭṭhi aṭṭhimiñjaṃ vakkaṃ hadayaṃ yakanaṃ kilomakaṃ pihakaṃ papphāsaṃ antaṃ antaguṇaṃ udariyaṃ karīsaṃ pittaṃ semhaṃ pubbo lohitaṃ sedo medo assu vasā kheḷo siṅghāṇikā lasikā muttan'

47) 화살을 다발로 묶어[dhanukalāpaṃ sannayhitvā: mahādukkhakkhandhasutta(MN 13)], 풀다발을 보이게 하라[tiṇakalāpaṃ okāsehī: mahakapāṭihāriyasuttaṃ (SN 41.4)],

48) VM, p.587

49) 마하시 사야도의 『위빳사나 수행방법론 2』(담마간다 역, 불방일)에서는 "눈 십원소 물질 묶음들이 몇 개가 생겨나는지, 몸 십원소 등도 각각 물질 묶음들이 몇 묶음씩 생겨나는지, 이러한 것들은 부처님을 제외하고는 어떤 누구도 확실하게, 바르게 알 수 없다. 일체지의 영역이다. 그래서 물질 묶음 6묶음, 물질 54개라고 개수를 헤아리며 숙고하여 아는 것도 확실하게, 바르게 아는 것이 아니다(p.226)"라고 했다.

50) M i, p.56,423, Miii, p.82

51) M i, p.56,60

52) M i, p.56

53) M i, p.57

54) 두 손을 자연스럽게 두거나 손을 포개어 엄지를 가볍게 닿게 하여 내려 놓는다.

55) bhāsite tuṇhībhāve sampajānakārī hoti

56) M i, p.60

57) Siv, p.206

58) Siv, p.208

59) Siv, p.207

60) M i, p.60

61) Siv, p.205

62) 잠재성향 또는 고질적 잠재성향으로 번역하기도 한다. 『상윳따 니까야』의 도 상윳따[maggasaṃyutta] 「성향경[anusayasutta(SN45.110)]」에서는 일곱 가지 성향을 말한다. "sattime, bhikkhave, anusayā. katame satta? kāmarāgānusayo, paṭighānusayo, diṭṭhānusayo, vicikicchānusayo, mānānusayo, bhavarāgānusayo, avijjānusayo

63) 마라[māra]는 산스끄리뜨어 어원 √mṛ에서 나온 단어로 죽음, 파괴 등의 뜻이다. 경전에서 죽음 등의 의미로 쓰이는 단어는 maccu[죽음], kaṇha[어둠], antaka[종말자], namuci[묶인 자], pamattabandhu[나태함의 친구] 등이 있으며, 『상윳따 니까야』의 「마라 상윳따」와 「비구니 상윳따」가 마라에 관해 서술된 대

표적인 경전이다. 『숫따니빠따』의 「정진경」에는 네란자라 강가에서 세존의 위없는 바른 깨달음을 방해하는 마라로 나무치namucī를 언급하고 있으며 열 가지 종류의 마라의 군대를 얘기하고 있다. 니까야에서 마라는 주로 수행을 방해하는 요소의 의미로 쓰이는데 『청정도론』에서는 오염원의 마라kilesa Māra, 무더기의 마라khandha Māra, 형성의 마라Abhisankhāra Māra, 죽음의 마라Maccu Māra, 천신의 마라Devaputta Māra의 다섯 가지 마라를 설하고 있다. sankhepato vā pañca kilesa-khandha-abhisankhāra-devaputta-maccumāre abhañji, tasmā~bhagavā ti vuccati (VM, p.211).

64) Sv, p.94

65) Aiii, p.63

66) Di, p.71

67) Aiii, p.16

68) ① 작은 즐거움의 감각적 욕망appassādā kāmā: 감각적인 욕망의 다섯 대상들은 진정한 즐거움은 적고, 고통과 슬픔만 많을 뿐이다. 감각적 욕망의 대상들은 흠과 결점들이 놀라울 정도로 많다.

② 해골의 비유aṭṭhikaṅkalūpamā: 감각적 욕망의 다섯 대상들은 살 없는 뼈다귀와 같은 것이다.

③ 고깃덩어리의 비유maṃsapesūpamā: 다섯 감각적인 즐거움들은 실로 한 덩어리의 고기와 같다. 독수리가 한 덩어리의 고기를 채어 멀리 날아가면 배회하던 다른 독수리가 그 뒤를 따라가며 그것을 낚아채기 위해 기회를 항시 엿본다. 이와 같이 '나의 것', '나 자신'으로서 한 덩어리의 고기와 같은 감각적인 즐거움의 다섯 대상들에 집착하는 사람은 항시 도둑, 사기, 갈취, 강도, 상실 등의 적들에 의해 위험 속에 놓여 있게 된다. 이들 적과 마주치면 그는 있는 힘을 다해 이들에 대항하여 저항하게 된다. 때로는 생명도 잃게 된다. 그는 감각적 즐거움의 대상들에 집착하는 한 삶을 막는 위험의 모든 종류들에 의해 둘러싸이게 된다. 다만 그들 모두를 버림으로써 평화와 평온 속에서 사는 기회를 얻게 될 것이다. 그러므로 감각적인 욕망의 다섯 가지 대상들은 한 덩이의 고기와 같이 고통일 뿐이다. 실로 감각적 욕망은 기댈 만한 것이 못 되며 결점투성이일 뿐이다.

④ 건초횃불의 비유tiṇukkūpamā: 감각적 욕망의 다섯 대상들은 실로 마른 풀에 붙은 불과 같다.

⑤ 숯불구덩이의 비유aṅgārakāsūpamā: 감각적 욕망의 다섯 대상들은 재 속에 파묻혀 있는 잿불과 같다. 재 속에 파묻혀 있는 불은 눈앞에서 타고 있는 불꽃보다 때로는 더 치명적이다.

⑥ 꿈의 비유supinakūpamā: 감각적 욕망의 다섯 대상들은 실로 일시적으로 빌린 것들과 같다. 감각적 욕망의 대상은 영원하지 않다. 지금 쾌락을 느

끼게 하는 그 대상은 쾌락의 순간에서는 '나의 것'으로 보이지만 그 욕망은 순식간에 지나가고 만다. 그것이 결코 나의 것이 아니므로 잠시 빌려온 것과 같다.

⑦ 빌린 물건의 비유yācitakūpamā: 감각적 욕망의 다섯 대상들은 실로 일시적으로 빌려서 사용된 것과 같다.

⑧ 나무열매의 비유rukkhaphalūpamā: 감각적 욕망의 다섯 대상들은 실로 독이 든 잘 익은 과일이 많이 달린 나무와 같다.

⑨ 도살장의 비유asisūnūpamā: 감각적 욕망의 다섯 대상들은 실로 칼과 도끼로 잘게 쪼개어진 조각과 같다. 훔친 동물이나 사냥된 동물들은 칼과 도끼로 잘게 나누어진다. 이와 같이 감각적 쾌락을 갈구하는 그들 자신들은 그들 자신의 칼과 도끼로 마구 난도질을 하며 파괴시켜 버린다.

⑩ 칼과 창의 비유sattisūlūpamā: 감각적 욕망의 다섯 대상들은 실로 검이나 창의 날카로운 날과 같다. 그 검과 접촉되는 것은 무엇이든지 여지없이 잘리고 찔려버린다. 보이는 대상의 칼 혹은 창의 날카로운 날에 찔린 사람은 마치 낚시에 물린 고기가 어쩌지 못하고 수동적으로 낚시꾼의 의도대로 될 수밖에 없는 것과 같다. 보이는 대상의 칼날에 찔린 자는 모든 것을 잊어버리게 되며 그래서 그가 이전에 수련했던 계·정·혜에도 이미 집중할 수 없게 되어 결국 파멸로 끝나고 만다. 이 감각적 욕망의 다섯 대상들의 칼날들은 오직 죽이고, 베고, 잘라서, 파멸로 이끄는 무기일 뿐이다.

⑪ 뱀머리의 비유sappasirūpamā: 감각적 욕망의 다섯 대상들은 독사의 머리와 같다. 독사의 머리에 접촉만 되어도 온몸에 독이 퍼지듯 감각적 욕망의 대상에 접촉만 되어도 정신적 오염이 온몸에 퍼지게 된다. 실로 감각적 욕망의 다섯 대상들은 대단히 공포스럽고 두려운 것일 뿐이다. 그것은 고통이고, 병마이며, 종양 그리고 고름일 뿐이다.

69) Sv, p.121
70) Mi, p.355 등
71) Sv, p.2
72) Sv, p.121
73) Sv, p.127
74) Mi, p.424
75) Sv, p.127
76) Aiv, p.85
77) Sv, p.123
78) Ai, p.126. Aiii, p.375
79) Sv, p.123
80) Diii, p.49, Sv, p.110, Av, p.147

81) M i , p.89 등
82) VM, p.140
83) Miii, p.25
84) M i , p.116
85) VM, p.142
86) VM, p.142-143
87) M i , p.276
88) D i , p.73
89) Vib, p.257
90) VM, p.143
91) VM, p.144
92) Vbh, p.257
93) VM, p.145
94) 『맛지마 니까야』의 주석서에서는 랏타빨라 장로가 다시 집을 찾은 세월은 출가한 지 12년 후라고 하고, 그 시간 동안 침대에서 잠을 잔 적이 없다고 한다. (MAii, p.725)
95) M i , p.360
96) M i , p.298
97) M i , p.273
98) Siv, p.73
99) Sv, p.151
100) 고뜨라부gotrabhū, 種性, 고뜨라부는 'go;소'와 'trā;보호하다(protect)'와 'bhū;단계, 경지'로 이루어진 합성어로 한글로는 주로 '종성種性'이라 번역되고 있다. 이 고뜨라부는 '성인聖人이 되는 단계' 즉 범부가 4성제를 닦아 열반을 증득하고 수다원 이상의 성인지聖人地에 듦을 의미하며, 『맛지마 니까야』의 「보시분석경dakkhiṇāvibhaṅgasuttaṃ MN 142」, 『앙굿따라 니까야』의 「공양 받아 마땅함 경āhuneyyasuttaṃ(AN 9.10)」, 『쿳따까 니까야』의 「무애해도paṭisambhidāmagga」, 그리고 『청정도론』에서 볼 수 있다. 특히 『청정도론』에서는 도 닦음의 지와 견의 청정paṭipadāñāṇadassanavisuddhi 단계에서의 수행자의 지위, 즉 열반을 성취할 조건이 무르익은 수행자의 단계를 뜻한다.
101) "imaṃ me kammaṭṭhānaṃ anulomaṃ vā gotrabhuṃ vā āhacca ṭhitan"ti na jānāti.
102) VM, p.280에서 '밖으로 산만한 위딱까를 끊고'라고 하여 위딱까의 대상이 불선의 담마가 될 수도 있음을 알 수 있다.
bahivisaṭavitakkavicchedaṃ katvā assāsapassāsārammaṇe satisaṇṭhāpanatthaṃyeva hi gaṇanāti.

103) imasmiṃ sutte pubbabhāgavipassanā satipaṭṭhānāva kathitā.

104) Siv, p.269

105) VM, p.85

106) VM, p.152

107) 헤네폴라구나라타나는 그의 책 『선정』에서 초기 표상(uggahanimitta)과 선명한 표상(patibhānimaitta)으로 구별하고 있다. 그러나 일부 학자들 혹은 수행지도자들은 삼매를 본 삼매와 근접 삼매로 나누어 서술하며 이에 대응하여 본 삼매에 대한 닮은 표상, 근접 삼매에 대한 근접 표상을 상정하며 이때 얻어진 표상을 잡거나 취하여 특히 시각적인 표상에 집중하여 계속 유지시킴으로써 선정을 성취하는 방식으로 설명하거나 지도하고 있다.

108) VM, p.85

109) Mil, p.38-39

110) Aiv, p.418

111) 능숙함[vasī]은 vasin[fr. vasa]에서 온 어휘로 '힘을 가진', '지배하는'의 의미인데, 국내에서는 '자유자재', '능숙함' 등으로 번역하고 있다.

112) Pts i, p.100, VM, p.154

113) VM, p.157

114) M i, p.89 등

115) M i, p.276

116) Miii, p.26

117) M i, p.89 등

118) M i, p.277

119) Miii, p.26

120) DhsA, p.219

121) M i, p.277

122) Miii, p.26

123) VM, p.169

124) 대림 스님의 『청정도론』에서는 '무색의 경지'로 옮기고 있다. (『청정도론 2』, p.195, 대림 역)

125) 논파할 수 없는 가르침에 대한 경(전재성 역), 무희론경(無戲論經)

126) M i, p.410

127) VM, p.339

128) M i, p.204

129) Miii, p.27

130) 일부 국내 서적에서는 상수멸[saññāvedayitanirodha]의 증득[samāpatti]과 멸진[nirodha]의 증득을 동의어로 보고 있으나(『디가 니까야 2』, p.155, 각묵 스님) 양자는 구별

하여야 한다.

131) M i, p.302
132) VM, p.702
133) M i, p.61
134) Sn, p.172
135) S v, p.422
136) S v, p.420.
137) VM, p.494
138) D ii, p.305
139) A i, p.138
140) D ii, p.308
141) S ii, p.1
142) VM, p.528
143) VM, p.499
144) Vbh. p.136
145) Vbh. p.137
146) Siii, p.149
147) D ii, p.310
148) A i, p.133
149) 유학의 성인들 중 아나함을 일러, 금생에서는 아라한과를 증득하지 못하였지만 수명이 다하면 색계 4선의 정거천[suddhāvāsā, 淨居天]에 나며 그곳에서 아라한을 증득한다고 하여 '돌아오지 않는 이[anāgāmi, 不還者]'라고 한다. 아나함은 다섯 종류[pañca anāgāmino]가 있는데, 정거천에 태어난 아나함은 ① 정거천[suddhāvāsā]에 태어나 어느 정도 사는 중에 반열반에 드는 자[antarāparinibbāyī, 中般涅槃者], ② 정거천에 태어나 수명을 줄이며 반열반에 드는 자[upahaccaparinibbāyī, 生般涅槃者], ③ 노력 없이 반열반에 드는 자[asaṅkhāraparinibbāyī, 無 行般涅槃者], ④ 노력하여 반열반에 드는 자[sasaṅkhāraparinibbāyī, 有行般涅槃者], ⑤ 정거천의 무번천[avihā, 無煩天] 등에 태어나 그곳에서 수명이 지속되는 동안 머물다 상위의 세상에 태어나면서 색구경천에 이르러 반열반에 드는 자[uddhaṃsotoakaniṭṭhagāmī, 上流色究竟天者]가 있다. 여기서 반열반에 든다는 의미는 아라한과를 성취한다는 의미로서 남은 번뇌들을 다 소멸시켰다는 뜻이다. 주석서에는 중반열반자에 대하여 세 가지 종류를 말하고 있다. 중반열반자로 세 가지 종류가 있다. 천겁의 수명을 가진 무번천에 태어나서 그 태어난 날에 아라한과를 얻는다. 만약 태어난 날에 아라한과를 얻지 못하면 처음 일백겁 중에 얻는다. 이것이 첫 번째 중반열반자이다. 다음으로 이러한 것이 불가능하면 이백겁 중에 얻는다. 이것이 두 번째이다. 다음으

로 이와 같이 불가능하면 사백겁중에 얻는다. 이것이 세 번째의 중반열반자이다. 또 upahaccaparinibbāyī, 生般涅槃者는 오백겁이 지난 후 아라한과를 얻는다고 설명하고 있다. 이에 대하여는 학자들마다 다양한 견해가 있다.

150) M i, p.225

151) "아난다여, 여기 바로 여덟 가지 해탈[八解脫]이 있다. 무엇이 여덟인가? 색계의 물질에서 물질들을 본다. 이것이 첫 번째 해탈이다. 안의 비물질의 산냐로 밖의 물질들을 본다. 이것이 두 번째 해탈이다. 최고의 청정함으로 마음을 기울인다. 이것이 세 번째 해탈이다. 모든 물질의 산냐를 초월하고 부딪힘의 산냐를 가라앉히고 다른 여러가지 산냐에 마음을 기울이지 않으며, '무한한 허공'이라는 공무변처를 구족하여 머문다. 이것이 네 번째 해탈이다. 공무변처를 완전히 초월하여 '무한한 윈냐나'라는 식무변처를 구족하여 머문다. 이것이 다섯 번째 해탈이다. 식무변처를 완전히 초월하여 '아무것도 없음'이라는 무소유처를 구족하며 머문다. 이것이 여섯 번째 해탈이다. 무소유처를 완전히 초월하여 비상비비상처를 구족하여 머문다. 이것이 일곱 번째 해탈이다. 비상비비상처를 완전히 초월하여 상수멸(想受滅)을 구족하여 머문다. 이것이 여덟 번째 해탈이다. 아난다여, 이것이 여덟 가지 해탈이다."(D ii, p.111)

152) 'khīṇā jāti, vusitaṃ brahmacariyaṃ, kataṃ karaṇīyaṃ, nāparaṃ itthattāyā' (M i, p.23 등)

153) Sv, p.42

154) M i, p.

155) M i, p.

156) VM, p.509

157) D ii, p.311

158) 『무애해도paṭisambhidāmagga』는 빨리 삼장 중 『쿳따까 니까야(소부)』에 속하는 경전으로, 『쿳따까 니까야』에 속하는 15개의 경전 중 12번째 경전이다. 사리뿟따가 쓴 것으로 알려져 있으며, 『청정도론』에서 『무애해도』를 많이 인용하고 있어 『청정도론』의 성립에 영향을 주었다고 한다. 영어 번역서로는 『Path of discrimination』이 있으며 영어 번역서로는 ñāṇamoli 스님의 『Path of discrimination』이 있다. 'paṭisambhidā'는 'paṭi' + 'sam' + 'bhid'로 분석되는데 'bhid'는 √vid에서 나온 단어로 '알다 또는 나누다'의 뜻이다. 단어 그대로 해석하면 '계속 나누다, 계속 분해하여 이해하다'의 의미가 되는데, '최고의 분석'의 의미이며 대림 스님은 '무애해無碍解'로 번역했다.(『청정도론 2』, p.411, 대림 스님) 『청정도론』에서는 반야paññā를 여러 측면에서 분석하고 있는데 그 중에 '네 가지 무애해catasso paṭisambhidā'를 들고

있다. '네 가지 무애해catasso paṭisambhidā'란 '뜻에 대한 무애해atthapaṭisambhidā', '담마에 대한 무애해dhammapaṭisambhidā', '언어에 대한 무애해niruttipaṭisambhidā', '변재辯才에 대한 무애해paṭibhānapaṭisambhidā'이다.(VM, p.440)

『무애해도』는 세 품vagga, 즉 Mahāvagga(大品), Yuganandhavagga(俱存品), Paññāvagga(般若品)으로 구성되어 있으며 각 품vagga에 10종씩 모두 30종의 주제를 다루고 있다.

각 품에서 다루고 있는 주제는 다음과 같다.

	Mahāvagga	Yuganadhavagga	Paññāvagga
1	ñāṇa	yuganaddha	mahāpañña
2	diṭṭhi	sacca	iddhi
3	ānāpānassati	bojjhaṅga	abhisamaya
4	indriya	mettā	viveka
5	vimokkha	virāga	cariyā
6	gati	paṭisambhidā	pāṭihāriya
7	kamma	dhammacakka	samasīsa
8	vipallāsa	lokkuttara	satipaṭṭhāna
9	magga	bala	vipassanā
10	maṇḍapeyya	suñña	mātikā

159) Pm, p.69
160) M i , p.46
161) VM, p.509
162) D ii , p.312
162) VM, p.510
163) M iii, p.73
164) VM, p.510
165) M iii, p.74
166) VM, p.510
167) VM, p.510
168) M iii, p.251
169) VM, p.510
170) VM, p.510

사띠빳타나 수행

존재를 있는 그대로 알고 보기

초판 1쇄 인쇄 | 2018년 2월 10일
초판 1쇄 발행 | 2018년 2월 15일

법문 | 우 냐나로까 사야도
정리 | 우 감비라냐나

펴낸이 | 윤재승
펴낸곳 | 민족사

주간 | 사기순
기획편집팀 | 사기순, 최윤영
영업관리팀 | 김세정

출판등록 | 1980년 5월 9일 제1-149호
주소 | 서울 종로구 삼봉로 81 두산위브파빌리온 1131호
전화 | 02)732-2403, 2404 팩스 | 02)739-7565
홈페이지 | www.minjoksa.org
페이스북 | www.facebook.com/minjoksa
이메일 | minjoksabook@naver.com

ⓒ우 감비라냐나, 2018

ISBN 978-89-98742-95-9 93220

※책값은 뒤표지에 있습니다. 잘못된 책은 바꿔 드립니다.
※저작권법에 의하여 보호를 받는 저작물이므로 무단으로 복사,
전재하거나 변형하여 사용할 수 없습니다.